U0569373

中国社会科学院创新工程学术出版资助项目

中国社会科学院重点学科·民族学人类学系列

中国社会科学院民族学与人类学研究所　　何星亮　主编　　周　泓　执行主编

宗教信仰与民族文化

Religionary Faith and Ethnic Culture (9)

（第九辑）

社会科学文献出版社
SOCIAL SCIENCES ACADEMIC PRESS (CHINA)

总　序

郝时远

中国社会科学院民族学与人类学研究所是一个多学科、综合性的研究机构。从学科的设置和专业方向来看，包括了马克思主义研究、历史学、语言学、民族学、社会文化人类学、经济学、宗教学、文献学、政治学、法学、国际关系、影视人类学、民俗学、古文字学等，还包括蒙古学、藏学、突厥学等专门的学科。这些学科和专业方向的多样化构成了研究所的多学科、综合性特点，而这些学科的研究对象则是人类社会民族现象及其发展规律，着重于对不同历史阶段和不同含义的民族共同体（people、ethnos、nationality、nation、ethnic group）及其互动关系的研究，显示了研究所诸多学科的共同指向。研究所以民族学和人类学冠名的目的是为多学科建构一个共同的学术平台，在研究对象统一性的基础上实现多学科的互补与整合，在多学科的视野中建立综合性研究优势，增强中国民族学和人类学的学科性发展。

人类社会的民族现象及其所伴生的民族问题，是人类社会最普遍、最复杂、最长久，也是最重要的话题之一。中国是世界上古代文明延续不断的东方国度，也是统一的多民族国家。在数千年的发展进程中，多民族的互动关系不仅是历朝各代最突出的社会现象之一，而且也是统一的多民族国家形成和不断发展的重要动能。因此，中国几千年来的民族现象和各民族的互动关系，为我们解读人类社会的民族现象及其规律性运动提供了一个相当完整的古代模式。《礼记·

王制》中说：

> 凡居民材，必因天地寒暖燥湿，广谷大川异制，民生其间者异俗；刚柔、轻重、迟速异齐，五味异和，器械异制，衣服异宜。修其教不易其俗，齐其政不易其宜。中国戎夷，五方之民，皆有性也，不可推移。东方曰夷，被发文身，有不火食者矣；南方曰蛮，雕题交趾，有不火食者矣；西方曰戎，被发衣皮，有不粒食者矣；北方曰狄，衣羽毛穴居，有不粒食者矣；中国、夷、蛮、戎、狄，皆有安居、和味、宜服、利用、备器；五方之民，言语不通，嗜欲不同；达其志、通其欲，东方曰寄，南方曰象，西方曰狄，北方曰译。

这就是中国先秦文献中所记载的"五方之民"说，可谓中国最早具有民族志意义的记录。它所提示的内涵，对我们今天认识和理解民族现象也是启迪颇多的。例如，构成民族特征的文化差异的自然基础是生态环境，即在"天地寒暖燥湿""广谷大川"等不同生态环境中生存的人类群体"皆随地以资其生"所表现的"异俗"，"五方之民"在民居、饮食、服饰、工具、器物等方面的"异制"，不同的语言、不同的价值观念及其相互沟通的中介（翻译）等。其中也包括了处理"五方之民"互动关系的古代政治智慧，即"修其教不易其俗，齐其政不易其宜"。可以说，中国是一个有民族学传统且民族学资源十分丰富的国家。

古往今来，时过境迁，今天的中国已经自立于世界民族之林，正在为实现中华民族的伟大复兴而推进中国特色社会主义现代化进程。这一进程正在展示现代民族进程的发展前景，它同样会对现代人类社会的民族现象及其发展前景提供一种范式，也就是中国解决民族问题的成功例证。当然，我国正处于社会主义初级阶段的发展进程中，在解决民族问题方面，我们不仅面对着中国56个民族共同发展繁荣的历史重任，而且也面对着全球化时代多民族的大千世界。无论是内政治理，还是融入国际社会，广义的民族问题仍旧是我们需要高度重视的课题。当代中国民族问题的基本特征和普遍反应是经济文化的发展问题，这是由当代中国社会所处的发展阶段及其基本矛盾所决定的。同时，我们也面对着一些棘手的问题，如"台独"问题、达赖集团问题、"东突"分裂势力和国际恐怖主义问题，以及世界范围和周边国家民族问题的交互影响。这两个方面的问题为我们提出了责无旁贷的研究任务。履行这一职责需要我们付出多方面的艰辛努力，其中学科建设是最重要的保障。

科学化是学科建设题中之义，任何一门学科只能在科学化的过程中实现发展。中国的学术传统源远流长，也形成了诸多学科性的研究领域。近代以来，随着西学东渐，中国的学术事业在不断吸收西方科学规范的过程中逐步形成了现代学科的分化，其中民族学、人类学也取得了很大程度的发展。自20世纪70年代末中国改革开放以来，中国的哲学社会科学事业在与世界学术领域交流互动过程中取得了新的发展和显著的成就，哲学社会科学在认识世界、传承文明、创新理论、资政育人、服务社会等方面的不可替代作用，得到了党和国家的充分肯定。但是，能否充分地发挥哲学社会科学各学科的这种作用，涉及诸多因素，而学科建设所包含的指导思想、基本概念和范畴、学科理论、研究方法和学术规范等方面的内容是具有重要意义的。体现这些基本要素的研究成果，不仅对推进学科建设至关重要，而且也是繁荣发展哲学社会科学事业不可或缺的内在条件。中国社会科学院重点学科建设工程的启动，是进一步繁荣发展哲学社会科学事业的重要举措。我所推出的中国社会科学院重点学科·民族学人类学系列是贯彻落实这一重要举措所做出的一种尝试。

如上所述，我研究所是一个多学科、综合性的研究机构，经过学科调整和研究室重组，研究所内的大部分学科都纳入了重点学科建设工程，如民族理论、民族历史、民族语言、语音学和计算语言学、民族学（社会文化人类学）、世界民族和诸多专业方向。因此，这套丛书的出版及其所关涉的研究内容也体现了多学科的特点。这套丛书根据基础研究和应用研究并重的学科建设要求，或以学科或以专题形式反映我研究所科研人员新近的研究成果。根据中国社会科学院重点学科建设工程协议的要求，在今后几年中，我研究所列入工程范围的学科和专业方向将完成一系列具有重要理论价值和现实意义的研究课题，而这套丛书则主要反映这一过程中的阶段性学术成果。

2003年，我国获得了2008年国际人类学民族学世界大会的举办权，这对中国的民族学和人类学以及广义的民族研究事业来说是一次重大的发展机遇，也是与来自世界各国的民族学家、人类学家进行广泛对话和空前交流的机会，同时这也意味着是一次挑战。我们不仅需要展现中国各民族的现代发展成就，而且需要在民族学、人类学研究方面推出一批又一批引人注目的高水平研究成果。因此，加强民族学、人类学的学科建设，整合传统民族研究的学科性资源，做好充分的学术准备，是今后几年我国民族学、人类学界的重要任务。从这个意义上说，这套丛书的陆续出版，在一定程度上也将体现我研究所为迎接这次世界大会所进行的学术准备。

在此，我们非常感谢社会科学文献出版社对这套丛书的出版给予的大力支持和真诚帮助，也期待着广大读者给予关注和指正。

2004 年 6 月

Foreword

Hao Shiyuan

The Institute of Ethnology and Anthropology of the Chinese Academy of Social Sciences is a multi-disciplinary and comprehensive research institution. In terms of disciplinary arrangement, the institute covers Marxist studies, history, linguistics, ethnology, socio-cultural anthropology, economics, religion, historical records, politics, law, international relations, video anthropology, folklore, and ancient scripts, as well as some special learning like Mongol studies, Tibetology and Turk studies. The disciplinary diversification forms the multi-disciplinary, comprehensive feature of the institute. All these disciplines have one thing in common, that is, they all study minzu (a general word in Chinese for people, ethnos, nationality, nation and ethnic group) phenomenon and their evolutionary law in the human society, with the emphasis on minzu communities in different historical stages and with different meanings, as well as on the interaction between various minzus. The institute is named with the term of ethnology and anthropology for the purpose to build a common academic platform for all disciplines it involves, to realize the mutual complementarity and integration of all the disciplines, to form the advantage of the comprehensive studies, and to foster the development of ethnology and anthropology in China.

The minzu phenomenon and the problems resulted from the phenomenon have been among the most widespread, most complicated, most prolonged and most important subjects in the human society. China is an Oriental country with ancient civilization that never discontinued. Also, it is a unitary country with ethnic plurality. In the course of several thousand years, the ethnic interaction was not only a social highlight in each historical dynasty, but also a motivator for the formation and continuous development of a unitary country with ethnic plurality. So, the minzu phenomenon and ethnic interaction in China's long history of several thousand years provide us with a full ancient model for understanding the minzu phenomenon and their law in the human society.

In China's Pre-Qin historical literature, there is a term of "wu fang zhi min", literally, five-direction peoples. It comes from the following paragraph:

> The material used for shelter must vary with different climate, cold or warm, dry or moist, and with different topography, such as wide valley or large river. And people living in different environment have different customs. They may have different character, behaving way, dieting habit, instruments and clothes. It is proper to civilize the people without changing their customs and to improve their administrative system without changing those suitable to them. Wu fang zhi min (people inhabiting in five directions), either in middle plain or in frontier, all have their own character, which can not be transformed. People in the east, known as Yi, grow long hair hanging down over the neck and have tattoos, and some of them have their food without cooking. People in the south, known as Man, tattoo their foreheads and cross their feet when sleeping, and some of them have their food without cooking. People in the west, known as Rong, grow long hair hanging down over the neck and wear pelt, and some of them do not have grain as their food. People in the north, known as Di, wear feather and live in caves, and some of them do not have grain as their food. Both people in middle plain and the Yi, Man, Rong and Di have their own shelter, diet, dress, instruments and carriers. The people in five directions can not understand each

other and may have different desires. The way to make each other's ideas and desires understood is called ji in the east, xiang in the south, didi in the west and yi in the north. (cited from Liji, an ancient Chinese book.)

This may be regarded as the earliest record with ethnographical sense in China.

The citation suggests a lot for us to understand today's minzu phenomenon. For one thing, the cultural difference that usually constitutes the ethnic feature has its natural foundation in ecological environment. Human groups living in different ecological environment, like different climate (cold or warm, dry or moist) and topography (wide valley or large river), all depend upon their local resources and thus may have different customs. As mentioned above, the people in five directions varied in shelter, diet, dress and instrument, and people speaking different languages with different values can be communicated only through the medium of translation. Also, here is displayed the ancient political wisdom to deal with the relations of the people in five directions, namely, to civilize the people without changing their customs and to improve their administrative system without changing those suitable to them. So it shows that China is a country with ethnological tradition and rich ethnographical resources.

Now, old time has passed and the situation has been changed. Today, as an independent member of the international community, China is promoting the modernization with Chinese characteristics in order to realize the great rejuvenation of the Chinese nation. This development has revealed the prospect of the modern minzu process. And at the same time, it will also provide a pattern, that is, the successful example in which China deals with the minzu problem, for the minzu phenomenon and their evolution of the human society in the modern time. Of course, China still remains at the initial stage of socialism. So far as the minzu problem is concerned, we are now faced with not only the historical task of common development and prosperity for the 56 nationalities in China, but also the ethnically plural, complicated world in the time of globalization.

The ethnic problem in broad sense still remains to be a subject to which we should pay much attention, either in the management of internal affairs or in the merging to the international community. In contemporary China, the fundamental feature of or the widespread response to the ethnic problem is how to promote the economic and cultural development. This is determined by the current developmental stage as well as the fundamental contradiction of the contemporary Chinese society. At the same time, we are confronted with certain difficult problems, such as Taiwan's attempt for "independence", the problem of the Dalai clique, the issue of "East Turkistan", the international terrorism, as well as the influence of ethnic problems both in our neighboring countries and all over the world in general. The problems in the two larger respects put forth our duty-bound tasks for research. To perform this duty, we should make our efforts in many aspects, among which, disciplinary construction serves as the most important guarantee.

Disciplinary construction calls for scientific spirit, only with which can a discipline realize its development. China has its academic traditions of long standing, and a number of academic domains developed in the history. Since the influence of the Western learning went eastward, Western norm of science has been introduced and the disciplinary division in modern sense gradually came into being in China. And it is just in this process that ethnology and anthropology acquired development to large extent. Since the late 1970s when China began to take reforms and open up to the outside world, new development and remarkable achievement have been made in China's philosophy and social sciences through the exchange with foreign academia. The Party and the State highly appreciate the irreplaceable role of philosophy and social sciences in understanding the world, passing on civilization, innovating the theory, consulting for government and educating the young, and serving for the society.

However, the full play of the role of philosophy and social sciences involves many factors. And in this respect, disciplinary construction is of importance, such as in the guiding thought, fundamental concepts and categories, disciplinary theories, research methods and academic norm. The research achievements that represent these fundamental factors will not only be of vital importance in promotion of disciplinary construction, but also make up the indispensable inherent conditions for prospering and fostering philosophy and social sciences. The launch of the construction project for prior disciplines at the Chinese Academy of Social Sciences is a significant move for further prospering and fostering philosophy and social sciences. And the Series of the Construction Project for Prior Disciplines at the Chinese Academy of Social Sciences our institute has put out is just an attempt to carry out the significant move.

As mentioned above, our institute is a multi-disciplinary and comprehensive research institution. Since the discipline adjustment and research department restructuring, most disciplines in the institute, such as ethnic theory, ethnic history, ethnic linguistics, phonetics and computational linguistics, ethnology (socio-cultural anthropology) and world ethnic-national studies, have been brought into the construction project for prior disciplines. So, the series and the content involved reflect the feature of multi-disciplines, too. Placing emphasis both on basic and applied studies, the series reflects recent research achievements either in the unit of a discipline or in a special topic. In accordance with the requirement from the agreement on the construction project for prior disciplines at the Chinese Academy of Social Sciences, our institute will complete in the next few years a series of research projects both with important theoretical value and actual significance. So, the series mainly reflects the academic products at the current phase.

In 2003, China succeeded in bidding for the host for the 2008 Conference of the International Union of Anthropological and Ethnological Sciences (IUAES). This will be a significant developmental opportunity, not only to China's ethnology and anthropology, but to ethno-national studies in general as well. Also, it will be an opportunity of widespread dialogue and unprecedented exchange with ethnologists and anthropologists from various countries in the world. At the same time, however, it means a challenge. We need to exhibit the developmental achievements of the nationalities in China, and moreover, we need to exhibit plenty of striking research achievements with a high level. Therefore, it will be the important task of China's ethnology and anthropology in the next few years to strengthen the disciplinary construction, integrate the disciplinary resources of traditional ethno-national studies, and make full academic preparation. In this sense, the publication of the series in succession can be regarded to some extent as the academic preparation made by our institute for the coming congress of IUAES.

Finally, we appreciate very much the vigorous support and sincere assistance of the Social Sciences Literature Press to the publication of the series. And we also expect the attention and criticism from the readers.

June 2004

目 录

理论篇

Blank Spots in Collective Memory: A Case Study of Russia
...... James V. Wertsch / 3

Narrative Tools, Truth, and Fast Thinking in National Memory: A Mnemonic Standoff between Russia and the West over Ukraine ...... James V. Wertsch / 23

试论人的三种属性 ...... 何星亮 / 42

略论文化人类学的认识论 ...... 何星亮 / 56

匈奴辅助性经济的功能与国家组合的成立
——读王明珂《匈奴的游牧经济：兼论游牧经济与游牧社会政治组织的关系》
...... 陈 勇 / 70

ethnohistory 在二战后美国学界的兴起
——西方历史人类学研究范式形成的一种表征 ...... 刘海涛 / 78

人类学家的生成及其理论的产生
——列维-斯特劳斯的百年人生 ...... 胡梦茵 黄剑波 / 105

西方人类学关于社会过程和文化变迁之研究 ...... 张猷猷 / 127

实证篇

圣灵信仰的家族村社传统与东正教的国民建构
　　——俄罗斯与白俄罗斯的社会文化根基……………………周　泓 / 141
早期中西丝路"鬼市"交易透视……………………………………赵　贞 / 157
九鼎、传国玺与中国古代政治传承意识…………………………彭丰文 / 169
维吾尔族宗教文化变迁模式与思考……………………阿布力克木·斯地克 / 181
台北故宫藏新疆《哈密图》流转路径史事考……………………王　耀 / 197
述论女华侨林鹏侠的西北考察………………………………王　力　党潇楠 / 201
文化视野下的公共卫生：以麻风病防治的人类学研究为例………雷亮中 / 211
21世纪中国萨满教研究学位论文的文献计量学分析………乌云格日勒 / 234
社会转型期流动穆斯林群体的信仰实践
　　——以义乌中外穆斯林群体为例……………………………马　艳 / 251
论"文化自觉"与"他者"的建构
　　——以九寨沟藏族歌舞的嬗变过程为例……………………杜　娟 / 262
牧区城镇化与游牧文化可持续发展问题探索……………………刘晓春 / 270

Contents

Theory

Blank Spots in Collective Memory: A Case Study of
Russia .... *James V. Wertsch* / 3

Narrative Tools, Truth, and Fast Thinking in National Memory: A Mnemonic Standoff
between Russia and the West over Ukraine .... *James V. Wertsch* / 23

Discussion about Three Attributes of Person .... *He Xingliang* / 42

Expounding on the Epistemology of Cultural Anthropology .... *He Xingliang* / 56

The Function of Xiongnu's Subsidiary Economy with its State Formation
—A Reading of Mingke Wang's Xiongnu's Nomadic Economy:
On the Relations between the Economy and Political Organization
in Nomadic Society .... *Chen Yong* / 70

The Emergence of Ethnohistory in American Academic Circles after the Second World
War: A Representation of the Formation of the Paradigm of Western Historical
Anthropology .... *Liu Haitao* / 78

The Making of an Anthropologist and His Theory: The Life of Claude
Levi-Strauss .... *Hu Mengyin, Huang Jianbo* / 105

The Research on the Theory of Social Process and Cultural Change: The Perspective
from Western Anthropology .... *Zhang Youyou* / 127

Empirical Research

The Tradition of Family or Village on Soul Faith and Constructing of
  Orthodox for Nationality
  —The Root of Social Culture in Russia and Belarus .... Zhou Hong / 141
The Ghost City Trading on the Early Chinese and Western Silk
  Road .... Zhao Zhen / 157
Jiu Ding, Chuanguo Xi and the Political Consciousness of Inheritance in Ancient China
  .... Peng Fengwen / 169
Thinking Mode and Cultural Changes of Uygur Religion .... Ablikem Sidik / 181
The Study on the Transition of the *Map of Hami* in the Palace Museum in
  Taipei .... Wang Yao / 197
Overview of the Northwest Investigation by Lin
  Pengxia .... Wang Li, Dang Xiaonan / 201
Public Health under the Perspective of Culture: An Anthropological Case
  Study of Leprosy .... Lei Liangzhong / 211
A Bibliometruc Research on Twenty-First Century Academic
  Dissertations on Shamanism in China .... Wuyun Gerile / 234
Floating Muslims' Practice of Belief in Social Transformation Period
  —A Case Investigation of yiwu .... Ma Yan / 251
A Discussion about "Cultural Consciousness" and "Image-Building"
  —A Case Investigation of Jiuzhaigou Valley .... Du Juan / 262
A Case Study on Urbanization in Pastoral Areas and Sustainable Development
  of Nomadic Cultures .... Liu Xiaochun / 270

理 论 篇

Blank Spots in Collective Memory: A Case Study of Russia

James V. Wertsch*

Abstract: The dynamics of collective remembering are examined by analyzing what happens when a "blank spot" in history is filled with information that had previously not been available or publicly acknowledged. Taking Russian accounts of the secret protocols of the Molotov-Ribbentrop Pact of 1939 as a case study, it is argued that "schematic narrative templates" that shape deep collective memory give rise to a tendency to maintain this memory and help it overcome the "narrative rift" that occurs when embarrassing episodes from the past are publicly acknowledged. Schematic narrative templates are set forth as underlying strong conservative forces that resist change in collective memory at a deep level. It is suggested that debates grounded in formal history may help overcome this

---

* James V. Wertsch is Marshall S. Snow Professor of Arts and Sciences at Washington University in St. Louis, where he is also director of the McDonnell International Scholars Academy. His current research is concerned with language, thought, and culture, with a special focus on collective memory, national narratives and identity, and culture. His most recent book is *Voices of Collective Remembering*, Cambridge University Press, 2002.

Note: An earlier version of this article was presented at the conference "Memory and War" at the Massachusetts Institute of Technology in January 2003. The statements made and the views expressed are solely the responsibility of the author.

DOI: 10. 1177/0002716207312870.

resistance to change but that such efforts will be limited as long as the forces of deep collective memory are not recognized.

Keywords: Collective Memory   National Narrative   Russia   Molotov-Ribbentrop Pact

The Soviet Union was well known for treating certain episodes and personalities in its history as "blank spots." In some cases, these were literally blank, as in photos where people's images had been painstakingly airbrushed out of existence (King, 1997); in other instances, the notion was more figurative, having to do with what could—and could not—be discussed in a public setting. Regardless of their form, these blank spots were understood by Soviet citizens as involving something that could not be mentioned—even when they dealt with someone who had been at the center of public discourse just the day before. During the last few decades of the Soviet Union's existence, these blank spots in history became the object of increasing debate and protest, at least in private settings. Indeed, some people thought, perhaps naively, that if these blank spots could only be publicly acknowledged and filled with accurate information, truth would then replace falsehood and omission once and for all.

For many people living in the Baltic region of the former Soviet Union, the most obvious blank spot in history was the Molotov-Ribbentrop Pact of 1939. For decades there had been little doubt in their minds that this infamous pact included secret protocols that lay behind the forced annexation of Estonia, Latvia, and Lithuania by Soviet forces in 1940. However, the existence of these protocols was officially denied by Soviet leaders, including Mikhail Gorbachev, up until the final years of the USSR's existence. While enjoined from discussing this matter in public, many Estonians, Latvians, and Lithuanians were insistent, at least in private, that this was an episode of forced annexation and violence, the memory of which would not be lost, and the true story of which would eventually come out.

In what follows, I shall examine Russian accounts of the Molotov-Ribbentrop Pact. In particular, I shall be concerned with the pact's secret protocols in which Hitler and Stalin agreed to carve up Eastern Europe, and I shall argue that in post-Soviet Russia, the transformation of the memory of this pact did not occur in a single step yielding a final, fixed account. Instead, it involved a process of change that has undergone two stages, and this change has given rise to an account that is clearly not what the people of the Baltic countries remember. I shall also argue that to account for the dynamics of this transformation it is useful to invoke the notions of "schematic narrative templates" and "deep collective memory."

I base my analysis on an examination of high school history textbooks from Soviet and post-Soviet Russia. As I have noted elsewhere (Wertsch, 2002), text-books are only one reflection of a wider set of cultural and political processes involved in defining official history, and as such they compete with other sources of information, like film and the popular press, for impact on young generations. They provide a good starting point, however, for examining official, state-sanctioned accounts of the past.

The first question to pose about these accounts is whether they really are about history, at least history in any strict sense of the term. Instead of speaking of blank spots in *history*, it will become obvious that it may be more appropriate to speak of blank spots in *collective memory*. In reality, "history" instruction in Soviet and post-Soviet schools—as well as in virtually every other country in the world—involves a complex mixture of what professional historians would consider to be a sound interpretation of past events based on the objective, balanced review of evidence on one hand, and an effort, on the other, to promulgate collective memory, or a usable past, as part of a national identity project. In this context, notions of history and collective memory clearly overlap. Both ways of representing the past deal with events occurring before the lifetime of the people doing the representing, and in both cases there is the assumption that the accounts being presented are true. Furthermore, both rely on narratives as "cultural tools" (Wertsch, 1998). The upshot is that it is often difficult to separate history from collective memory, and what we routinely call "history" textbooks almost always involve a mixture of the two.

This, however, does not mean that no useful distinction can be made between history and collective memory. Indeed, it is essential to distinguish between them. The father of modern collective memory studies, Maurice Halbwachs (1980, 1992) made this point in the 1920s in his discussion of "formal history" and how it differs from collective memory. Before Halbwachs' time it came up in other discussions; for example, it was an object of debate in the nineteenth century in writings by the philosopher Ernest Renan (1882/1990), who viewed serious historical research as often posing a threat to popular efforts at collective remembering.

In contemporary debates, this discussion has continued in historiography, where history and collective memory are often viewed not just as different, but as being in basic conflict. The reason for this is the different aspirations of the two modes of relating to the past. For its part, history aspires to provide an objective and distanced (i. e. , non- "presentist") account of the past, even if this means giving up favored and often self-serving narratives. In contrast, collective remembering inevitably involves some identity project in the present—remembering in the service of constructing a preferred image of a group—and is resistant to change even in the face of contradictory evidence. As Assmann (1997, 9) noted, in collective remembering "the past is not simply 'received' by the present. The present is 'haunted' by the past and the past is modeled, invented, reinvented, and reconstructed by the present."

In short, formal history and collective memory must be kept distinct for several reasons. Collective memory tends to reflect a single, subjective, committed perspective of a group in the present, whereas formal history strives to be objective and to distance itself from the present and any particular perspective currently in favor. In addition, collective memory leaves little room for doubt or ambiguity about events and the motivations of actors (Novick, 1999), whereas formal history strives to take into account multiple, complex factors and motives that shape events.

A final property that characterizes collective remembering is that it tends to be heavily shaped by "schemata" (Bartlett, 1932/1995), "implicit theories" (Ross 1989), or other simplifying organizational frameworks. To be sure, such frameworks also shape formal history, but in the case of collective memory they take on a particularly important role, meaning that accounts of the past often are quite schematic and include little in the way of detailed information, especially information that conflicts with the basic narrative that supports an identity project. In collective remembering, such conflicting evidence is often distorted, simplified, and ignored.

The Molotov-Ribbentrop Pact: A Soviet Account

This brief review of the difference between formal history and collective memory has several implications for understanding the transformation in the Russian view of the Molotov-Ribbentrop Pact. As will become apparent, most of what I have to say about this view reflects the pressures of collective memory.

However, the key to overcoming some of the problems that emerge from these pressures may lie with formal history.

Formal history and collective memory must be kept distinct for several reasons. Collective memory tends to reflect a single, subjective, committed perspective of a group in the present, whereas formal history strives to be objective and to distance itself from the present and any particular perspective currently in favor.

I begin my analysis of the Molotov-Ribbentrop Pact with the official Soviet account from that period. From the perspective of this account, there is nothing to say about the secret protocols of the pact since they simply did not exist: the fact that the Baltic countries became part of the USSR had nothing to do with spheres of influence or any other form of external coercion. Instead, their annexation grew out of uprisings by the workers and peasants in these countries who desired to be part of the Soviet Union. In *A Short History of the Communist Party of the Soviet Union* (1970), for example, the "nonaggression pact" was presented as follows:

In August 1939 Hitler's government proposed a non-aggression pact to the Soviet Government. The Soviet Union was threatened with war on two fronts—in Europe and the Far East—and was completely isolated. The Soviet Government, therefore, agreed to make a pact of non-aggression with Germany. Subsequent events revealed that this step was the only correct one under the circumstances. By taking it the USSR was able to continue peaceful construction for nearly two years and to strengthen its defenses. (p. 247)

Given that there were no secret protocols in this version of the events of 1939, the subsequent inclusion of the Baltic countries in the Soviet Union was not treated as being part of the story of the non-aggression pact. Instead, it was an event that arose due to a completely independent set of forces grounded in quite different motives. As outlined in that same text:

In 1940, when the threat of German invasion loomed over Lithuania, Latvia, and Estonia, and their reactionary governments were preparing to make a deal with Hitler, the peoples of these countries overthrew their rulers, restored Soviet power and joined the USSR. (p. 247)

From this perspective, the fact that the Baltic countries became part of the USSR in 1940 was part of a Marxist-Leninist story of class struggle, a story that ended with the restoration of Soviet power. Indeed, this passage suggests that the period of independence in Estonia, Latvia, and Lithuania in the 1920s and 1930s was somehow unnatural and that once oppression had been removed, the people in these countries returned to their natural progressive path, joining the international march of socialist countries.

Narrative Rift as Step 1 in Post-Soviet Revision

With perestroika—and especially Gorbachev's admission in 1989 that the secret protocols had been part of the Molotov-Ribbentrop Pact, the old Soviet version of the events of 1939 and 1940 could no longer serve as an official account. It had to be revised, a process that had already begun in the final years of Soviet power. For example, in a 1989 high school history textbook (one that still took the USSR as its object of study), Korablëv, Fedosov, and Borisov (1989) wrote:

> The territorial composition of the country changed. Its borders were extended to the west. In 1939 the land and populations of Ukraine and Belorussia underwent reunification. In 1940 Romania returned to the composition of the USSR Bessarabia, which had been torn away in 1918. This led to the formation of the Moldovian SSR instead of an autonomous republic. As a result of complex processes of international and internal development Soviet power was established anew in Latvia, Lithuania, and Estonia, which entered the composition of the USSR in 1940.
>
> However, in the new regions entering the USSR, breaches of the law characteristic for those years of the abuse of power were tolerated along with democratic revolutionary transformations.
>
> All of this made the situation more complicated in these regions. It had a negative effect on people's psychological state and at the same time on the military preparedness of the USSR. (p. 348)

The first and perhaps most striking feature that distinguishes this from previous Soviet accounts is that the absorption of Latvia, Lithuania, and Estonia into the USSR was no longer formulated in Marxist-Leninist terms. There is no mention of "reactionary rulers" and so forth. Indeed, there is a great deal that is critical— at least implicitly— of Soviet power. Mention of "breaches of the law characteristic for those years of the abuse of power" is something that was simply unimaginable in official Soviet accounts. Instead of focusing on the glories of the Soviet Union through the desired vision of the party, this account allows that mistakes were made.

Another striking feature of this account is its awkwardness and ambiguity. It contains formulations that are so clumsy as to make the evasions obvious, if not laughable. In particular, the extensive use of the passive voice made it possible to avoid specifying as to who was responsible for the actions. By refusing to assign agency, the authors created an account in which things just seemed to happen on their own.

For people of the Baltic countries, expressions like "as a result of complex processes of international and internal development Soviet power was established" or "the territorial composition of the country changed" amount to evasion and attempts to avoid telling the truth. From this perspective, statements such as "all of this made the situation more complicated in these regions" are certainly true, but the prevarication involved is so great that the comments raise more questions than they answer.

The obvious awkwardness in this passage derives from a fundamental contradiction in the official Soviet account of the late 1980s in the USSR. On one hand, there was a need to acknowledge that events, the existence of which had previously been denied, had in fact occurred. It was no longer possible, for example, to deny the existence of the secret protocols of the Molotov-Ribbentrop Pact. On the other hand, there was no agreement on what the larger story was now supposed to be. How would the basic "narrative truth" (Mink, 1978) of an official Soviet account change now that it could no longer be built around the claim that the party was always right in leading the march to a glorious future for international socialism? Would newly released archival evidence force Russia to create a new narrative that would cast the USSR as an imperialist power not unlike pre-revolutionary Russia?

Answers to such questions were still very unclear in 1989, and officials were apparently nervous at that time about making statements that could come back to haunt them. As a result, they seem to have arrived at an unsatisfactory compromise: they would include newly acknowledged information in official Soviet accounts of history but would not rewrite the basic narrative. The result was that new information appeared in a way that was inconsistent with the general flow of the text. It was as if this new information concerning the secret protocols of the Molotov-Ribbentrop Pact had appeared out of nowhere in the official account and that the authors had no idea how to weave it into the text. The fact that the meaning of events is largely shaped by the narrative in which they are enmeshed (Mink, 1978), however, made this compromise unlikely to be satisfactory or stable, and this was indeed the case.

Narrative Repair as Step 2 in Post-Soviet Revision

Awkwardness and disjointedness characterized the first step in moving beyond Soviet accounts of the secret protocols of the Molotov-Ribbentrop Pact; during the second stage a kind of "narrative repair" emerged to reestablish coherence based on a new narrative. As was the case in step 1 of the revision process, this new version moved beyond official Soviet accounts in that it made no attempt to deny the existence of the secret protocols of the Molotov-Ribbentrop Pact. Indeed, it freely admitted them. It also moved beyond the awkward and evasive formulation that characterized the narrative rift in step 1.

The narrative repair that occurred at this stage involved a story that might be titled "Stalin's Difficult Choice". This narrative took several forms in the emergence of post-Soviet Russian collective memory of the Molotov-Ribbentrop Pact, and in fact several of its elements had long been part of the discussion of Stalin's actions leading up to World War II. Hence, using it in the late Soviet period amounted to dusting off some existing "off-the-shelf" narrative tools and putting them to new use in official discourse.

An early post-Soviet version of "The Difficult Choice" narrative can be found in a 1998 history textbook for ninth-graders by Danilov and Kosulina.

> A difficult choice.... While not giving up on a resolution of the "Polish question" through force, Hitler also proposed to the USSR to begin negotiations toward concluding an agreement of non-aggression and dividing up spheres of influence in Eastern Europe. Stalin was confronted with a difficult choice: either reject Hitler's proposal, thereby agreeing to have German forces move to the borders of the USSR in case Poland was defeated in a war with Germany, or conclude an agreement with Germany that would provide the possibility for pushing borders back from its west and avoid war for some time.... And thus the agreement was signed. On August 23, 1939 the entire world was shocked by the news that the USSR and Nazi Germany had signed a treaty of non-aggression. This was also wholly

unexpected for the Soviet people. But no one knew the most important fact—secret protocols had been added to this treaty. In these secret protocols Moscow and Berlin divided up Eastern Europe among themselves into spheres of influence.... In the fall of 1939 the Soviet Union concluded treaties of mutual assistance with Estonia, Latvia, and Lithuania. In accordance with these treaties Soviet forces were introduced into these countries. In the summer of 1940 the Soviet leadership, using propitious external conditions, demanded that the Baltic countries accede to the introduction of additional forces, a replacement of governments, and emergency parliamentary elections.... The new organs of power, which had been selected under the control of Soviet representatives, turned to the Supreme Soviet of the USSR with the request to receive Lithuania, Latvia, Estonia, and Besarabia into the composition of the Soviet Union. This request was of course granted, and on the map of the USSR there appeared new union republics: the Latvian, Lithuanian, Estonian, and Moldavian Republics. In this fashion, almost all the western provinces that had earlier been in the Russian empire, with the exception of Poland and Finland, were returned. (pp. 324 – 326)

In contrast to official Soviet accounts of the Molotov-Ribbentrop Pact, this text does not deny the existence of the secret protocols. Indeed, it highlights them. And in contrast to the narrative rift characteristic of step 1, there is relatively little awkwardness or prevarication in this case, although some, to be sure, remains. Instead, the events are represented in such a way that the motives that lay behind them are no longer an embarrassment to Russian collective memory. "The Difficult Choice" story made it possible to explain events that had previously either been omitted or had given rise to awkwardness and a narrative rift in official Soviet accounts. The secret protocols of the Molotov-Ribbentrop Pact were presented as a decision forced on the Soviet Union by the fact that Germany was about to attack Poland, allowing the German army to approach the borders of the USSR. And the choice is presented as somehow easier by the fact that the USSR was returning to borders that had previously defined the Russian Empire. But the main thrust of such accounts is that even though the Soviet Union was reluctant to expand its borders, it was simply forced to do so to ensure the defeat of a German nation that was a threat to the entire world.

Before turning to the forces that gave rise to the narrative repair in step 2, it is worth emphasizing that "The Difficult Choice" story is by no means the only one that can be imagined about these events. For example, one Baltic version of the Molotov-Ribbentrop Pact has disputed the assertion that it lessened the chance of war between Germany and the Soviet Union, arguing instead that "it was one of the direct causes of World War II" (Vizulis 1988, vii). And Kestutis Girnius (1989) has argued that instead of seeking to create a buffer against German invasion, the pact was motivated by long-standing tendencies of Russian territorial expansionism.

> There is little doubt that the Soviet government hoped to profit from the growth of tensions in Eastern Europe to regain land that was formerly part of the Russian empire. The Soviet Union made clear its interest in the Baltics in the early stages of its negotiations with France and Great Britain. Soviet negotiators were so insistent on the matter that they were willing to risk a breakdown in the talks rather than renounce their aims. German willingness to satisfy demands that the Western democracies would not countenance seems to have been an important factor in determining Moscow's decision to cooperate with the Nazis. (p. 2)

Interpretations such as these are what people in the Baltic countries hoped would emerge and be widely accepted once the secret protocols of the Molotov-Ribbentrop Pact were made public. However, the narrative repair in post-Soviet Russian collective memory clearly did *not* move in this direction. It instead moved steadfastly toward one or another version of "The Difficult Choice" story.

The "Expulsion of Foreign Enemies" Schematic Narrative Template

Some observers would attribute this turn of events in the revision of official Russian collective memory to transparent and defensive self-interest. But the process involved is more subtle and deep-seated than a conscious effort to avoid facing new evidence, and recognizing this will be key to transcending the endless disputes over the past that emerge in such cases.

The process of revision in this instance reflects underlying forces connected with a "schematic narrative template" (Wertsch, 2002) that is an essential part the national identity and worldview of Russia. The narrative in this case is schematic in the sense that it exists at an abstract level involving few details about specific actors, times, places, and so forth; it is a template in the sense that this abstract form provides a pattern for interpreting multiple episodes from the past. Schematic narrative templates stand in contrast to "specific narratives" (Wertsch, 2002) that name concrete dates, actors, locations, and so forth. The textbook passages cited above are examples of specific narratives.

The notion of a schematic narrative template stems from writings in folklore (Propp, 1968), psychology (Bartlett, 1932/1995; Ross, 1989), and other disciplines. Interpretations of the past are heavily shaped by the abstract meaning of structures and schemas associated with cultural tools used by members of a collective. This means that detailed information, especially that which contradicts a general perspective, is distorted, simplified, and ignored, something that stands in contrast to formal history, or at least its aspirations (Wertsch, 2002).

Arguing in the tradition of Vygotsky (1981, 1987), Bakhtin (1986), and others, I take schematic narrative templates to be structures that emerge out of the repeated use of a standard set of specific narratives in history instruction, the popular media, and so forth. The narrative templates that take shape in this process are especially effective in organizing what we can say and think, both because they are largely unnoticed by, or "transparent" to, those employing them and because they are a fundamental part of the identity claims of a group. The result is that these templates act as powerful "coauthors" when we attempt to tell what "really happened" in the past (Wertsch, 2002).

Narrative templates that take shape in this process are especially effective in organizing what we can say and think, both because they are largely unnoticed by, or "transparent" to, those employing them and because they are a fundamental part of the identity claims of a group.

The schematic narrative template at work in the case of the Molotov-Ribbentrop Pact is one that occupies a central place in Russians' understanding of crucial historical episodes. It can be titled the "Expulsion of Foreign Enemies" narrative template, and it imposes a basic plot structure on a range of specific characters, events, and circumstances. This narrative template includes the following elements:

1. An initial situation in which Russia is peaceful and not interfering with others.
2. The initiation of trouble in which a foreign enemy treacherously and viciously attacks Russia without provocation.
3. Russia almost loses everything in total defeat as it suffers from the enemy's attempts to destroy it as a civilization.
4. Through heroism, and against all odds, Russia triumphs and succeeds in expelling the foreign enemy, thus justifying its claims of exceptionalism and its status as a great nation.

At first glance it may appear that there is nothing peculiarly Russian about this narrative template. For example, by replacing "Russian" with "American," at least the first two elements would seem to be consistent with American collective memory of the Japanese attack on Pearl Harbor in 1941. The claim is not that this narrative template is used only by members of the Russian mnemonic community or that it is the only one available to them. However, there are several indications that it plays a particularly important role and takes on a particular form in this case.

The first of these concerns its ubiquity. Whereas the United States and many other societies have accounts of past events that are compatible with this narrative template, it seems to be employed more widely in the Russian tradition than elsewhere. In this connection, consider the comments of Musatova (2002) about the cultural history of Russia. In a passing remark about the fate of having to learn "the lessons of conquests and enslavement by foreigners" (p. 139), she lists several groups who are viewed as having perpetrated similar events in Russia's history: "Tatars, Germans, Swedes, Poles, Turks, Germans again" (p. 139). This comment suggests that while the particular actors, dates, and setting may change, the same basic plot applies to all these episodes. They are all stamped out of the same basic template.

Some observers would go so far as to say that the "Expulsion of Foreign Enemies" narrative template is the underlying story of Russian collective remembering, and this provides a basic point of contrast with other groups. For example, it is strikingly different from American items such as the "Mystique of Manifest Destiny" (Lowenthal 1994, 53) or a "Reluctant Hegemon" story (Kagan, 2006). The "Expulsion of Foreign Enemies" narrative template plays a central role in Russian collective memory, even in instances where it would not seem relevant, at least to those who are not native speakers (Lotman and Uspenskii, 1985) of this tradition. For example, in post-Soviet Russia communism has often been portrayed as a foreign enemy that invaded Russia and had to be expelled after nearly destroying the nation.

All this is not to say that this narrative template has no grounding in actual historical experience. It clearly does reflect traumatic events and experiences from Russia's past. At the same time, however, it is important to recognize that this is a cultural and cognitive construction, a particular way of pursuing what Bartlett (1932/1995) called the "effort after meaning," and hence not the only possible way to interpret events such as signing the secret protocols of the Molotov-Ribbentrop Pact. As already noted, people from places like Estonia, Latvia, and Lithuania have quite different interpretations of this event, and the basic tenets of these alternative interpretations directly contradict many of those in the Russian version.

This Russian effort after meaning appears to have had a powerful hand in shaping narrative repair in the case of the secret protocols of the Molotov-Ribbentrop Pact. The acknowledgement of these protocols initially was an embarrassment to official narrative, but this did not lead to the kind of fundamental and permanent transformation that had long been envisioned by people in the Baltic countries. Instead, after an initial period of confusion and prevarication, characterized by narrative rift, this schematic narrative template reasserted its power and gave rise to "The Difficult Choice" story, an account that among other things seems to be aimed at precluding alternative interpretations of events such as those based on Russian expansionism.

Conclusion: The Conservatism of Collective Memory

In looking at the secret protocols of the Molotov-Ribbentrop Pact, I have purposefully chosen a case where one might expect a fundamental revision in collective memory. People in the Baltic countries, as well as elsewhere, had expected—or at least hoped—that making these secret protocols public would be a sufficiently powerful embarrassment to existing Russian accounts to lead to such a revision. What turned out to be the case, however, was something quite different. After an initial period of relatively superficial disruption in the official narrative (i. e., the narrative rift of step 1), an account emerged that smoothed over the awkwardness and prevarication of the narratives of that period.

I have argued that this narrative repair in step 2 was heavily shaped by a cultural tool that mediates deep collective memory in Russia, namely, the "Expulsion of Foreign Enemies" schematic narrative template. Like schematic narrative templates in any society, this one reflects a particular worldview and interpretative perspective in the effort after meaning. The power of this perspective is obvious to those with competing interpretations of the Molotov-Ribbentrop Pact. However, because schematic narrative templates operate at a nonconscious level and are especially transparent to their users, members of the Russian mnemonic community usually operate on the assumption that they are simply telling what really happened rather than coauthoring an account with a narrative tool.

The fact that the Expulsion of Foreign Enemies storyline is so jarring to others provides a reminder of the strong emotional attachment and identity commitments typically associated with such narrative templates. They are by no means neutral cognitive instruments. Instead, they are cultural tools deeply embedded in the more general project of developing and maintaining an image that supports a collective identity.

All this is not to deny the noticeable change in textbook accounts of the Molotov-Ribbentrop Pact during the late Soviet and post-Soviet years, beginning with a period of apparent unease over how to rewrite the narrative in light of the acknowledgment of the secret protocols. However, this initial step did not last long, and perhaps more important, the new version of the secret protocols that eventually emerged was not the sort of basic revision in an official account that people in the Baltics had hoped for. Instead, the narrative repair that characterizes step 2 amounted to patching over the rift created by acknowledging the secret protocols. It did this by embedding them in an effort after meaning, the general underlying pattern of which was already well established.

These developments suggest that deep collective memory is very conservative and resistant to change, something that runs counter to observations about the radically new public versions of the past that emerged with the breakup of the USSR. It is indeed important to recognize that post-Soviet Russian history text-books include assertions that would have landed their authors in prison a few decades earlier. However, focusing on this alone fails to take into account the important difference between a surface level of narrative organization, where radical changes in specific narratives may be found, and the schematic narrative templates that mediate deep collective memory. While the specific narratives about the Molotov-Ribbentrop Pact may have changed in some surprising and seemingly radical ways, the underlying schematic narrative has been a very conservative force.

This would appear to be sobering if not depressing news for those dedicated to overcoming differences and resolving conflict between groups. Are people in countries like Estonia and Russia doomed to continued, intractable opposition over interpretations of the past? Is this the case for places like India and Pakistan or Turkey and Armenia as well? Efforts by historians in these and other such troubled cases suggest that one way forward may be to switch the discussion away from collective memory and toward a heavier reliance on formal history. As noted earlier, official accounts found in history textbooks are typically a mixture of the two, but the relative contributions from each may vary widely. When trying to resolve differences over the interpretation of past events, one useful means may be to introduce a heavier dose of objectivity and complexity into such textbooks.

Professional historians such as Romila Thapar (2005) in India and Taner Aksam (2007) in the case of Turkey have stepped forward in recent years to argue that professional historians must reassert control of at least part of the public discourse about the past. This would involve shifting the discussion away from narratives that support emotionally laden identity claims toward narratives whose standing rests on a more balanced, objective consideration of evidence. This suggests a different role for historians than is often assumed in academic discourse, and some historians resist precisely because they fear that it could lead to the elision of the distinction between collective memory and formal history that they have been so assiduous in maintaining.

Principled and courageous attempts to introduce the rigor of formal history into discussions about the past do seem to provide some hope for moving debates between opposing perspectives to a calmer and more productive plane. However, this is hardly a panacea, given that historians themselves often cannot agree over what narrative applies to past events. As Cronon (1992) has noted, two competent professional historians can use the same basic archives and "facts" to arrive at quite different historical accounts, and this reflects the basic claim by philosophers of history such as Mink (1978) that no amount of objective evidence can alone reveal the narrative that must be told about the past.

Hence, a move toward formal historical analysis may be an important step in overcoming intractable differences between groups' understanding of the past, but an appreciation of the deep memory of each group may be another necessary component. A failure to recognize the powerful conservative forces of narrative templates as an inherent part of the process may mean that even the best efforts to resolve differences based on formal historical analysis are destined to fail.

Principled and courageous attempts to introduce the rigor of formal history into discussions about the past do seem to provide some hope for moving debates between opposing perspectives to a calmer and more productive plane.

If the events surrounding the Molotov-Ribbentrop Pact show anything, they show that people are not likely to arrive at a common understanding of the past simply because they are exposed to a common body of objective information. Given how central deep memory is to collective identity, this should be no surprise. So the best hope we may have is to recognize the existence and power of the narrative templates as a first step and then proceed to harness formal history in an effort to adjudicate differences over "what really happened" in the past.

Notes

1. The two major works by Halbwachs in English, *On Collective Memory* (1992) and *The Collective Memory* (1980), are compilations of French publications from the 1920s, 1930s, and early 1940s. Halbwachs died in Buchenwald concentration camp shortly before the end of World War II.

2. Note that Stalin and associates like Molotov were out of official favor in 1970 and hence no longer appeared in such accounts.

References

Taner Aksam, *A Shameful Act: The Armenian Genocide and the Question of Turkish responsibility*, New York: Holt, 2007.

J. Assmann, *Moses the Egyptian: The Memory of Egypt in Western Monotheism*. Cambridge, MA: Harvard University Press, 1997.

M. M. Bakhtin, "The Problem of Speech Genres," in *Speech Genres & Other Late Essays*, pp. 60 - 102. trans by Vern W. McGee, edited by Caryl Emerson and Michael Holquist. Austin: University of Texas Press, 1986.

F. C. Bartlett, *Remembering: A Study in Experimental and Social Psychology*. Cambridge: Cambridge University Press. 1932/1995.

W. A. Cronon, "Place for Stories: Nature, History, and Narrative," *Journal of American History* 78 (4): 1347 - 1376, 1992.

A. A. Danilov, and L. G. Kosulina, *Istoria Rossii. XX Vek. Uchebnik dlya starshikh klassov obshcheo-brazovatel'nykh uchrezhdenii. Rekomendovano ekspertnym sovetom Ministerstva obrazovaniya Rossiskoi Federatsii* (The History of Russia Twentieth Century. Textbook for older classes of general education institutions. Recommended by the expert soviet of the Ministry of Education of the Russian Federation). Moscow: Izdatel'skii dom Yakhont, 1998.

K. Girnius, "The Historiography of the Molotov-Ribbentrop Pact," *Lituanus* 34 (2), 1989.

M. Halbwachs, *The Collective Memory*, trans. by Francis J. Didder Jr. and Vida Yazdi Ditter. New York: Harper & Row, 1980.

——*On Collective Memory*. Edited, translated, and with an introduction by Lewis A. Coser. Chicago: University of Chicago Press, 1992.

R. Kagan, *Dangerous Nation: America's Place in the World from its Earliest Days to the Dawn of the Twentieth Century*. New York: Knopf, 2006.

D. King, *The Commissar Vanishes: The Falsification of Photographs and Art in Stalin's Russia*. Preface by Stephen F. Cohen; photographs from the David King Collection. New York: Metropolitan Books, 1997.

Yu. M. Lotman, and B. A. Uspenskii, "Binary Models in the Dynamics of Russian Culture (to the end of the eighteenth century)," in *The Semiotics of Russian Cultural History*, *Essays by Iurii M. Lotman*, *Lidiia Ia. Ginsburg*, *Boris A. Uspenskii*, ed. A. D. Nakhimovsky and A. S. Nakhimovsky, 30 – 66. Ithaca, NY: Cornell University Press, 1985.

D. Lowenthal, "Identity, Heritage, and History," in *Commemorations: The Politics of National Identity*, ed. J. R. Gillis, pp. 41 – 57. Princeton, NJ: Princeton University Press, 1994.

L. O. Mink, "Narrative Form as a Cognitive Instrument," in *The Writing of History: Literary form and Historical Understanding*, ed. R. H. Canary and H. Kozicki, pp. 129 – 149, Madison: University of Wisconsin Press, 1978.

M. Musatova, *Sviatogorskii Uspenskii Monastyr': Mikhailovskaia Shkol'naia Pushkiniana* (Sviatogorsky Uspensky Monastery: Mikhailov school of Pushkin Studies). Pskov, Poland: Pskovskaia oblastnaia tipografiia, 2002.

P. Novick, *The Holocaust in American Life*. Boston: Houghton Mifflin, 1999.

V. Propp, *Morphology of the Folktale*, trans. by Laurence Scott. Austin: University of Texas Press, 1968.

E. Renan, 1882/1990. ("What is a Nation?" in *Nation and Narration*), ed. H. K. Bhabha. London: Routledge.

M. Ross, "Relation of Implicit Theories to the Construction of Personal Histories," *Psychological Review* 96 (2): 341-57, 1989.

A Short History of the Communist Party of the Soviet Union, B. N. Ponomarev and others, trans. from the Russian by David Skvirsky. Moscow: Progress Publishers, 1970.

R. Thapar, *Somanatha: The Many Voices of History*. London: Verso, 2005.

I. Vizulis, *The Molotov-Ribbentrop Pact of 1939: The Baltic Case*. New York: Praeger, 1988.

L. S. Vygotsky, "The Instrumental Method in Psychology," in *The Concept of Activity in Soviet Psychology*, ed. J. V. Wertsch. Armonk, NY: M. E. Sharpe, 1981.

——The Collected Works of L. S. Vygotsky. Vol. 1, Problems of General Psychology. Including the Vol. *Thinking and Speech*, ed. and translated by N. Minick. New York: Plenum, 1987.

J. V. Wertsch, *Mind as Action*. New York: Oxford University Press, 1998.

——J. V. Wertsch *Voices of Collective Remembering*. New York: Cambridge University Press, 2002.

Narrative Tools, Truth, and Fast Thinking in National Memory: A Mnemonic Standoff between Russia and the West over Ukraine

James V. Wertsch[*]

Abstract: Putin's forceful, almost contemptuous dismissal of warnings from U. S. and European leaders about the dangerous path he was pursuing led to anxious speclation about what lay behind it. After years of pursuing a pragmatic geopolitical game that was understandable, though not always appreciated by the West, Putin seemed to be operating in a different world. He had spent years courting acceptance in organizations like the G8, whose meeting he had planned on hosting in the new Sochi Winter Olympics setting, but in 2014 he seemed to be throwing everything away in pursuit of some sort of mission that few in the west understood.

Keywords: Narrative Tools Truth National Memory Russia

In 2014 the U. S. and Europe found themselves in a surprisingly tense face-off with

---

[*] James V. Wertsch is Marshall S. Snow Professor of Arts and Sciences at Washington University in St. Louis, where he is also director of the McDonnell International Scholars Academy. His current research is concerned with language, thought, and culture, with a special focus on collective memory, national narratives and identity, and culture. His most recent book is *Voices of Collective Remembering*, Cambridge University Press, 2002.

Russia over events in Ukraine. As these events unfolded, it became clear that what was involved went beyond the kind of realpolitik dispute over resources or ideology that had long vexed the relationship between Russia and the West. Instead, it seemed to involve something deeper and more visceral, something that led many observers to acknowledge they were at a loss to come up with an explanation for what they saw as aggressive and dangerous moves by Russia. German Chancellor Angela Merkel reportedly told Barack Obama, for example, that Russian President Vladimir Putin was not "in touch with reality"—a sobering observation, given that she was the Western leader regarded as having the best understanding of the Russian perspective.

Putin's forceful, almost contemptuous dismissal of warnings from U.S. and European leaders about the dangerous path he was pursuing led to anxious speculation about what lay behind it. After years of pursuing a pragmatic geopolitical game that was understandable, though not always appreciated by the West, Putin seemed to be operating in a different world. He had spent years courting acceptance in organizations like the G8, whose meeting he had planned on hosting in the new Sochi Winter Olympics setting, but in 2014 he seemed to be throwing everything away in pursuit of some sort of mission that few in the West understood.

In Washington, D.C., *Politico Magazine* devoted the cover story of its March 13, 2014 issue to putting "Putin on the Couch." Some two dozen journalists, former diplomats, and other Russia watchers speculated on why Putin blithely ignored the objections of the West and pursued a course of action that was so baffling. One of the journalists wrote about being "befuddled" by Putin's actions and called him "crazy, calculating, and somehow capricious all at the same time." Others attributed his behavior to a susceptibility to conspiracy theories, a cold calculating personality, his pessimism, paranoia, deep anger at the West, insecurity, hypersensitivity, and a tough upbringing on the streets of Leningrad.

To be sure, Vladimir Putin brought personality quirks to this geopolitical encounter, but in the end these were not the main drivers of his actions. Instead, much of what he said during the tense standoff with the West over Ukraine was a straightforward reflection of an underlying national narrative that has been part of

Russian culture for centuries. Catherine the Great, who annexed Crimea to the Russian empire in 1783, reportedly believed that the only way she could defend her country was to expand its borders. This rationale continues to play a role in Russian reasoning today, at the grassroots level as well as at the top. In order to understand Putin's stance—and why it is wildly popular with large segments of the Russian population, it is crucial to understand the "social language" (Wertsch, 2002) that they share as members of a "mnemonic community" (Zerubavel, 2003). This is a social language built around a set of narrative tools that shape the speaking and thinking about the past and the present and that distinguish this mnemonic community from others.

National Narratives as Symbolic Mediation

To focus on Putin's "crazy" statements or "cold, calculating personality" is to miss a crucial point when trying to understand his actions. Instead of focusing on him as though he were an "atomistic" (Taylor, 1985) or "unencumbered" (Sandel, 2010) individual, we need to examine the narrative tools that shape his thinking; instead of putting him "on the couch," we need to consider how his thinking reflects his membership in the Russian mnemonic community.

In this view narrative tools are a kind of "co-author" for Putin's utterances, and to understand what these utterances mean we must understand the tools behind them. In many respects the deep divide that separates Putin from Western leaders reflects a more general divide between mnemonic communities and the narrative tools they employ. And it turns out that this is more than just an "academic exercise" since understanding these issues holds an important key to finding ways to rein in dangerous confrontations such as that which has arisen between Russia and the West over Ukraine.

The approach that I take to symbolic mediation draws on the writings of Vygotsky (1934, 1978, 1982), but it important to contextualize Vygotsky in a broader discussion that was going on in Russia, Germany, and Europe in the nineteenth and twentieth centuries. This is a discussion heavily shaped by figures such as Gustav Gustavovich Shpet (1927), a Russian student of Husserl and one of Vygotsky's teachers in Moscow, and the German philosopher Ernst Cassirer (1944, 1946, 1955). Although Cassirer was often dismissed by official Marxist-Leninist psychologists of the Soviet era for not being sufficiently materialist in his orientation, his insights had an important impact on Vygotsky, Bakhtin (1986), and many others who lived and wrote in the Soviet context.

The general line of reasoning that guided these figures is that humans are tool-using animals and that in order to understand discourse and thought it is essential to take the contribution of "mediation," or "cultural tools" (Wertsch, 2002) into account. For Vygotsky and others like Luria (1976, 1980), this meant turning first and foremost to natural language. Following in the footsteps of Wilhelm von Humboldt, Ernst Cassirer, and others in philology and semiotics, Vygotsky and Luria expanded the line of reasoning by examining psychological methods in a way that allows us today to incorporate insights from psychology and cognitive science into the broader picture of national memory.

At several points in his writings Vygotsky was quite explicit about the centrality of mediation (oposredstvovanie) in his thinking, and in my view it is the key to understanding much of the unique power of his ideas (Wertsch, 1985, 1991). Near the end of his life, for example, he asserted, "A central fact of our psychology is the fact of mediation" (1982, p. 166). This had actually been a core part of his thinking for years, and a focus on mediation, especially as it concerns "signs" or "psychological tools" can be found throughout his writings. In a 1930 account of "The Instrumental Method in Psychology", he included under the general heading of signs: "language; various systems for counting; mnemonic techniques; algebraic symbol systems; works of art; writing; schemes, diagrams, maps, and mechanical drawings; all sorts of conventional signs" (p. 137).

Such cultural tools are "by their nature ... are social, not organic or individual" (ibid.), which means that by mastering them our speaking and thinking are socialized into a particular cultural and historical order. Vygotsky emphasized that this mastery involved transforming rather than simply facilitating social and mental functioning that already would have occurred: "By being included in the process of behavior, the psychological tool alters the entire flow and structure of mental functions. It does this by determining the structure of a new instrumental act just as a technical tool alters the process of a natural adaptation by determining the form of labor operations" (1981, p. 137).

Vygotsky's ideas echo Cassirer's in several important respects, and drawing on both yields some useful synergies. For Cassirer, a starting point was the rejection of "the naïve *copy theory* of knowledge" (p. 75). When talking about the ways in which science engages with the world around us, for example, he noted that "the instruments with which it propounds its questions and formulates its solutions, are regarded no longer as passive images of something given but as *symbols* created by the intellect itself" (p. 75). From this perspective human cognition and action are deeply shaped by "symbolic forms" which include, but are not limited to language.

A crucial point whereCassirer's line of reasoning goes beyond Vygotsky's comes from his claim that using symbolic forms introduces the "curse of mediacy" meaning that this use comes at a cost—a cost that often goes unrecognized. From this perspective using narrative tools is a double-edged sword because "all symbolism harbors the curse [that] ... it is bound to obscure what it seeks to reveal" (1946, p. 7). Taken together with Vygotsky's analyses of language as mediation in social and mental life, this means that to be human is to use cultural tools that are destined both to empower *and limit* our understanding, including our understanding of the past. The aphorism by W. J. T. Mitchell (1990) that there is "no representation without taxation" comes to mind, and it applies nowhere more forcefully than in national narratives and memory.

Cassirer developed his insights by outlining how particular symbolic forms such as myth, art, and science hold the key to understanding the historical emergence and current state of human social and mental life. One of his most important interpreters, Susanne Langer (1958), summarized several of his points by noting that for Cassirer:

> The history of thought consists chiefly in the gradual achievement of factual, literal, and logical conception and expression. Obviously the only means to this end is language. But this instrument, it must be remembered, has a double

nature. Its syntactical tendencies bestow the laws of logic on us; yet the primacy of names in its make-up holds it to the hypostatic way of thinking which belongs to its twin-phenomenon, myth. Consequently it led us beyond the sphere of mythic and emotive thoughts, yet always pulls us back into it again; it is both the diffuse and tempered light that shows us the external world of "fact" and the array of spiritual lamps, light-centers of intensive meaning, that throw the gleams and shadows of the dream world wherein our earliest experiences lay. (pp. 391 – 392)

To some degree, this line of reasoning is echoed in the ideas that guided Vygotsky and his student and colleague Luria as they conducted their empirical studies in Central Asia in the 1920s. Employing oppositions that echoed those between the syntactical and hypostatic tendencies of language, they wrote of how "theoretic" and "practical" forms of thinking differ and how "higher" forms of mental functioning emerge out of "elementary" processes. However, in contrast to Vygotsky, who emphasized that the achievements of higher mental functioning can be distinguished from elementary forms, Cassirer focused on how even the most advanced forms of abstract thinking retains elements of what Langer called "the sphere of mythic and emotive thoughts".

Taken together, the ideas of Vygotsky and Cassirer suggest a world in which speaking and thinking are fundamentally shaped by the symbolic mediation, or cultural tools provided by historical, institutional, and cultural contexts. It is a world in which human mental and social life is socioculturally situated because of its reliance on these tools, including narratives, and these tools shape our thinking and speaking in multiple complex ways. And in this context the "double nature" of language as an instrument plays a complicating role in shaping narratives and memory. On the one hand, what Langer called the "syntactic tendencies" inject an element of logic into our understanding of the past, but on the other, these same narrative tools "pull us back" to "hypostatic ways of thinking" associated with myth.

It is worth noting that in this approach cultural tools do not mechanistically determine human discourse and thinking. Instead, the very notion of a tool implies an active user and suggests an element of variability and freedom stemming from the unique contexts of performance. Bakhtin made this point in his account of the speech utterance or "text". For him, any text involves a tension between two poles: a preexisting "language system" that provides the "repeatable" moment of an utterance, on the one hand, and a particular instance of speaking in a unique setting, which provides the "nonrepeatable" moment, on the other. All utterances reflect the influence of these two poles, but their relative weighting can vary widely. For example, a military command relies heavily on a language system and leaves little room for spontaneity, whereas informal discourse in everyday life relies more heavily on the unrepeatable, spontaneous pole.

Narrative Tools of the Russian Mnemonic Community

Returning to Putin's stance on the 2014 events in Ukraine, the first point to recognize is that what he said was fundamentally shaped by the narrative tools of his mnemonic community, and as such, it makes sense to include the power of these tools into our analytic effort. The fact that his speech after the annexation of Crimea was wildly popular with large segments of the Russian population provides a reminder of the common narrative tools that bound him and this population together—and also set them apart from members of other communities. So, what kinds of narrative tools are involved, and why do theyhave such power?

One of the most important shared narratives that binds the Russian mnemonic community together concernsrepeated invasions by foreign enemies. In such accounts, the enemies inflict great suffering and humiliation but are eventually defeated by the valiant efforts of the Russian people bound together by a distinctive spiritual heritage. The whole world saw how this narrative played out in the heroic Soviet defense against Hitler, but for Russians this is just one iteration of an endlessly repeating narrative template. For them, the same story has been played out with different characters for centuries, including with the Mongols (13th century), the "Germans" (Teutonic knights) from the same period, the Poles (16th century), the Swedes (18th century), the French (19th century), and the Germans again (20th century).

This national memoryhas encouraged Russians to develop habits of emplotment, or "narrative templates" (Wertsch, 2002), that lead them to interpret many events in similar way—namely, as threats; this is the case even when others see the events as obvious cases of aggressive Russian expansionism. The long list of traumatic experiences Russia has had with the Mongols, the French, the Germans, and so forth provides ample reason for developing these habits, so my point is not that the resulting view of the past is without grounds or simply a figment of imagination. Russia *has* suffered repeated invasions, to be sure. But the way these events have been interpreted in countless retellings over several centuries has engendered a more general, schematic narrative template that is widely and automatically employed by members of this mnemonic community. Based on an array of evidence (Wertsch, 2002), I have outlined the following formulation of this "Expulsion-of-Alien-Enemies" narrative template:

1. An "initial situation" in which Russia is peaceful and not interfering with others

2. "Trouble" in which a foreign enemy viciously attacks Russia without provocation

3. Russia comes under existential threat and nearly loses everything in total defeat as it suffers from the enemy's attempts to destroy it as a civilization

4. Through heroism and exceptionalism, against all odds, and acting alone, Russia triumphs and succeeds in expelling the foreign enemy

This underlying code has been used repeatedly by the Russian mnemoniccommunity to make sense of events from the past, and it is also employed when interpreting current events such as those in Crimea in 2014. Rather than seeing their action as aggressive expansionism and annexation of others' territory, Putin and probably the majority of Russians took Russian action in Crimea to be a reasonable response to an external threat. From their perspective, European and American actors were clearly encouraging Ukrainian nationalist groups to break away from Russia, and the resulting outcome would be having NATO, or at least NATO-friendly forces at the border of yet another part of Russia. Similar interpretations prevailed in Russia in interpreting its war with Georgia in 2008. It was not Georgia itself that was at issue from the Russian perspective; instead, Georgia was taken to be just the point of a NATO spear pointed at Russia's southern flank.

Experienced diplomats and leaders understand this reasoning and the need to take it into account when dealing with Russia. Even the savvy Angela Merkel, however, had a hard time keeping this in mind when it came to Russia's actions in Crimea. She was used to a Russia that saw enemies where others did not, but she was also used to dealing with Russian leaders who could recognize other perspectives and rationally weigh the consequences of taking a course of action that might be popular at home but costly in terms of international relations. In this case, however, Putin seemed to be locked into a perspective that was impervious to input from all others, and the result was a tense standoff.

What is it about national narratives as symbolic mediation that contributes to such situations? How do they allow, even encourage experienced leaders and the lay public to become so locked into their own perspective that they are sealed off from understanding others and lose sight of their own broader interests? Two important factors that seem to be at issue are: truth claims and "fast thinking."

Propositional Truth and Narrative Truth

Tense interpretive standoffs such as the one in 2014 over Ukraine and Crimea are typically grounded in assumptions about the truth of "what really happened." These "mnemonic standoffs" (Wertsch, 2009) about events in the near or distant past are different from other sorts of disputes. In contrast to confrontations over ideology or opinion, the participants in mnemonic standoffs all too easily get locked into opposing views about truth, and these are positions that are very hard to get out of. Instead of responses such as, "Well, I guess we just disagree on what we value." or "I happen not to share your opinion on that." we find ourselves saying things like, "I can't believe you really think that is what happened!" or "You must be brainwashed!" And if we find ourselves saying, "Youare just lying!", the conversation is bound to be over.

Such discussions can become heated and even dangerous, especially when they involve state officials. Speakers in such settings must take responsibility for their own actions, but at least part of the reason they find themselves in frustrating standoffs can be traced to the narrative tools they employ, and this, in turn, can be traced to the ways that two kinds of truth operate—and are often conflated. First, the sentences that make up a narrative can be assessed for what I term their "propositional truth." For example, "Crimea became part of Russia in 2014." is true, whereas "Crimea became part of Russia in 2013." is false, and we have fairly straightforward means for assessing the truth of such propositions (archives, eye witness reports, etc.).

But narratives involve more than a simple collection of propositions; they "grasp together" (Ricoeur) events at another level or organization by placing them in a plot or what the Russian Formalist Victor Shkovsky (1965) called "syuzhet". The operation of plot in narrative is perhaps most evidently manifested in the fact that the "sense of an ending" (Kermode, 1967) is an essential part of the text that allows us to give meaning to events and characters that came before it. This narrative logic assumes that the ending of the story is what gives meaning to all the events leading up to it. As formulated by Peter Brooks, "It is in the peculiar nature of narrative as a sense-making system that clues are revealing, that prior events are prior, and that causes are causal only retrospectively, in a reading back from the end" (2012, p. 47).

When thinking and speaking about Crimea, Putin was not simply listing a series of facts or observations; he was organizing them in line with narrative tools of his mnemonic community, and this required the events to be grasped together into a familiar plot. In his view Russians were living through a set of events that had a familiar story line, namely the series of events starting with a threat to Russia that could result in great damage if alien enemies are not repelled. For him and his Russian audience the events at hand were events for which they had a shared means for "reading back from the end" even before they knew what the precise end would be.

In the case of the Crimean dispute, Putin was able to grasp things together along the lines of what Frederic Bartlett (1932) might have called a specifically Russian "effort after meaning" based on the narrative template noted above. His tendencies toward doing this were so strong that for him the events unfolding there were obviously part of yet another threat by an alien invader. Ina speech on March 18, 2014, he asserted that the new government in Ukraine was the result of a "coup" carried out by "nationalists, neo-Nazis, Russophobes and anti-Semites[①]," and from his perspective these unsavory actors were clearly urged on by NATO and other Western agents. It is worth noting that in this case the threat was not at the borders of Russia as they existed at that time. Rather, the threat was to "compatriots" (i.e., ethnic Russians) in what was then Ukraine. From his perspective, they were being subjected to psychological and cultural, if not physical violence: "Time and time again attempts were made to deprive Russians of their historical memory, even of their language and to subject them to forced assimilation." As some observers have noted, this sets a dangerous precedent of using imagined national borders, as opposed to internationally agreed upon state borders, but Russia leaders and the Russian public more generally were so locked into their "sealed narrative" (de Waal, 2003) that they ran roughshod over such distinctions.

In making his case for why his Russian compatriots were in danger from "nationalists, neo-Nazis, Russophobes and anti-Semites," Putin pointed to news reports in the Russian media that documented the statements of right wing, strongly nationalist Ukrainian groups like the political party Svoboda. In terms of propositional truth, it is accurate that some members of Svoboda were involved in events in Ukraine leading up to the overthrow of the government in early 2014, and it is also accurate to say that some Svoboda members have been so strongly nationalist in their statements as to suggest a kind of fascism. But it is also true that most participants in the events were not Svoboda members and that Svoboda has disavowed fascism and anti-semitism.

Hence there are many propositional truths swirling around these events, and the problem is how they are to be emplotted into a story of what "really happened." From the perspective of narrative truth, the issue is whether assigning the kind of story line

---

① http://praguepost.com/eu-news/37854 – full-text-of-putin-s-speech-on-crimea.

Putin used is the best way to grasp together all the events of Ukrainian political life into an accurate story line. Did a "coup" lead to an illegitimate Russophobic government in Kiev that was likely to harm Russian compatriots in Crimea and elsewhere? Or is the "right story" one of a mass, popular uprising of by Ukrainian citizens who wanted nothing more than their independence from Russian interference and the right to cast their future with Europe?

When we try to decide whether one or another narrative is the right one, we aremaking judgments about narrative truth, and we have a different problem on our hands than is the case for propositional truth. Philosophers have struggled for centuries over the technicalities of assessing the truth of propositions, but for everyday reports about the past and present we have general agreement for what kind of evidence is relevant and how to go about supporting an argument about the truth of an assertion. Someone who asserted that Svoboda party members were present at the demonstrations in Kiev in February and March 2014, for example, would likely turn to evidence in the form of photos, media interviews, eyewitness accounts, and testimonials.

The problem with narrative truth, on the other hand, is that even if we agree on the propositional truth of all the components of a narrative text, we do not necessarily know what the "right story" is. As Louis Mink (1978) an others have noted, it is not just a matter of toting up all the truths of the component propositions, something we often do in logical proofs and science. Instead, there must be another level of judgment involved, and as David Cronon (1992) has observed, even professional historians can use the same set of facts (propositional truths) to arrive at quite different stories of what happened. If such rational actors using objectively agreed-upon facts can do this, one can only imagine what we are likely to do when faced with members of other mnemonic communities in a heated argument such as one about what really happened in Ukraine or Crimea.

So how do we go about assessing narrative truth—i. e. , whether or not someone is providing the right story about what happened? Our first inclination is often to invoke propositional truths in support of our claims. Putin and other members of the Russian mnemonic community, for example, were likely to say things such as, "How can you say this wasn't a coup by extreme nationalists in Ukraine! Didn't you see the Svoboda party member there?" The problem with such arguments, once more, is that narrative truth cannot be reduced to propositional truth or a sum of propositional truths; in this case, even if I agree with the assertion that Svoboda party members were in demonstrations, that does not mean I agree that the real story of what happened in Kiev was a coup carried out by nationalists, let alone "neo-Nazis, Russophobes, and anti-Semites."

So how *do* we decide whether a narrative is true or not, whether I have arrived at the "real story of what really happened"? To be sure, it is incumbent on those discussing such matters to bring well-documented propositional truths to the table, but no matter how assiduous they are in doing this, narrative truth will not be fully determined. Instead, there is an irreducible element of judgment, and *this judgment is heavily influenced by the narrative template one brings to the exercise.* To be sure, the assignment of truth-value for even a proposition often involves some element of judgment, but this is a process that is much more heavily weighted toward using publicly available evidence than is the case for narrative truth. What makes the assignment of truth value for a narrative even more problematic is that the judgment is typically made with little conscious effort or reflection, and this brings me to the second factor that makes the adjudication of interpretive standoffs so difficult: the "fast thinking" that is involved.

The Role of "Fast Thinking" in Determining "What Really Happened"

In analyses of national memory, narrative templates are habits of speaking and thinking that have great power and operate in ways that often escape our notice. Research in cognitive science on "fast thinking" (Kahneman) and "intuition" (Haidt) have produced fundamental insights about conscious and nonconscious thinking are quite compatible with ideas about how narrative tools are employed by national communities, and they can be put to good use in analyzing them.

In his 2011 book *Thinking, Fast and Slow*, Daniel Kahneman draws on a wide range of empirical studies in cognitive psychology and neuroscience to develop a story involving two main "characters" (19) in mental life: "System 1" and "System 2."

System 1 operates automatically and quickly, with little or no effort and no sense of voluntary control.

System 2 allocates attention to the effortful mental activities that demand it, including complex computations. The operations of System 2 are often associated with the subjective experience of agency, choice, and concentration. (pp. 20 – 21)

Kahneman goes on to note that even though "System 2 believes itself to be where the action is (and has been at the heart of a great deal of research in psychology), the automatic System 1 is the hero" (p. 21) of the story. In this account the "automatic operations of System 1 generate surprisingly complex patterns of ideas, but only the slower System 2 can construct thoughts in an orderly series of steps" (p. 21). Whereas the former unfold effortlessly and non-consciously, the latter require focused conscious reflection. System 2 can sometimes step in and check the work that System 1 is doing in its automatic, non-conscious way, but this requires effort and concentration, and "one of [System 2's] main characteristics is laziness, a reluctance to invest more effort than is strictly necessary" (p. 31). This laziness of System 2 can be a real problem because System 1 decisions can be misleading or even clearly wrong. We tend to be unaware of this, however, and to make matters worse "many people are overconfident, prone to place too much faith in their intuition" (p. 45). We often make do with impressions and decisions from System 1 mental processing when it would be better to subject them to System 2 reflection.

The ideas outlined by Kahneman and others can be usefully extended to address issues such as how the narrative tools available to the members of a mnemonic community distinguish its members' thinking from that of others. In this regard, for example, he discusses how narratives and "narrative fallacies" operate within the confines of System 1 thinking as part of a broader concern with the basic rule of "what you see is all there is" ("WYSIATI").

An essential design feature of the associative machine is that it represents only activated ideas. Information that is not retrieved (even unconsciously) from memory might as well not exist. System 1 excels at constructing the best possible story that incorporates ideas currently activated, but it does not (cannot) allow for information it does not have. The measure of success for System 1 is the coherence of the story it manages to create... When information is scarce, which is a common occurrence, System 1 operates as a machine for jumping to conclusions. (p. 85)

Along with encouraging us to jump to conclusions, the WYSIATI rule leads to overconfidence. In this form of mental functioning "neither the quantity nor the quality of the evidence counts for much" (p. 87). Instead, "We often fail to allow for the possibility that evidence that should be critical to our judgment is missing—what we see is all there is" (ibid.).

The tendencies of System 1 thinking to be fast, to jump to conclusions, and to be overconfident in its conclusions have implications for several dimensions of national memory, but some elaborations are required to draw these out. One such elaboration is that the "associative machine" that guides one mnemonic community may yield System 1 "machines for jumping to conclusions" that differ from the associate machine of another group. In the terminology employed here, each mnemonic community relies on its own set of narrative templates for understanding the past, and when these differ, intractable opposition over "what really happened" in the past can emerge.

Kahneman focuses on narratives as they play a role in System 1 thinking, but they can also be part of effortful, conscious reflection. From his perspective, narrative templates are habits for making quick, almost automatic judgments that are not usually subject to the effortful conscious reflection of System 2. Rather than deliberately and consciously selecting an item from a stock of stories to make sense of an event, the influence of narrative templates in this view is so automatic and powerful that they almost seem to take the lead and encourage us to act with overconfidence in how we see events unfold in a predictable manner. Taken to an extreme, this suggests that it may be more appropriate to speak of how narrative templates engage an agent rather than how an agent uses them.

However, that is where System 2 comes in, making it possible for the active agent to re-enter the picture through conscious reflection and do a more diligent analysis of evidence than would derive from jumping to the conclusions suggested by a narrative template. Because System 2 tends to be lazy and require significant effort to become engaged, the sort of critical reflection required to bring a narrative template's interpretation into question is effortful and often not readily undertaken. But the potential to do so may be crucial for recognizing and resolving differences between national mnemonic communities. At least under some circumstances they can be objects of System 2 thinking as well as part of the automatic associative machines of System 1.

Truth, Fast Thinking, and Mnemonic Standoffs

The central role of fast thinking and the associated tendency to jump to conclusions about the truth of one's account of the past mean that mnemonic standoffs such as that between Russians and the West over Ukraine may be expected to be the rule rather than the exception. The psychological processes involved are powerful and lead to overconfidence in our account in part because they operate below our level of conscious reflection. The combination of narrative tools and the nonconscious habits of thought associated with them is so powerful that we can find ourselves taken by surprise when someone comes up with a completely different interpretation of "what really happened." The disconnect can be so great as to give rise to comments about how others are "operating in a different reality," but such comments may also mean we do not understand the logic of another party's perspective.

In such cases it is more reasonable to assume that other parties are operating in accordance with some logic—often narrative in nature and we simply don't understand what it is. This is further complicated by the fact that "logic" is perhaps too strong of a word here. When we talk about logic, we usually have in mind some kind of explicit, rational analysis, something that would clear qualify as System 2 thinking for Kahneman. But the "logic" involved in narrative templates operates at such a submerged level that that we don't recognize the power of symbolic mediation and assume we are simply telling the truth of what happened—another "curse of mediacy."

The origins of how we become so enmeshed in, and so committed to narrative templates of a national community largely remains a mystery in my view, and by way of concluding, I turn to some speculation on this issue. It may be that our earliest exposure to national narratives in schools or even at a younger age is characterized by a tendency to make sense of the past using a single straightforward story line. After all, before exposing children to all the complexities, exceptions, and "ifs, ands, and buts" of history, they need some more coherent starting point. We often talk in terms of how students must first learn a basic account of something before they can start to become critical consumers of information.

A great deal of research in the psychology of memory suggests that the first exposure to information or the first discussion or rehearsal of an event after it happens can have a profound effect on what is remembered, so profound in fact that people sometimes report still having a memory of an event even though they have information that convinces them that this memory is inaccurate. Is something like this behind the fact that we appear to be so locked into stories about past events that we have an extraordinarily hard time seeing another's perspective? Such questions are highly speculative, but they appear to be a fruitful place for collaborative investigations that would bring together scholars from a wide range of disciplines to address one of the most mysterious and most dangerous phenomena we see at work in international relations today.

References

M. M. Bakhtin, "The Problem of the Text in Linguistics, Philology, and the Human Sciences: An Experiment in Philosophical Analysis," in Bakhtin, M. M., *Speech Genres & other Late Essays*, Austin: University Texas Press, pp. 103 – 131. (translated by Vern W. McGee; edited by Caryl Emerson and Michael Holquist), 1986.

F. C. Bartlett, *Remembering: A Study in Experimental and Social Psychology*, Cambridge: Cambridge University Press, 1932.

E. Cassirer, *An Essay on Man: An Introduction to a Philosophy of Human Culture*, New Haven: Yale University Press, 1944.

E. Cassirer, *The Myth of the State*, New Haven: Yale University Press, 1946.

E. Cassirer, *Philosophy of Symbolic Forms Vol. 2, Mythical Thought*, New Haven, Yale University Press, 1955.

W. Cronon, "A Place for Stories: Nature, History, and Narrative," *The Journal of American History*, Vol. 78, No. 4, pp. 1347–1376, 1992.

J. Haight, *The Righteous Mind: Why Good People are Divided by Politics and Religion*, New York, Vintage, 2013.

D. Kahneman, *Thinking, Fast and Slow*, New York: Farrar, Straus and Giroux, 2011.

F. Kermode, *The Sense of an Ending: Studies in the Theory of Fiction*, New York: Oxford University Press, 1967.

S. K. Langer, "On Cassirer's Theory of Language and Myth," *The Philosophy of Ernst Cassirer*, pp. 381–400, 1958.

A. R. Luria, *Cognitive Development: Its Cultural and Social Foundations*, Cambridge, MA: Harvard University Press, 1976.

A. R. Luria, *Language and Cognition*, ed. J. V. Wertsch, New York: Wiley Intersciences, 1981.

L. O. Mink, "Narrative form as a Cognitive Instrument," in R. H. Canary and H. Kozicki (eds.), *The Writing of History: Literary Form and Historical Understanding*, Madison: University of Wisconsin Press, pp. 129–149, 1978.

F. Lentricchia & T. McLaughlin (eds.), *Critical Terms for Literary Study*, Chicago: University of Chicago Press, pp. 11–22, 1990.

P. Ricoeur, *Time and Narrative*, 2 Vols. trans by Kathleen McLaughlin and David Pellauer, Chicago: University of Chicago Press, 1984–1986.

D. Sandel, *Justice: What's the Right Thing to Do?* New York: Farrar, Straus and Giroux, 2010.

Viktor Shklovsky, "Art as Technique," in L. T. Lemon and M. Reis (eds.), *Russian Formalist Criticism*, University of Nebraska Press, 1965.

G. G. Shpet, *Vnutrenniaia forma slova. Etiudy i variatsii na temy Gumbol'dta*, Moscow: Gos. akademiia khudozhestvennykh nauk, 1927.

C. Taylor, *Human Agency and Language: Philosophical Papers I*, Cambridge: Cambridge University Press, 1985.

L. S. Vygotsky, *Mind in Society: The Development of Higher Psychological Processes*, edited by M. Cole, V. John-Steiner, S. Scribner, and E. Souberman Cambridge, MA: Harvard University Press, 1978.

L. S. Vygotsky, "The Instrumental Method in Psychology," in *The Concept of Activity in Soviet Psychology*, J. V. Wertsch, ed. Armonk, NY: M. E. Sharpe, pp. 134 – 143, 1981.

T. De Waal, *Black Garden: Armenia and Azerbaijan Through Peace and War*, New York: New York University Press, 2003.

J. V. Wertsch, *Vygotsky and the Social Formation of Mind*, Cambridge, MA: Harvard University Press, 1985.

J. V. Wertsch, *Voices of the Mind: A Sociocultural Approach to Mediated Action*, Cambridge, MA: Harvard University Press, 1991.

J. V. Wertsch, *Voices of Collective Remembering*, New York: Cambridge University Press, 2002.

J. V. Wertsch, "Blank Spots in Collective Memory," *The Annals of the American Academy of Political and Social Science*, 617 (1), pp. 58 – 71, 2008.

J. V. Wertsch, "Collective Memory," in P. Boyer & J. V. Wertsch (eds.), *Memory in Mind and Culture*, Cambridge: Cambridge University Press, pp. 117 – 137, 2009.

Eviatar Zerubavel, *Time Maps: Collective Memory and the Social Shape of the Past*, University of Chicago Press, 2003.

试论人的三种属性

何星亮[*]

摘 要：本文主要分析人的三种属性即基本人性、民族性和个人性格，阐述人的三种属性的基本特征、构成因素及其相互关系。本文认为，基本人性、民族性和个人性格的关系是辩证统一的关系。基本人性是普遍性，民族性和个人性格相对基本人性而言，是特殊性；基本人性存在于民族性和个人性格之中。而民族性与个人性格的关系也是共性与个性的关系，民族性是一个民族或国家全体成员共有的，是共同性；而个人性格是个人所独有的，是个性。探讨人的三种属性具有重要的理论意义和现实意义。

关键词：基本人性 民族性 个人性格 特征

每个人都有三种不同范畴的属性：一是若干元素像所有的人，二是若干元素像一部分人，三是若干元素什么人都不像。像所有人的元素就是基本的人性，全人类皆有之；像部分人的元素就是某一文化群体或民族孕育下形成的群体人格，即民族性或国民性；不像任何人的元素就是个人的独特的性格。基本人性、民族性和个人性格是每个人身上都具有的三种属性。然而，人的三种属性的研究往往分属三个学科，哲学界主要研究基本人性，人类学界主要探讨民族性，而心理学界则主要研究个人性格。其实，基本人性、民族性和个人性格三者共存于一个统一体中，三者的关系是辩证统一的关系，基本人性是普遍性，民族

---

[*] 何星亮：中国社会科学院学部委员，中国社会科学院民族学与人类学研究所研究员，主要研究方向为中国民族文化与宗教、新疆民族历史与文化、人类学理论与方法。

性和个人性格相对于基本人性而言，是特殊性；基本人性存在于民族性和个人性格之中。民族性与个人性格的关系也是共性与个性的关系，民族性是全体成员共有的，是共同性；而个人性格是个人所独有的，是个性。因此，把三者结合起来进行分析有助于更好地认识人的属性，更好地了解和认识人自身。本文分别阐述人的三种属性的基本特征、构成因素及其相互关系，探讨研究三种属性的意义，并提出一些不成熟的看法。

基本人性、民族性和个人性格与政治、经济、社会和文化的发展关系密切，如果一个国家的国民具有健康、完美的基本人性、民族性和个人性格，则国家兴旺、社会和谐、人民幸福。近代著名思想家梁启超在20世纪初发表《新民说》，其中一项重要内容是改造中国的国民性，使中国人自觉从帝国时代皇帝的臣民，转化为现代国家的国民。复兴中华民族，建设现代化国家，更需要健康、完美的人格。此外，熟悉人的三种属性，了解世界各国的国民性和各国领导人的个人性格，有助于较好地处理国际政治、外交和外贸事务，有利于我国逐步走向世界，扩大国际影响，更好地参与国际事务。因此，深入研究人的三种属性，认识、了解和熟悉基本人性、民族性和个人性格，具有重要的理论意义和现实意义。

一 基本人性的构成因素及其理论

基本人性是每个人身上都具有的属性，即人类天生的共同人性，也就是人的本性或天性，是全人类共有的属性。《论语·阳货》："性相近也，习相远也。"即人的天生本性基本上是相同的，个性差异是后天习染造成的。

（一）基本人性的构成因素

基本人性具体表现在哪些方面，包含哪些内容？由哪些因素构成？笔者认为，基本人性主要由生物性因素、社会性因素和精神性因素构成。

所谓生物性因素，是先天遗传的，是人类的本能，是在动物性本能基础上形成的。《孟子·告子上》："食色，性也。"《礼记·礼运》引孔子语："饮食男女，人之大欲（普遍性的欲望）存焉。"人类生存和延续离不开两件大事：饮食和男女，即物质生活和性生活。饮食是人类求生本能驱使的，饥则食、渴则饮、困则眠,无饮食则不能维持生命。另一方面,人类早期男女性生活有两个目的:一是求繁衍,无性生活则不可能生儿育女,人类便无法延续生命;二是求生理上阴阳和谐,如果没有性生活,生理也就会不正常,身体健康也受到影响,心理将会出现不正常的状态。

所谓社会性因素,即求安全、求自由、求平等、求民主等需求和欲望。任何民族都希望有一个安全舒适的生活环境、平等和谐的人际关系以及民主自由的政治环境。不过,各民族表现出来的强弱程度不同,有些民族表现较强,有些民族表现较弱。

所谓精神性因素,即求知的欲望。探索和理解自然界和人类社会的各种奥秘,早期主要表现为神话和宗教,原始时代的人类有许多关于宇宙和人类起源的神话,有万物起源的各种神话;近代主要表现为哲学和科学,在求知欲望的推动下,发现了许多关于自然和人类起源的科学理论。

在上述三种构成因素中,生物性因素是在人的本能驱动下形成的,与许多哺乳动物没有多大差异。社会性因素是后天形成的,动物界不存在这一特性。精神性因素也是后天形成的,唯有人类才有。

(二) 关于基本人性的理论

在中国古代文化中,关于人的本性的理论,主要有四种:一是性善说。代表人物为战国时期的思想家孟子,他说:"人之性善也,犹水之就下也。人无有不善,水无有不下。"①《三字经》开篇即为"人之初,性本善,性相近,习相远"。二是性恶说。以儒家荀子为代表,他说:"人之性恶,其善者伪也"②,认为人生来就具有爱好财利等自然情欲,即天性;善的道德伦理观念是后天人为教化的结果。三是人性无善无恶说。代表人物为战国时期的思想家告子,他认为人性无善无不善,人性和水一样,水"无分于东西",性也"无分于善不善"。"生之谓性","食色,性也"。③ 四是人性善恶混合体说,代表人物是西汉的扬雄,提出人性"善恶混"的主张:"人之性也善恶混,修其善则为善人,修其恶则为恶人。"④ 也

---

① 《孟子·告子上》。
② 《荀子·性恶》。
③ 《孟子·告子》。
④ 《法言·修身》。

就说，扬雄主张人的本性没有先天善恶之分，善恶是后天形成的。

11世纪维吾尔族伟大的思想家优素甫·哈斯·哈吉甫对基本人性也有精辟的论述，他的理论既不同于先秦时代的各种理论，也不同于古代西方的性恶说，持先天与后天并存说。优素甫·哈斯·哈吉甫认为，世上的性善之人有两种：一种是天生的性善之人，其善性至死不变；另一种是靠后天仿效而成的善良之人，但这种人如果接近坏人也会作恶。性恶之人也有两种：一种是天生的，另一种是后天学得的。他在《福乐智慧》①中说："好人分为两类，一类径直与善道相通，他们一生下即是好人，专走正道，行为端正；一类靠仿效成为好人，与坏人为伍，也会沾染劣行。世上的坏人也分为两类，莫将这两类在一起混同。其中一类是天生的歹徒，此类人至死也难改其秉性；一类靠仿效成为坏人，若有好人为伴，也能改邪归正。"②他特别强调后天的教育和仿效对人性的影响，认为"国君若善良，人民就正直，人民会习性善良，风气端正"③。"假如国君有福而善良，无疑，国人都会成为善良百姓。"④"假如好人与坏人厮混，好人会沾上坏人的习性。假如坏人与好人为伍，他将会找到善德的明灯。"⑤

古希腊哲学家与古代中国哲学家不同，并没有明确说明人的本性是善还是恶。如苏格拉底认为，善恶的区分在于是否有知识。他断言"知识即德性，无知即罪恶"。德性就是人的本性"善"，无论人们行善作恶，其关键取决于自身的知识。⑥善出于知，恶出于无知，"无人有意作恶"，避善趋恶并不是人的本性。⑦柏拉图认为，人的"本性"是灵魂，灵魂好像两驾马车，"理性"是驾驭者，"激情"是驯服温顺的马，而"欲望"则是桀骜不驯的马。若让欲望放荡不羁，似脱缰之马撒野狂奔，其结果势必伤害灵魂，毁灭的是自身。⑧亚里士多德不同意苏格拉底关于善恶的区分在于是否有知识的说法，认为善恶的区分不能用有无知识来划界，而应用"有意"和"无意"来区分。他把人的行为归结

---

① 优素甫·哈斯·哈吉甫：《福乐智慧》，郝关中译，民族出版社，1986。
② 优素甫·哈斯·哈吉甫：《福乐智慧》，第872～877行。
③ 优素甫·哈斯·哈吉甫：《福乐智慧》，第887行。
④ 优素甫·哈斯·哈吉甫：《福乐智慧》，第891行。
⑤ 优素甫·哈斯·哈吉甫：《福乐智慧》，第884～885行。
⑥ 赵志明：《西方哲学与人文精神》，解放军外语音像出版社，2006，第41～42页。
⑦ 张传开、辛景亮、邹林、杨善解主编《西方哲学通论》上卷，安徽大学出版社，2003，第91页。
⑧ 赵志明：《西方哲学与人文精神》，第47～48页。

为两类性质：一是"有意行为"，即受意志支配的行为；二是"无意行为"，它是不受意志的支配，但受理性之外的因素支配的行为。他强调"无意行为"没有道德伦理的价值，既非善，亦非恶，反之，唯"有意行为"才有善恶之分。①

对西方人的人性观念起普遍、长久影响的是基督教的原罪说。原罪说与中国古代的性恶论相似。基督教的罪感文化认为上帝是至善至美的，但人是有原罪的，因而人性必然是恶的。罪感观念使西方人具有一种反思和忏悔意识，使其文化对人的阴暗面有较好的督责机制。② 原罪是基督教信仰的基点，也是与古希腊文化的根本区别之一。原罪的特点有三：一是原罪与生俱来，二是原罪不涉及具体的对象，三是对原罪的救赎主要通过信教和忏悔。③

二 民族性的形成及其特征

民族性又称国民性（national character），即某一民族或国家全体成员共有的性格，主要表现在人生态度、价值观、伦理道德、民族精神、气质、情绪、动机等方面。例如，中国人、美国人、日本人、俄罗斯人、韩国人等，民族性格差异很大。

（一）民族性的形成

民族性或国民性的产生较基本人性为晚，它是在后天环境与学习的影响下所形成的，是在民族或国家形成之后的产物，是民族文化高度整合的结果。民族性认知是国家的基础，没有民族性的共同认知，国家的统一就没有保障。

民族性的形成与该民族的自然环境和社会环境密切相关，人是环境的动物，人必须适应环境而生存。居住自然环境不同，民族性也不同。生活在大草原的北方游牧民族，性格一般都比较豪放、粗犷和直率；而居住在南方山区的农业民族，性格大多细腻、内向和沉稳。古希腊哲学家亚里士多德在其《政治学》一书曾指出住在欧洲北部的人们，因为气候的寒冷，有饱满的精神，但也因此

---

① 赵志明：《西方哲学与人文精神》，第 66~67 页。
② 王明霞：《中西方人性善恶观的差异对和谐社会构建的启示》，《理论研究》2008 年第 2 期。
③ 杨永明：《论西方文化的中人性维度》，《学术论坛》2007 年第 10 期。

缺乏智慧与技能，缺乏政治组织，不能统治其他的民族。至于亚洲的人们，因有温暖的气候而生性机敏并有发明的能力，可是他们又因此缺乏精神，其结果是常常受制于人。希腊人是处在这两种极端气候的中间，因而在性格上同时具备了这两种人的长处，既有良好的精神，又有机敏的智慧。因此，希腊人既能保持其自由，又有很好的政治组织。①

　　社会文化环境对民族性的形成也起着重要的作用。社会文化是塑造民族性格的重要力量，社会文化不同，民族性格也不相同。共同的伦理道德、价值观和民族精神，使本国、本民族成员的人格结构朝着共同目标和方向发展，这种共同性既具有维系社会稳定的功能，又能够使全社会成员能够在自己的社会和文化中获得幸福感和满足感。法国启蒙思想的重要代表人物之一孟德斯鸠认为，一个民族的精神不仅由气候和政治体制的形式所决定，该民族的法律、文化、宗教和习俗亦起到重要的作用："人类受多种事物的支配，这就是气候、宗教、法律、施政的准则、先例、风俗、习惯，结果就这样形成一种一般的精神。"②不过，这些因素在不同的民族中所起的作用是不同的。在一个民族中，如果某种因素起了主导的作用，则其他因素只起次要的作用。他说："中国人受风俗的支配，而日本人则受法律的压制。从前，道德是斯巴达人的法则，而施政准则和古代惯例是罗马人的规范。"③

　　民族性是三种属性中最重要的属性，也是心理人类学最主要的研究对象。民族性体现在社会全体成员身上，它影响并作用于个人的途径通常有三种：一是通过本民族的传统生活习俗和社会规范影响并制约个人；二是通过本民族传统的伦理道德、价值观、民族精神的教育；三是长期受本民族成员行为和性格的影响。总的来说，任何一个民族的民族性都通过社会化或文化化的方式内化于个人的心灵之中，外化为个人的行为规范，使之代代相传。要了解、认识一个民族，首先必须研究其民族性，人类学家弗洛姆认为，人类学的研究兴趣并不是个人的性格，而是民族性格。他认为人类学家的兴趣"并不在于这人与那些人的特异性，而是在于群体内的大部分人共同的性格构造。我们称此为社会

---

① 〔古希腊〕亚里士多德：《政治学》卷七，吴寿彭译，商务印书馆，1983，第360~361页。
② 〔法〕孟德斯鸠：《论法的精神》上册，张雁深译，商务印书馆，1961，第305页。
③ 〔法〕孟德斯鸠：《论法的精神》上册，第305页。

性格（social character）"①。因此，心理人类学注重研究民族与个人的关系，探讨在群体制约下个人行为和活动的规律，揭示特定的群体对个体施加影响的机制及特点，注重分析不同民族的民族性的差异。

（二）民族性的特征

差异性是民族性的主要特征。民族性的差异根源在于文化的差异，不同的文化塑造不同的民族性格。大多数民族都有其独特的性格特征，尤其是历史悠久、文化积淀深厚的民族，民族性格更为明显。欧洲各国虽然宗教基本相同，但各国的民族性却有较大的差异。在马克思和恩格斯的著作中，便可看到"英国人的民族性格""德国人的民族性格""每个人的民族性格特点"等说法。他们认为民族性格对人的行为活动方式影响很大。恩格斯在描述爱尔兰人的民族性格时指出："爱尔兰人按其整个民族性格来说是和拉丁民族，和法国人，特别是和意大利人相似的。……在爱尔兰人身上，感情和热情无疑是占优势的，理性必须服从它们。爱尔兰人这种重感情的、容易激动的性格使他们不能深思熟虑，妨害他们从事冷静、坚忍的活动。"② 恩格斯还把民族性格看成是区别不同民族的重要因素，他说："英国人的民族特性在本质上和德国人、法国人都不同。"③

中国人和日本人虽然同属东方人，都是黄皮肤、黑眼睛，但两者在性格上的差异大于中国人和美国人的差异。美国著名人类家本尼迪克特（Ruth Benedict）在其名著《菊花与刀》一书中，以菊花和刀象征日本人的双重人格。菊花象征日本人的温柔与洁净，刀象征日本武士的粗犷和自律。她说："日本人既好斗又和善，既尚武又爱美，既蛮横又文雅，既刻板又富有适应性，既顺从又不甘任人摆布，既忠诚不二又会背信弃义，既勇敢又胆怯，既保守又善于接受新鲜事物，而且这一相互矛盾的气质都是在最高的程度上表现出来的。"④ 本尼迪克特既分析了日本人的外在行为，也探讨了深藏于内心的思维方式，较全面地考察了日本的价值体系和规范体系，从而得出结论：日本文化是不同于西方"罪恶感文化"的

---

① Erich Fromm, *Escape from Freedom*, New York: Farrar and Rinehart, 1942, p. 277.
② 《马克思恩格斯全集》第2卷，人民出版社，2001，第561~562页。
③ 《马克思恩格斯全集》第1卷，人民出版社，2001，第661页。
④ 〔美〕本尼迪克特：《菊花与刀——日本文化的诸模式》，孙志民等译，浙江人民出版社，1987，第2页。

"耻辱感文化"。

日本学术界也有不少学者研究自己国家的国民性。日本人类学家中根千枝在《纵向社会的人际关系》一书中，提出了"纵向"式的人际关系理论。她认为，在日本"纵向"社会中，个人与集团的关系有两个主要特点：一是唯一性，即个人一旦加入某集团，便要求个人全面参与，一般情况下没有退路；二是不事二主，即一个人在同一时间内加入多个集团，只能从一而终。在集团意识的基础上，日本人把本集团的人视为"自家人"，把不属于本集团的人视为"外人"。① 另一位日本学者土居健郎在《"娇宠"的结构》② 一书中提出了"娇宠"（amae）理论。所谓"娇宠"，是指类似儿童希望获得父母宠爱的心理，它来源于母子关系中的儿童依赖母亲和在母亲面前撒娇的心理。当儿童成年后，发现母亲是与自己不同的存在，但仍不愿承认母子分离的事实，以消除分离的痛苦。③ 土居健郎认为，娇宠是日本人的性格特点，它具有二重性："娇宠"的一端是爱，另一端是恨。爱与恨是"娇宠"这枚钱币的两个方面：一方面，"娇宠"像人的饮食、男女等生理需求一样与生俱来；另一方面，又有被伤害的特点，正像儿童撒娇时得不到满足便会大哭大闹一样。成年人如果失去了依赖的对象，即"娇宠"的要求没有得到满足时，就会感到孤独和无助，甚至会对那些不"娇宠"自己的人产生恨。"娇宠"既是了解日本民族性格和心理结构的关键概念，同时也是了解日本社会和文化结构的关键概念。④ 日本人以"娇宠"关系来区分人际关系的"内"与"外"，形成内外3个同心圆：最内的是由父母及其亲属构成的娇宠圈子；中间的是由同事、朋友、熟人和邻居等组成的圈子；最外面的圈子是与自己毫无关系的人。⑤ 一般而言，日本人对三个不同圈子人的态度差异很大，尤其是对第三个圈子人的态度，可以说是冷酷无情。⑥

俄罗斯的民族心理如同其国徽双头鹰所昭示的那样，一直在西方和东方之间徘徊。双头鹰的两双眼一对望着西方，一对望着东方。美国政治学家亨廷顿

---

① 〔日〕中根千枝：《纵向社会的人际关系》，陈成译，商务印书馆，1994。
② 土居健郎：《"娇宠"的结构》，东京弘文堂，1971。
③ 土居健郎：《"娇宠"的结构》，第80页。
④ 土居健郎：《"娇宠"的结构》，第23页。
⑤ 土居健郎：《"娇宠"的结构》，第39页。
⑥ 土居健郎：《"娇宠"的结构》，第40页。

（Samuel P. Huntingtan）在《文明的冲突与世界秩序的重建》一书中，分析了世界不同文明民族的差异，认为俄罗斯、日本和印度三国的文明属于摇摆文明，这些文明与西方文明既有合作也有冲突，时而与西方文明的挑战者（中国文明和伊斯兰文明）站在一起，时而又与西方站在一起。① 再如人类学家艾利克斯·英格尔斯（Alex Inkeles）和他的同事们曾对3000名被德军所俘的俄国俘虏进行研究，对他们的性格也有相当精彩的论述，他认为俄国人的性格特点表现在5个方面：一是表现出与他人有密切交往的需要；二是在个人态度与行为上表现出依赖他人的趋势；三是很高的食物的满足和语言的表达的需要；四是在羞耻上表现出道德上的羞耻重于责任上的羞耻；五是在权威方面，表现出对长官、上司和权威人物很服从。②

康奈尔大学的 J. 恩布里（John Embree）教授研究了泰国人的性格，认为泰国人的性格是一种松懈、散漫和个人倾向的形态，与日本人相比，泰国人不注重规律，不注重团体的一致性。泰国人的行为规范很不明确，许多规范都是模棱两可。泰国人的亲属关系也很松散，亲子间的权利和义务不明确，人际关系没有一定的规则可循。这种性格表现在政治上也有其特别之处，在王位的继承上没有表现出定例，有时候父子继承，有时候则兄终弟及。国丧也无定例，泰王拉玛五世逝世时，每个大臣各有一套意见。在对外关系上，泰国人也始终呈现摇摆不定的状态，但这种摇摆不定的对外政策有时也能带来好处，如19世纪英法两国在中南半岛上的相争，泰国保持中间状态，不依附一方，因而得以保全独立，不像缅甸与越南那样沦为殖民地。在第二次世界大战中，泰国的对外政策也不稳定，先是偏向轴心国，避免了真正为日本人所占领，战争后期又倾向同盟国，因而不致陷入战败国的困境。③

三 个人性格的构成因素及其类型

民族全体成员具有共同的性格，而每个人又有自己独有的性格。个人性格

---

① 〔美〕塞缪尔·亨廷顿：《文明的冲突与世界秩序的重建》，周琪等译，新华出版社，1998，第201~202页。
② 参看何星亮《文化人类学与社会政治》，《思想战线》1995年第6期。
③ 参看何星亮《文化人类学与社会政治》，《思想战线》1995年第6期。

就是区别于其他人的性格。人与人没有完全一样的人格特点，每个人都有个人特殊的性格，即使是母女之间、父子之间，性格也不完全相同，所谓"人心不同，各有其面"，这就是人格的独特性。在古人看来，知人是最难的一件事。孔子说："凡人心，险于山川，难于知天。"① 诸葛亮也说："知人之性最难，美恶既殊，情貌不一，有温良而为诈者，有外恭而内欺者，有外勇而内怯者，有尽力而不尽忠者，不可不察。"②

个人性格是指人的性情、气质、能力等特征的总和，它主要体现在对自己、对别人、对事物的态度和言行上。个人性格与遗传是否有关系，学术界有不同的看法，个人性格的形成主要受后天的环境、教育等因素的影响，不同的养育环境、社会环境和教育环境，对个人性格的形成影响很大。

（一）个人性格的构成因素

个人性格的构成非常复杂，它包含多方面的因素，主要有如下 4 种。

1. 态度因素。即个人对社会、自己和他人的一种心理倾向，如忠诚、孝顺、勤劳、自信、自卑等。例如，有的人诚实，有的人虚伪；有的人孝顺，有的不孝；有的人自信，有的人自卑；有的人勤奋，有的人懒惰；有的人无私，有的人自私等。

2. 意志因素。即个人对工作、事业所持有的目的性和主动性，以及在紧急或困难的情况下表现出来的意志特征等。如有的人勇敢、坚强、果断、自律、进取心很强，有的则相反。有的人无论碰到什么困难，都坚毅不拔，百折不回，而有的人则完全相反。古人认为事业成功的关键是志向而不是才干。古人说："功崇惟志，业广惟勤。"③ 东汉文学家徐幹认为"志者，学之师也；才者，学之徒也。学者不患才之不赡，而患志之不立"④。

3. 情绪因素。包括对人、对事的感染程度和支配程度，以及情绪受意志控制的程度。情绪因素因人而异，有些人的情绪较稳定，有些人的情绪波动性较大。如有的人经常精神饱满、乐观进取，有的人则抑郁消沉、多愁善感；有的

---

① 《庄子·杂篇·列御寇》引。
② （三国）诸葛亮：《新书·知人性》，（元）陶宗仪撰《说郛》卷九下引。
③ 《尚书·周书·周官》。
④ 《中论·治学篇》。

人暴躁，有的人温和；有的人热情，有的人冷漠；有的人易冲动，有的人不易冲动；有的人急性子，有的人慢性子；有的人沉默寡言，有的人爱唠叨等。

4. 理智因素。即表现在智力和思维方面的性格特征，它体现在智力的高低、创新意识的强弱、分析见解的深浅等方面。如人们常说某人聪明，某人思维敏捷，某人讲话逻辑性很强，某人分析问题很深刻，某人创新意识强，某人考虑问题很全面等。

（二）个人性格的类型

古今中外的学者都曾对个人性格加以分类，找出若干不同类型的个人性格。中国古代不少思想家为了增进对个人性格的认识，从不同的角度，对人格进行分类。例如，孔子在《论语》一书中，从德行、气禀和智能三个方面对人格进行分类，把人分为三种类型：一是从德行方面将人分为君子和小人。"君子喻于义，小人喻于利。"①"君子坦荡荡，小人长戚戚。"②"君子和而不同，小人同而不和。"③"君子泰而不骄，小人骄而不泰。"④"君子上达，小人下达。"⑤"君子成人之美，不成人之恶。小人反是。"⑥"君子求诸己，小人求诸人。"⑦二是从人的气禀方面将人分为狂、狷和中行三种。孔子说："不得中行而与之，必也狂狷乎！狂者进取，狷者有所不为也。"⑧"狂"即敢说敢为，积极进取；"狷"即遇事拘谨，不敢作为；"中行"则是言行合乎中庸。三是从智能的角度将人划分为上智、下愚和中人。孔子说："唯上智与下愚不移。"⑨"中人以上，可以语上也；中人以下，不可以语上也。"⑩

再如三国时魏国的思想家刘劭所著的《人物志》是古代重要的一部心理学著作。刘劭对人的才能、性格、智勇以及鉴定方法等作了系统的研究，他把人

---

① 《论语·里仁篇》。
② 《论语·述而篇》。
③ 《论语·卫灵公篇》。
④ 《论语·子路篇》。
⑤ 《论语·宪问篇》。
⑥ 《论语·颜渊篇》。
⑦ 《论语·卫灵公篇》。
⑧ 《论语·子路篇》。
⑨ 《论语·阳货篇》。
⑩ 《论语·雍也》。

的性格分为十二种类型：强毅之人、柔顺之人、雄悍之人、惧慎之人、凌楷之人、辨博之人、弘普之人、狷介之人、休动之人、沉静之人、朴露之人、韬谲之人。此外，刘劭还根据智勇关系，将人分为英才型、雄才型和英雄兼备型。①

国外不少学者对个人人格类型进行过分类。有的学者根据智力、情感和意志3种因素在个人性格中所占的优势，而把人的性格划分为智力型、情绪型和意志型三类；有的学者根据情感把人分为内向型和外向型两类；有的学者则分为外向型、内向型和折中型三类；有的学者则将人格分为保守型人格、进取型人格、创造型人格三类②；有的学者从神经活动的角度把人格分为艺术型和思维型两类。③

结　语

综上所述，基本人性、民族性和个人性格三者共同存在于一个统一体中，三者是辩证统一的关系，彼此之间不可分离。基本人性存在于民族性和个人性格之中，而民族性与个人性格的关系则是共性与个性的关系。

深入研究基本人性，有助于了解人类的共同性，有利于更好地了解全人类的共同需求，有利于更好地处理国际事务。在基本人性中，既有生物性因素，也有社会性因素和精神性因素，生物性因素是先天遗传的，是人类的本能，社会性和精神性因素则是后天形成的。人类社会的发展，就是不断满足人的生物性、社会性和精神性的需求，满足人们衣食住行的需求，确保人们衣食无忧、住有所居；满足人们求安全、求平等、求民主的需求，确保人们安居乐业、社会和谐；满足人们求知识的欲望，确保人们学有所成，成为具有高度精神文明素质的人。

深入研究民族性或国民性，有利于复兴中华民族，建设现代化的强国。首先，研究本国的民族性，有助于改造中国人的国民性，增强创新性和进取性意识。每个国家的民族性或国民性，都有优秀的一面，也有其不堪的一面。例如，

---

① （魏）刘劭：《人物志·体别篇》（西京）刘昞注，中州古籍出版社，2007。
② 参见孙本文《社会学原理》，商务印书馆，1935，第273页注2。
③ 参见孙本文《社会学原理》，第274页注1。

中国人大多保守性较强，进取性和创新性较弱。梁启超在《新民说》中，论述了一个民族的保守性与进取性相互协调的必要性，他说："世界上万事之现象，不外乎两大主义：一曰保守，二曰进取。人之运用此两大主义者，或偏取甲，或偏取乙，或两者并起而相冲突，或两者并存而相调和。偏取其一，未有能立者也。有冲突则必有调和，冲突者调和之先驱也。善调和者，斯为伟大国民……譬之拾物，以一手握，以一手取。故吾所谓新民者，必非如心醉西风者流，蔑弃吾数千年之道德、学术、风俗，以求伍于他人；亦非如墨守故纸者流，谓仅抱此数千年之道德、学术、风俗，遂足以立于大地也。"① 其次，研究本国的民族性，有助于选择适合于本国民族性的社会和文化发展的独特道路。由于世界各国民族性的不同，发展和变迁道路也不可能完全相同，通过民族性的研究，可以更好地探索本国本民族的社会和文化发展规律，把握社会和文化的发展方向，选择适合自己的发展道路。法国启蒙思想家孟德斯鸠认为，民族性与宗教选择密切相关，北欧人喜欢新教，南欧人坚持天主教。"理由很明显的：北方民族具有、并将永远具有一种独立和自由的精神，这是南方民族所没有的。所以，一种没有明显的领袖的宗教，比一种有了明显的领袖的宗教，更适宜于那种风土上的独立无羁的精神。"②

研究世界各国的民族性，有利于做好外事工作，更好地处理国际关系。每一个国家的民族性均不相同，只有熟悉相关国家的民族性，才有可能做好外交、军事和外贸等工作。如果不熟悉相关国家的文化和习俗，不了解与异民族交往、相处之道，各种外交、外贸等事务都不可能办好，甚至可能会引起误会或造成损失。如前所述，土居健郎认为，日本人的民族心理结构是"娇宠"的结构，是类似于儿童希望父母宠爱的心理结构。一旦"娇宠"的心理要求没有得到满足，就会感到孤独和无助，从而对那些不"娇宠"自己的人产生恨。美国外交官较了解日本人的民族心理，并加以利用。原驻日外交官、后任美国国务院对日官员的凯文·梅尔（Kevin Maher）于 2011 年出版了《无法决断的日本》一书，他把日本比喻为一个女人，即使已经结婚共同生活了几十年，只要你几天不说"我爱你"，她就会忧心忡忡。作者说，在日本大使馆工作期间，几乎用一

---

① 梁启超等著《梁启超选集》，上海人民出版社，1984，第 212 页。
② 〔法〕孟德斯鸠：《论法的精神》下册，张雁深译，商务印书馆，1961，第 142 页。

半的时间反复对日本政府说"仍然爱着你"。①

　　研究个人性格同样具有十分重要的现实意义。俗话说："江山易改，本性难移"。选拔人才、使用人才必须了解个人性格，把不同性格的人安排到合适的部门工作。古代一些思想家曾提出许多选拔人才和考察人才的方法。如孔子提出"听观法"，他认为知人要"观其所由，察其所举，视其所安"。孔子提出"九征"法，他说："故君子远使之而观其忠，近使之而观其敬，烦使之而观其能，卒然问焉而观其知，急与之期而观其信，委之以财而观其仁，告之以危而观其节，醉之以酒而观其侧，杂之以处而观其色。"② 诸葛亮也提出"知人七法"，"一曰间之以是非而观其志；二曰穷之以辞辨而观其变，三曰咨之以计谋而观其识，四曰告之以祸难而观其勇；五曰醉之以酒而观其性，六曰临之以利而观其廉，七曰期之以事而观其信"③。

　　总的来说，研究人的三种属性，既可以认识人类自身，也可以认识自己并了解他人；既可以认识自己的民族，也可以了解世界各民族。

---

　　① 朱建荣：《日本人怎么看自己》，《同舟共进》2015 年第 4 期。
　　② 《庄子·杂篇·列御寇》引。
　　③ （三国）诸葛亮：《新书·知人性》，（元）陶宗仪撰《说郛》卷九下引。

略论文化人类学的认识论

何星亮*

摘　要：文化人类学各学派均有不同的认识论，但究竟有几种认识论，国内学术界没有专门的探讨。本文认为，西方文化人类学的认识论主要有主智论和反智论、单元论和双元论、文化相对论和我族中心论三大类型。西方人类学的这些认识论都是从某种角度审视和认识事物，不是科学的认识论，不能全盘照搬。

关键词：文化人类学　认识论　文化相对论　我族中心论

哲学中的认识论是指研究人类认识的本质及其发展过程的理论，亦称知识论。哲学中的认识论具有普遍性，而人文社会科学各学科的认识论具有特殊性。例如，文化人类学的认识论主要讨论如何认识人与社会、人与文化、社会与国家的关系等问题。

从事人文社会科学研究，必须首先熟悉本学科有哪些特殊的认识论。只有熟悉相关的认识论，才有可能进行创新。文化人类学各学派均有不同的认识论，但究竟有几种认识论，国内学术界没有专门的探讨。本文认为，西方文化人类学的认识论主要有主智论和反智论、单元论和双元论、文化相对论和我族中心论三大类型。西方人类学的这些认识论都是从某种角度审视和认识事物，不是科学的认识论，不能全盘照搬。

---

* 何星亮：中国社会科学院学部委员，中国社会科学院民族学与人类学研究所研究员，主要研究方向为中国民族文化与宗教、新疆民族历史与文化、人类学理论与方法。

一 主智论与反智论

(一) 主智论

西方一些学者认为,文化人类学各学派的代表人物的认识论主要有两种:一种是主智论,另一种是反智论。

所谓"主智论",它是英语"intellectualism"的汉语译名,为台湾人类学家黄应贵所译,也有译作"唯智论"或"理智主义"。主智论也就是哲学上所说的唯理论或理性主义,理性主义是17~19世纪欧洲兴起的启蒙运动的主要思潮之一。启蒙思想家反对宗教蒙昧主义,宣扬理性与科学;反对封建专制制度,宣扬民主与法制。理性主义与经验主义的差异,主要表现在认识事物的本质方面。理性主义者认为,只有依靠理性进行逻辑推理得来的知识,才是可靠的理性认识,而依靠感觉经验得来的感性认识是不科学、不可靠的。

理性主义不仅是启蒙运动的一种思潮,而且还是科学研究中主要的认识论,它与建构逻辑主体为中心的"主客二元论"一起,构成了近代人类学研究的两种认识论模式。在19世纪以来至20世纪上半叶的人类学界,大多数学者都是基于理性主义和主客二元对立的思维方式从事人类学研究,他们把"理性"与"非理性"相对立,把现代欧洲人与非欧洲人相对立,把以农业为主的传统社会与以工业为主的现代社会相对立。例如,进化学派的代表人物认为,现代欧洲人是文明、理性的人,现代欧洲人的社会是文明社会,其制度是理性的制度;而其他非欧洲人的社会是非文明的社会,非欧洲民族的社会制度是非理性的制度。人类心理的历史发展过程是"非理性——→理性"的过程,人类智能的历史发展是由低级到高级逐步发展的过程,人类社会也存在由非理性的蒙昧社会、野蛮社会向理性的文明社会发展和进化的过程。

19世纪中叶形成的进化学派的代表人物大多是主智论者,例如,英国的泰勒和美国的摩尔根都把人类社会的发展分为蒙昧、野蛮、文明三个阶段,并认为最高阶段是欧洲文明,最低阶段是殖民地的一些蒙昧部落。在他们看来,理性是人类文明制度的基础,也就是说,西欧现代社会的各种制度和行为都是合乎理性的。19世纪西欧文明社会是理性思想的最高表现,其他国家非理性的行为或制度是非理性的思想和行为造成的。当人们意识到本国的思想和制度是非理性的,便会把它抛弃。①"人类学的目标便是将进化的路线——即理性思想的进步表现绘成图表。"②

美国人类学家 E. 赫屈（Elvin Hatch）认为:"19 世纪下半叶出现的进化思想,大都是从启蒙时代承继下来的某些关键原则的引申发展。"其中有两个原则对进化学派的代表人物影响很大,"一为所谓主智论的人类行为观,二为实证主义"。③ 也就是说,"主智论"是进化学派代表人物的认识论,而实证主义则为他们的方法论。

另一类主智论者或理性主义者与进化学派的主智论者有所不同,认为各民族的行为和心理活动都是理性的,不管是文明人和野蛮人都一样。例如,结构主义的创始人列维-斯特劳斯认为人脑是自然的物质,由于现代人种的大脑实际上都是相同的,全人类的人脑都具有相似的构造,因而人类的天性、本质是相同的。他认为人类文化是"大脑心理机制"的产物,各地不同的社会文化结构的类似性,表明人类心灵具有普同性结构。

（二）反智论

所谓"反智论"（anti-intellectualism）与"主智论"正好相反。反智论者认为,古今中外的各种制度不是在理性基础,而是在感性基础上形成的。人类行为受到与感性相关的无意识的习惯所支配。系统认识人类社会的各种制度,必须从感性和情绪因素出发。人们的意识和行为经常为欲望、感情、偏见、习惯等反射行为所支配,受非理性意识所影响。因此,人类学不能采用本民族的价值标准和理念去分析和审视异民族的各种制度、习俗和文化,而应采用被研究者的理念和意识去分析他们的社会和文化。④

反智论是俄罗斯生物学家巴甫洛夫（Pavlov）提出来的,他认为行为是受不由自主的反射作用所支配,并非受有意识的、理性的思想所支配。另一位是弗

---

① 〔美〕赫屈:《人与文化的理论》,黄应贵、郑美能译,桂冠图书公司,1981,第 17 页。
② 〔美〕赫屈:《人与文化的理论》,第 81 页。
③ 〔美〕赫屈:《人与文化的理论》,第 16 页。
④ 〔美〕赫屈:《人与文化的理论》,第 44~45 页。

洛伊德（Freud），他认为人类的思想与行为是内驱力与神经官能症等"无理性"因素的产物。①

进化学派的认识论是主智论，即认为人类社会和文化制度建立在理性基础上，而美国历史学派的认识论正好与之相反。美国人类学家赫屈认为，历史学派的创始人鲍亚士（又译：博厄斯）以人类的"情绪"（感性）代替人类的"理性"的观点是19、20世纪之交的社会思想革命中心要素的革新。鲍亚士否认"文化建立在理性与功利的原则上"，他认为，"所有的人类制度实质上大半是无理性的"②。他说："文化的基础绝非理性，而是情绪。……理性是附属于情绪的，因后者是人们将其习以为常的思想与行为模式加以合理化的手段。"③在20世纪的第一个十年，行为的情绪观已经牢固地铭刻在鲍亚士的思想中。他在早期关于传统的研究中，便说明了情绪与理性相互对立的情形，他说："当我们考虑到……我们的日常生活的整个层面时，我们注意到我们是如何严格地依赖着传统，这是不能以任何的逻辑推理来说明的。"④可见鲍亚士当时便意识到强调情绪与理性对立在学术层面的重要性。

鲍亚士主要以"习惯"来说明文化中的情绪。他认为当一个动作经常地被重复履行一段时间之后，它便成为"不由自主的"，亦即它的"操作通常不和任何程度的意识层面发生关联"。⑤例如，一个人养成西方的方式用刀叉吃饭的习惯，便会觉得习以为常，如同天生一样。人们不断重复这种行为，大家都觉得是无意识的，并不是受有意识的理性思想所支配。鲍亚士还认为，除了无意识之外，习惯的模式中有情绪的结合。他说："对于任何异于我们所习以为常的行动，我们马上惊讶其为可笑的或应该反对的。"当一个民族遭逢与他们本身不一致的思想与行为形态时，其情绪反应的强度相当激烈。⑥

---

① 〔美〕赫屈：《人与文化的理论》，第45页。
② 〔美〕赫屈：《人与文化的理论》，第81页。
③ 〔美〕赫屈：《人与文化的理论》，第65页。
④ F. Boas, "The Mind of Primitive Man," *Journal of American Folklore*, 1901（14：8），转引自〔美〕赫屈《人与文化的理论》，第61页。
⑤ F. Boas, "Psychological Problems in Anthropology," *American Journal of Psychology*, 1901（21：380），转引自〔美〕赫屈《人与文化的理论》。
⑥ F. Boas, *Anthropology and Modern Life*, revised edition, N. Y., W. W. Norton, 1932, p.139，转引自〔美〕赫屈《人与文化的理论》。

当鲍亚士分析情绪与人的认识之间的相互关系时,他开始以一种崭新的眼光来审视人类理性。他认为习惯与情绪是人类行为背后远超过其他一切的,较为重要的原则:"甚至我们文明社会里,深孚众望的思想基本是受情绪、而不是受理性引导的。"① 在鲍亚士看来,理性不是人类行为与社会制度的基础,因为理性在受情绪与习惯支配的社会里显得脆弱并且无能为力。鲍亚士的这种认识观,使人们改变了进化论者对现代西欧社会各种价值和行为规范的诠释。在19世纪至20世纪初的进化学论者看来,西欧各国的社会文化发展水平处于人类社会发展的巅峰,是理性的社会制度,而非西方的社会制度则是非理性的。而美国历史学派的代表人物却认为,西欧的社会制度不过是西方人社会生活中习以为常的行为模式,与其他非西方的社会制度并没有先进与落后之分。

欧洲早期的启蒙思想家,尤其是18世纪法国启蒙思想家,大多从理性的角度批判专制主义和宗教愚昧。法语"启蒙"的本意是"光明"。当时的思想家认为,应该用理性之光驱散黑暗,把人们引向光明。主智论或理性主义在18世纪至20世纪初的欧洲思想界,长期居于主流地位。而鲍亚士的反智论或非理性主义认识论的提出,对当时西方的主流思想界产生极大冲击。因此,美国人类学家赫屈认为,反智论的提出是对19世纪末20世纪初的欧洲和美国社会文化和学术思想的革新。

余英时在《反智论与中国政治传统》一文中,谈到传统政治的主智论与反智论。他将主智论解释为尊重知识、尊重知识分子,主张积极地运用智性。反智论一方面是对于"智性"本身的憎恨与怀疑,另一方面则是轻视或敌视代表"智性"知识分子。他认为,中国儒家是主智论者,而道家和法家是反智论者。②

二 单元论与双元论

(一) 单元论

所谓单元论,是从个人的心理和意识的变迁来认识、解释社会和文化的变

---

① F. Boas, "The Mind of Primitive Man," p. 210, 转引自〔美〕赫屈《人与文化的理论》。
② 余英时:《反智论与中国政治传统》,收入《中国思想传统的现代诠释》,江苏人民出版社,1989,第63~100页。

迁，也就是从个人的角度来理解社会和文化。孔德、泰勒、斯宾塞、鲍亚士、本尼迪克特和马林诺夫斯基等都是单元论者，认为社会和文化是人类创造的，是人类意志的产物，与人的本质一致。单元论者认为社会是由个人组成的，"社会只存在于个人的意识和它的反映"，"社会现象无论是原始的还是派生的，都是人类本性的产物"。因此，从"个人意识中可以找到社会进化的所有渊源"，"社会生活的最终解释是理解人类普遍规律在社会生活怎样展开，而不必直接的观察和在观察后做出分析"①。进而，他们都主张从个人的心理和意识的变化来解释社会和文化的变迁。②

孔德和斯宾塞都主张应从个人的心理活动来分析社会文化现象。在他们看来，人类社会在没有形成之前，只存在个人，个人联合的需要和共同的意识决定社会的形成。因此，"只有通过个人的解释才能解释整个社会现象"③。孔德曾说："社会现象就是人类的发展，没有创造出任何其他特性。"④ 他认为人类社会和文化的主要事实是社会进步，而社会进步的关键在于心理因素的变迁和智能的提高。"社会现象直接来自人类的自然性质，在原始社会可以不必考虑社会而直接知道社会现象是怎么回事。"⑤

斯宾塞的方法与孔德大同小异，他认为个人的组合是社会进化的最根本动力，"社会的形成是为了使个人实现他的自然性质，社会经历的所有变化都是为了使个人的这种实现更加容易和更加完善"⑥。他承认社会一旦由个人组合形成后，就会转而对个人发生作用。不过，他认为社会虽然对个人发生作用，却没有什么直接的力量，社会力量是个人力量的反映。因此，社会现象不论是原始的还是派生的，都是人类本性的产物。此外，政治本身并没有目的，它的目的只不过是个人目的的综合表达；社会整体作用于社会成员的行动也没有特别的

---

① 〔法〕迪尔凯姆：《社会学研究方法论》，胡伟译，华夏出版社，1988，第78~79页。
② 〔美〕赫屈：《人与文化的理论》，第302~303页。
③ 〔法〕迪尔凯姆：《社会学研究方法论》，第78页。
④ 〔法〕孔德：《实证哲学课程》第4卷，第333页，转引自迪尔凯姆《社会学研究方法论》，第78页。
⑤ 〔法〕孔德：《实证哲学课程》第4卷，第345页，转引自迪尔凯姆《社会学研究方法论》，第78页。
⑥ 〔英〕斯宾塞：《社会学原理》，第583页，转引自迪尔凯姆《社会学研究方法论》，第79页。

目的,只不过是各个个人的综合力量反过来作用于个人。①

马林诺夫斯基的单元论观点较接近于泰勒的观点,而与鲍亚士的观点有差异。在他看来,"文化绝大部分与人的本质一致——这两者之间既没有像涂尔干(又译:迪尔凯姆)所坚信的裂痕,亦非如鲍亚士与本尼迪克特所隐含的,认为人的自然本我终将被抹杀"。"对鲍亚士而言,每个文化都有可区别的历史,因此是独特的。如果人类基本上是文化的产物,每个社会将显示不同的人格类型。然而,对马林诺夫斯基来说,所有的人类基本上是相同的。当我们探究激励着特罗布里恩园艺工作或巫师的内在动力时,我们发现它与激发美国商人或大学生行动具有相同的因素。"② "不管一项制度是如何产生的,它一旦存在,便可作为表现人类本质的工具。"③ 他与英国心理学家桑德(Alexander F. Shand)对于人类动机有着非常相近的观念。根据桑德的说法:"本能或天生的素质是人类行为的主要动因"④,在桑德看来,"风俗并不在学习过程中生根,而是建立在人类心灵中的天生或自然的倾向"。"天生倾向或冲动,乃是许多文化行为的基础。"⑤ "人类行为的主要动因为自然、与生俱来的内驱力与倾向。这些内驱力与倾向是文化建立的基础,提供了服从于传统模式之冲劲。"⑥ 桑德认为,"文化是某种生物现象,文化是建筑在生物基础之上的"。⑦ 文化与个人是不可分的。

(二) 双元论

双元论是法国社会学的创始人涂尔干提出来的。涂尔干认为,人具有双重性质,一部分属于自然,另一部分属于社会。由于两部分的性质完全不同,因而两者之间形成紧张的状态:社会要求个人约束自己的本能,控制天生的、不受限制的意识和行为;而个人则希望摆脱社会规范的束缚,喜欢没有任何约束的自由自在的生活方式。因此,"个人-社会"形成双元结构。⑧

---

① 〔法〕迪尔凯姆:《社会学研究方法论》,第80页。
② 〔美〕赫屈:《人与文化的理论》,第337页。
③ 〔美〕赫屈:《人与文化的理论》,第303页。
④ 〔美〕赫屈:《人与文化的理论》,第304页。
⑤ 〔美〕赫屈:《人与文化的理论》,第309~310页。
⑥ 〔美〕赫屈:《人与文化的理论》,第364页。
⑦ 〔苏〕C. A. 托卡列夫:《外国民族学史》,汤正方译,中国社会科学出版社,1983,第241页。
⑧ 〔美〕赫屈:《人与文化的理论》,第190~191页。

在涂尔干看来，个人和社会之间存在着一条明显的分界线，应该区分个人心理与社会现象。由于两者性质不同，所以不能根据个人心理特征及其活动来分析社会现象，个人心理与社会现象在本质上是完全不同的，社会学不能简化为个人心理学。研究者科学地解释社会，只能从社会的角度去解释社会现象。美国著名学者赫屈认为："涂尔干在发展他的论点时，反对几个世纪以来支配着大多数社会思想的一个假设：即社会是人类意志的产物的概念。"①

在涂尔干看来，社会学不是心理学推理的结果。社会现象的强制力表明它具有一种不同于个人现象的性质。社会组织及其制度压制个人，迫使个人服从于社会。社会现象从个人身外作用于个人的意识和行为，这种强制个人的社会压力，不是个人心理活动的产物。因此，解释社会现象不能从个人心理的角度去分析。他强调："个人现象不同于社会现象，个人意识不能解释社会现象，要解释社会现象，只能根据社会本身的性质。"② 在他看来：个人无论如何不会自愿地从一种动物欲望或嗜好擢升出来；个人不会自然地超越一种情感生活。个人与集体生活之间存在巨大的鸿沟。③

在伦理道德方面，涂尔干认为，伦理道德是加诸人身上的，而不是由人类内部散发出来的。他反对那些试图从血族通婚造成的不良后果来解释外婚制与禁婚规则起源的看法。即使这种婚姻造成的不良结果存在，人们也很难发现这种婚姻制度是其根源。④ 涂尔干认为禁婚规则产生的根源是社会而不是个人。⑤

结构功能理论的另一代表人物拉德克利夫－布朗在许多方面继承了涂尔干的观点，在认识论方面也一样持双元论的看法。美国人类学家赫屈认为在人类形态方面，"布朗继承了涂尔干学派的双元论"，"即人格由一种紧张状态所区分的自然与社会两部分组成"。布朗认为，"如果社会要继续存在，个人行为必须受一种义务性的规则体系的规范，而且不容许个人随意地对某特定的场合选择适切的反应"。布朗"强调制度背后的束缚"。⑥

---

① 〔美〕赫屈：《人与文化的理论》，第184页。
② 〔法〕迪尔凯姆：《社会学研究方法论》，第80~81页。
③ 〔美〕赫屈：《人与文化的理论》，第186页。
④ E. Durkheim, *The Nature and Origin of the Taboo*, translated by Edward Sagarin, N.Y., Lyle Stuart, Inc. 1963, p. 64.
⑤ 〔美〕赫屈：《人与文化的理论》，第189页。
⑥ 〔美〕赫屈：《人与文化的理论》，第255页。

三 我族中心论与文化相对论

(一) 我族中心论

我族中心论（Ethnocentrism）或译"民族自我中心主义",又称文化自我中心。我族中心论这一术语于1906年由W.G.萨姆纳（W. G. Sumner）首创,他在《民风》① 一书中提出这一术语,将其定义为:以本群体的主观态度观察及衡量一切事物。他指出:"各集团都具有各自所固有的自尊心和自负心理,而轻视其他集团。各集团都认为只有本集团的习俗才是唯一正确的,如果出现其他集团拥有与己不同的习俗的情况,便会引起轻蔑的情绪（如'吃猪肉的'或'吃牛肉的'等）"②,每一群体都自认为自己的传统为最佳的传统,视与自己传统不同的其他民族的传统为非正常。西方不少学者对我族中心主义下过定义,但各不相同。③

我族中心主义以本民族的文化为中心,并根据本民族的价值观念和道德标准去审视其他民族的文化。每个群体都在一定程度上存我族中心主义,只不过是强弱程度不同而已。无论在原始民族还是在文明民族中,都存在我族中心主义。

我族中心论除了认识方法外,往往还与政治、经济、宗教等方面联系在一起,形成以我为中心的观念,包括两方面的内容:一是在相互关系问题上,以"我群"和"他群"的二元对立划分,总是抬高本群的地位,以"我群"为中心,以"他群"为从属地位。二是以本集团文化的价值观为荣,并憎恶、轻蔑、诽谤、歧视、排斥和攻击其他民族的文化和价值观,企图以自己的文化模式和价值观取代其他民族的文化。

在现代民族中,最为典型的是欧洲中心论,这一观点始自古希腊和古罗马时代,延续至今。18世纪至19世纪的欧洲中心主义者认为,欧洲民族是世界上

---

① W. G. Sumner, *Folkways*, Boston: Ginn, 1906, p. 13.
② 芮逸夫主编《人类学》,商务印书馆,1971,第92页。
③ 芮逸夫主编《人类学》,第92页。

文明程度和社会发展水平最高的民族,而其他非西方民族都是后进或野蛮民族。早期西方人类学研究者受我族中心主义的影响很深,以"原始""野蛮""文明"来区分处于不同发展阶段的民族。在他们看来,西方民族是文明社会发展水平最高的民族,而那些非西方民族都是社会发展水平较低的"原始的"、"落后的"或"野蛮的"民族。因而人类学的主要任务不是研究文明民族,而是研究那些"原始"或"野蛮"民族的社会、文化与习俗。

当代西方民族中心主义的基本特征有三方面:一是认为西方的法律文化是唯一科学且理性的,推崇欧美法律为普遍性的法律,以西方法律话语为唯一范式和标准;二是西方民族的二元对立的世界观,以西方为本体,将世界划分为两个对立体,即西方和非西方,西方是理性的、现代的,非西方是非理性的、非现代的,这种二元对立的思维模式导致文化征服或势不两立的文化对峙;三是在利益关系上以利己为出发点实行多重标准,如在人权、民主等问题上,对本国和其他西方国家要求低标准,对其他民族或国家要求高标准。

古代中国也存在我族中心主义,所谓"中国",即居于四方之中的国家,而四方之民则为夷、戎、狄、蛮。《礼记·王制》:"中国夷狄,五方之民,皆有性也,不可推移。东方曰夷,被发文身,有不火食者矣;南方曰蛮,雕题交趾,有不火食者矣;西方曰戎,被发衣皮,有为粒食者矣;北方曰狄,衣羽毛穴居,有不粒食者矣。中国、夷、蛮、戎、狄,皆有安居、和味、宜服、利用、备器。五方之民,语言不通,嗜欲不同。"尤其是古代帝王和士绅视中国为世界的中心,认为中国是世界最伟大、最强盛的国家。

我族中心主义者竭力宣扬本民族利益高于一切,把本民族利益置于其他民族之上,以牺牲其他民族的利益来获取本民族的利益。此外,有些我族中心主义者还煽动民族仇视,主张用武力征服其他民族。有些我族中心主义者往往打着"保卫民族利益"的旗帜,把自己说成是本民族利益的代表者和维护者。

(二)文化相对论

文化相对论(cultural relativism)或译"文化相对主义",与我族中心主义相反。在英国,文化相对论也叫伦理相对性(ethical relativity)。文化相对论的主要观点有两方面:一是认为文化并无优与劣、高与低、先进与落后的区别,每一种文化都是适应环境的独特产物,不应脱离文化背景评价异民族的风俗之优劣或善恶。二是作为研究者，不能以本民族的伦理道德和价值观念去评判异民族的风俗和制度，各民族文化的价值是相对的，绝对的价值标准是不存在的，各民族的文化价值是无法比较的。

最早提出文化相对论的是韦斯特马克（E. Westermarch），他在《道德观念的起源与发展》一书中阐述了这一理论的基本概念和方法。美国历史学派的创始人鲍亚士发展了这一理论，认为对异民族的文化的评价必须以该民族价值标准为基础才有意义，并且把文化相对论作为研究问题的方法与理论。20 世纪 20 年代前后，鲍亚士及其弟子从种族和民族平等的角度出发，批驳了当时流行的种族主义理论，即认为欧洲白色人种在智力上比其他人种天生优越的谬论，较全面地阐述了文化相对论。他们认为，文化没有先进与落后之分，所有文化的价值都是相对的。任何一种文化，尽管形式不同，但都是适应环境的产物，都有其特定的价值和功能。政府和学者都应该抛弃欧美中心主义和我族中心主义的文化论调，尊重和包容异民族、异族群的文化，不能压制异民族或异族群的文化。鲍亚士说："……中央非洲的黑人、澳大利亚人、爱斯基摩人、中国人的社会理想，同我们的社会理想是如此不同……一些人认为是好的，另一些人则认为是不好的。"① 完全相反的评价根源在于是否从我族中心主义的立场出发，文化研究者在研究中应坚持避免受自己价值体系的影响，对每一种文化进行客观的研究。

鲍亚士的学生赫斯科维茨（M. J. Herskovits）发展并完善了这一理论。他在《人类及其创造》②一书中，对文化相对论做了系统的阐述。他认为人类的社会发展不存在共同的规律性，人类历史只是世界各地各自独立变迁的文化与文明的总和。他强调文化的差异性，认为每一个民族的文化都是一个不可重复的、独立自在的体系，否认存在放之四海而皆准的共同的价值标准。他说："判断是以经验为基础，而对经验之感受则视个人所受文化之濡化而定。"美国其他学者也对文化相对论下过定义，如 R. 雷德菲尔德（R. Redfield）认为："文化相对论的意思是对任何文化所表现之价值的认识及评定，都取决于保持该文化的民族对于事物的看法。"③ R. 雷德菲尔德还主张"文化相对论为一种伦理中立主义

---

① 〔美〕博厄斯：《人类学和现代生活》，杨成志译，商务印书馆，1985，第 148 页。
② M. J. Herskovits, *Man and His Works*: *The Science of Cultural Anthropology*, New York: Alfred A. Knopf, Inc., 1948.
③ R. Redfield, *The Primitive World and Its Transformation*, Ithaca, New York, 1953.

的学说,但并不是一种与伦理无关的学说。……从价值相对性的前提去看,也无法证明我们应当尊重所有的价值体系"①。

四 讨论与结论

前文介绍了文化人类学的主智论与反智论、单元论与双元论、我族中心论与文化相对论。这些认识论是否科学?能否经得住事实的检验?笔者认为,这些认识都是从某种角度审视和认识事物,不是科学的认识论,不能全盘照搬。

(一) 主智论与反智论

主智论和反智论分别从"理性"和"非理性"的角度认识社会和文化,为人们提供了对事物多层次、多角度的认识方法。但这两种认识论方法都是片面的,不是全面、科学认识事物的方法。"理性-非理性"是普遍与特殊的关系。

从世界上大多数民族的事实来,"理性-非理性"是一组对立统一关系,是一般与个别、普遍与特殊的关系。一般认为,"理性"是区别人与动物的重要标志之一。有些学者甚至说"人是理性的动物"。世界各民族的文化大都是理性思想的产物,是与当地自然环境和社会环境相适应的产物。而非理性是人类的特殊性,无论是原始民族还是文明民族,都存在这种非理性的意识和行为。非理性是人类在自身发展过程中动物本能的遗留,无论是处于原始社会还是现代发达社会,人类的"理性"和"非理性"均同时存在。

从世界各民族的历史来看,社会发展水平越低的民族,受道德规范约束就越强。许多发展水平较低的民族不偷、不盗、不抢,即使在路上拾到东西,不但不拿走,而且还要捡起来放到路边明显的地方,以便丢失东西的人回来找时较容易看见,新疆的塔吉克族便是如此。东北的鄂伦春、鄂温克等渔猎民族,他们把仓库建在野外的树上,没有锁,也没有人看管,没有人偷,其他人可以到仓库里借东西,用后放回。这也说明原始民族或社会发展水平较低的民族,不仅很理性,而且其理性水平超过现代文明民族。

据上,理性是人类的普遍性,非理性是人类的特殊性。把世界处于不同阶

---

① 芮逸夫主编《人类学》,第34页。

段的民族分为理性民族和非理性民族是不科学的，只强调民族的非理性意识（如情绪等）而否认各民族的理性意识也是不全面的。

（二）单元论与双元论

单元论与双元论分别从个人和社会的角度认识事物，为人们提供了对事物多层次、多角度的认识方法。但这两种认识论方法都是片面的，不是全面、科学认识事物的方法。

单元论者主张社会是由人组成的，应从个人的心理和意识的变化来解释社会和文化的变迁。而双元论者认为，"个人－社会"是双元结构，"社会"的性质与"个人"的性质完全不同，两者之间存在着一条明显的分界线。因此，不能以个人心理解释社会现象，只能通过社会去解释社会现象。

其实，"个人－社会"是一对密不可分的结构。社会是由人组成的，但社会并不是个人的简单之和，社会是通过社会组织和社会意识结合起来的群体。各种制度和事物是由人们创造的，但它反过来限制人们的行为并阻碍人类社会的进步。人们的心理和知识不断发展、变化，社会中的各种制度和事物也不断发展变化，两者是相辅相成的。社会现象虽然是不同个人本质的表现，但它是集体意识的表现，社会要求约束和压抑个人，但并不是所有人都希望摆脱约束，社会和个人不存在决然的分界线。世界上各种社会形态之所以千差万别，根源在于组成某种社会的群体的心理和观念的差异。因此，作为研究者既要从社会的角度解释个人心理、观念与族性的差异，也要从个人的角度解释社会和文化的变迁。单元论者只从个人的角度解释社会，双元论者只从社会的角度去解释社会都是不科学、不全面的做法。

（三）我族中心论与文化相对论

我族中心论与文化相对论都从不同的角度解释社会和文化，两种认识论各有其不足，都不是科学的认识论。

我族中心论受学术界的普遍批评，但在社会上却普遍存在，这严重影响了民族之间的关系。自文化相对论提出后，国外学术界一直在争论之中，它既有积极的一面，也有消极的一面。文化相对论主张抛弃种族主义和欧美中心主义，尊重每一个民族的文化，反对以西方的价值来评判非西方民族的文化，这是具有积极意义的。文化相对论的消极性表现在两个方面：一是过分强调差异性，否认共同性，事实上，各民族的文化既有差异性，也存在共同性；二是否定进步、发展观，否认文化有先进与落后、高与低之分，为文化保守主义提供了理论基础，容易形成不思进步、不求发展、保守僵化的思想，不利于落后民族的发展，容易造成发达的永远发达、落后的永远落后。同时也容易造成危害人类的各种极端文化和思潮涌现。例如，有些美国学者说，既然文化相对论认为一切文化都具有同等价值，都要受到尊重，那么法西斯主义也是一种文化，难道就不必对它进行抨击了吗？又如，如果按照文化相对论的观点，近几年来严重影响世界稳定的宗教极端主义、恐怖主义思潮及其文化也应该受到尊重，不应该受到谴责和反对。再如，现代社会一般认为杀婴习俗是违反人权或违法的，是残酷的和无人性的，是违背自然规律的，不为社会道德所容。但文化相对论者却认为，存在这种习俗的族群，他们为养育婴儿或让婴儿挨饿而苦恼，杀婴习俗虽然残暴但能有效控制人口，有其存在理由。这种观点也与现代社会基本人权原则相悖，为现代法律所不容。

　　长期以来，文化相对论与文化普同论的争论一直就没有停止过。早在20世纪50年代，文化相对论便受到西方许多学者的批判，他们认为，如果过分强调相对论便会走向极端也是违反科学原则。20世纪后期出现的行为人类学也从不同的角度批判文化相对论无条件的宽容。

匈奴辅助性经济的功能与国家组合的成立
——读王明珂《匈奴的游牧经济：兼论游牧经济与游牧社会政治组织的关系》

陈　勇[*]

摘　要：王明珂探讨匈奴辅助性经济与国家组合的内在联系，可视为兼跨人类学与历史学领域研究游牧族群问题之滥觞。论证的逻辑：游牧是匈奴人群最基本的生活方式，却不能自给自足；匈奴人群对掠夺一类辅助性生业，也有很大的依赖性；匈奴的国家组织，则主要是由辅助性经济决定的。本文意在讨论游牧在匈奴国家组合成立过程中，发挥了怎样的作用；北亚地区的地理特征，是否对匈奴国家组合的成立产生了决定性的影响。

关键词：匈奴　辅助性经济　国家组合

王明珂近年一系列兼跨人类学与历史学领域的著作，对大陆历史学界尤其是中国民族史研究者所产生的影响乃至冲击，大概是有目共睹、无须多言的。而依笔者之浅见，王氏早年发表的《匈奴的游牧经济：兼论游牧经济与游牧社会政治组织的关系》[①]（以下简称"王文"，本文所引王明珂语，均出自上述王文，所注为《史语所集刊》的页码）一文，在既往的匈奴史、民族史研究中独

---

[*] 陈勇：史学博士，中国社会科学院民族学与人类学研究所研究员，主要研究方向为中国古代民族史。

[①] 王明珂：《匈奴的游牧经济：兼论游牧经济与游牧社会政治组织的关系》，《史语所集刊》第64本第1分，1993，第9~50页。

辟蹊径，对于观察北亚早期游牧社会的构造与内在机制，颇具启发性。更值得一提的是，王明珂这篇并不算长的文章中的主要观点，可以说是今天我们所熟悉的已成体系的王氏理论的滥觞。有鉴于此，笔者拟文陈述对王氏旧作的一些观感，并提出几点未必能够成立的质疑。

哈扎诺夫（A. M. Khazanov）曾提出：游牧社会的生产方式，基本上不能自给自足（no autarky），既不能脱离辅助性的经济活动，也不能脱离为克服经济的单一性所从事的政治与经济活动。① 这无疑是一项精辟的见解。王明珂以此作为其讨论的凭依，就有了很高的起点，而王文对匈奴游牧经济的研究，则为哈扎诺夫上说提供了重要的案例。

王文开篇是这样说的："约从西元前八世纪起，欧亚草原上发生了一个重大的人类生态变迁——一种基本上以驯养动物，以季节移动来利用自然资源的生活方式产生迅速蔓延。许多原本生活在欧亚草原及草原边缘的贫农、猎户与采集者纷纷投入这种一般所谓游牧（nomadic pastoralism）生活方式之中。"（第9页）其中关于游牧生活方式的定义，源于哈扎诺夫、菲利普斯（E. D. Philips）、格里亚兹诺夫（Mikhail P. Gryaznov）等人的著述。

依循王文自身的逻辑，此处似乎还应该说明：草食动物驯养的成功，正是游牧生活方式得以产生的关键。但这样一点缺憾，并不能掩盖王文的精彩申说。接下来，王氏揭橥其核心的观点：游牧对于游牧人群的改变，"不只是在生产方式上"，为了适应游牧的生活方式，游牧人群的结合方式也产生了"基本的变化"，包括"亲属关系、社会组织与政治结构，以及与邻近民族的互动模式"。（第9页）斯基泰（Scythians）、匈奴等早期的游牧人群，"结成各种形式的政治组合与邻近的定居民族接触"（第9页），北亚游牧民族与古代中华帝国的漫长战争，由此拉开了序幕。

传世文献及出土资料中，关于北亚游牧民族社会经济的记录极为匮乏，由此造成匈奴史研究的瓶颈现象——学者们往往忽略对"游牧社会本身经济生态的探讨"。为了纠正这类偏差，王明珂将视野转向历史学以外的人文社会科学领域。王氏特别指出游牧体系中的"生态因素"，如驯养动物的生物性及环境的季节变化等，"在历史上是不变或变化很小的"，所以"人类学游牧社会的研究成

---

① A. M. Khazanov, *Nomads and the Outside World*, University of Wisconsin Press, p. 70.

果,也有助于我们探索古代的游牧民族"。(第 11 页)在此前提下,他将历史学与人类学的游牧社会研究相结合,做出了关键性的调整。他的北亚游牧民族史研究也因此别开生面,摆脱了众多历史学家一味关注北亚游牧民族"与中国的战争、贸易等互动关系"的窠臼。

王明珂设计的问题非常有趣,"由于需要自由移动以利用分散的、不稳定的自然资源,游牧社会的人群组成常以分散(segmentation)、平等(egalitarian)为原则,这些原则与国家组成的原则集中(centralization)与阶层化(stratification)是相违背的。既然如此,我们如何理解历史上游牧国家的形成?"(第 12 页)王氏服膺于人类学游牧社会研究中的"外部互动说",并从中找到了令其满意的答案:"游牧团体在空间上有极大的移动性,因此游牧人群政治组合的易变性(fluidity)是其特征;中央化的、阶层化的游牧社会,经常出现在制度化的游牧与定居人群的互动关系中。① 换言之,如果没有与定居民族紧密的互动,游牧人群将组成小的自主团体,或是分散性亲族体系(segmentary lineage system)。"②(第 12 页)

王明珂利用这种分析工具,在北亚游牧社会研究中取得了突破性进展。他构建了一套精巧的理论框架,该框架大致可以分为三个层次:(1)游牧是匈奴人群最基本的生活方式,其特征是不能自给自足;(2)匈奴人群对游牧之外的辅助性生业,也是非常依赖的;(3)匈奴的国家组织,主要由其辅助性生业决定。对这三个层次的问题,王氏进行了广泛而细致的论证。

王文第一个层次的论证,是从地理环境入手的。王明珂指出考古发现在匈奴人群活动的主要区域,即阴山、长城地带的中国北方草原地区,外加贝加尔及色楞河、鄂尔浑河、土拉河流域地区,以及萨彦-阿尔泰地区,包括阴山、浚稽山、涿邪山、天山、阿尔泰山、燕然山、唐奴山、萨彦岭、姑衍山、狼居胥山、大兴安岭以及其各山脉间的草原地带③,其城镇与农业遗迹只是个别现

---

① Philip Burnham, "Mobility and Political Centralization in Pastoral Societies," in *Pastoral Production and Society*, Cambridge University Press, 1979, pp. 349 – 360.
② Willian Irons, "Ploitical Stratification among Pastoral Nomads," in *Pastoral Production Society*, Cambridge University Press, 1979, pp. 361 – 374.
③ 据《史记·匈奴列传》,匈奴"诸左方王将居东方,直上谷以往者,东接秽貉、朝鲜;右方王将居西方,直上郡以西,接月氏、氐、羌;而单于之庭直代、云中"。又"北服浑庾、屈射、丁零、鬲昆、薪犁之国"。

象，由此表明：大多数匈奴人是从事游牧活动的。（第23页）

王文观察匈奴的游牧经济，涉及牧区、畜类组合、季节迁移等不同面向。王明珂说："一个理想的匈奴牧区可能包含三种生态因素：（1）广大的草场，它的广度足以在不同的主要季节提供水草资源；（2）森林与山区，不但能供应他们猎场与制作工具、穹庐、弓矢的木材，而且能在草原不适居住的时节提供另一个生存空间；（3）邻近定居聚落的地理位置，以取得自己无法生产制造的日常用品或谷类。"（第16页）对照上文，可知王氏所谓"理想的匈奴牧区"，指的是实际的匈奴牧区，他对这两个概念的界定，似乎有些模糊，不过，他对匈奴牧区生态因素的概括是尚佳的，而且适用于北亚各游牧民族。王文提出匈奴的游牧经济属于"多元专化型"（multispecialized type），即多种畜类并养而以一种畜类（羊）为主。这种形式下的游牧经济，"较能利用更广的自然资源，减低自然灾害造成的损失，在人力调配上也最经济"，动物之间又有"生态互补而不竞争的功能"。（第21页）

王明珂批评哈扎诺夫、江上波夫等人对于欧亚草原游牧移动规律的归纳，"多少都简化了草原的游牧迁移"，"无论是蒙古草原上或是萨彦－阿尔泰地区的牧人，他们的游牧距离、次数以及形态都随地形、水源或牧草的生长情形常有变化"。（第24页）他列举欧亚草原游牧经济的若干重要因素：（1）随着地形、牧草、水源的变化，不同地区的游牧人群有不同的游牧方式；（2）无论何种游牧方式，在此一地区的游牧民族在冬季必然面临御寒的问题；（3）夏季的水源供应，尤其对拥有大量牛马等大型动物的牧人来说，必然是迫切的问题；（4）四季都需要考虑牧草的供应，与游牧人力的分配问题。（第24页）王明珂的结论是："对绝大多数的游牧人群而言，游牧不是一种能自给自足的生业手段，他们必须从事其他经济活动来补足所需的物资。"（第28页）王氏这里并非简单重复哈扎诺夫的观点，而是另有新意。他逐一考察了匈奴辅助性生业的四个主要部门——农业、渔猎、掠夺和贸易，试图在总体上把握匈奴游牧的生态体系。

王明珂根据中国文献与俄蒙等地出土资料两个方面，说明"以游牧著称于中国史上的匈奴亦有农业，或者匈奴境内确实有一部分居民从事农业"。虽然不能确定匈奴的农业是由匈奴牧民兼管，还是由汉族俘虏经营，但是在王明珂看来，目前的证据足以证明："匈奴的农业与定居生活在某些地区较普遍。"在此问题上，王氏又显得相当谨慎，他反对夸大农业在匈奴经济生态中的地位，认为在匈奴绝大部分活动区域内自然环境恶劣，畜牧业与农业相互排斥，都对农业的发展构成严重制约。（第29～30页）人们一般认为，游牧人群因拥有大量家畜而肉食无缺，王明珂对此也不赞同。他的推测是很有说服力的：家畜是游牧民的生产成本，需要"经常保持最大数量"，因而只要环境适合，"靠行猎补充肉食以避免宰杀牲畜"，就是许多游牧人群"必要的生计手段"。（第31页）

王文最重要的贡献之一，在于将"掠夺"列为匈奴的辅助性生业。王明珂认为"掠夺在许多游牧社会中都是一种生态适应的手段"。游牧人群的掠夺，又可以分为生业性掠夺与战略性掠夺两类。按照王氏的说法生业性掠夺是为了"直接获得生活所需的资源"，因而"必须配合游牧经济的季节活动"；战略性掠夺则是为了"威胁恐吓定居国家以遂其经济或政治目的"，因而是"不定期发生"的。（第34页）据此我们又可以推衍出战略性掠夺的本质，就是保证长期获得生活所需的资源，也就是长期性的生业性掠夺。至于匈奴的对外掠夺，王明珂将其界定为战略性掠夺，即托马斯·巴菲尔德（Thomas Barfield）所谓边疆策略（outer frontier strategy）——一种策略性的军事行动。王文进而做了一项说明：无论是对定居农业聚落或是游牧团体，匈奴"掳掠的对象主要是畜产与人民"，而不是一般所认为的农产品，事实上，"为了增添或补充牲口及人力似乎更为重要"。（第35页）

在匈奴对外贸易的问题上，扎奇斯钦（Sechin Jagchid）曾提出：匈奴与汉代中国的战争与和平，同汉廷是否愿开放关市贸易有"绝对的关系"，匈奴与中国"和平共存系于双方稳定的贸易关系"，反之则必定爆发战争。王明珂引述伊朗游牧人群（Baluch）与其相邻的农业人群（Shahri）关系的例子，证明游牧人群无法维持"经常稳定的畜产"以供应市场之需。他进而提示在匈奴与中国贸易往来的时期，匈奴盗边的事件也未曾间断，所以匈奴与中国实际上"无法建立持久的正常贸易关系"。（第37页）这就从根本上颠覆了扎奇斯钦的观点。

以往学者对游牧人群经济与政治形态关系的认知，存在显著的差异，其中"经济决定说"与"政治动因说"更是长期论争的焦点。[①] 王明珂则超越传统的视域，强调各派学者"都注意到政治结构与经济结构间的密切关系"。他利用匈奴的例子说明："早期的游牧社会是以某种政治形态来支持或补足它的经济形

[①] 代表人物及论著如 John G. Galaty and Philip Carl Salzman eds., *Change and Development in Nomadic and Pastoral Societies*, Leiden: E. J. Brill, 1981, pp. 50 – 67。

态；在此，经济生业与政治组合同为适应特殊环境的策略。"（第38页）于是他在匈奴经济生业与国家组合之间，就建立起一种更为合理、明晰的连接。

王明珂指出由于游牧基本上是不能自给自足的经济生业，游牧人群的政治组合就成为"对外寻求补充资源的策略"。（第12页）在匈奴的个案中，则是"以一个中央化的政治体（按照王文的解释就是'国家'）来进行它的对外关系"。王氏认定匈奴的国家组合，对其游牧经济本身是不利的：匈奴国家维持了一支庞大的军队，并随时对中国发动攻击，势必严重影响游牧人力的分配；匈奴国家的军事行动，又难免造成普遍的畜产损失。但他同时指出：匈奴辅助性经济中的劫掠与贸易，"是靠着'国家'来推动及扩大其效果"的。（第41页）匈奴的劫掠，"除了直接获得物资外，不定季节的劫掠更能发挥恐吓或骚扰的效果，而不定期的军事动员又必须依赖具有国家规模的政治组织来支持"。匈奴通过这种"策略性的劫掠"，从乌桓及西域诸国得到税收与贸易权，从中国得到和亲、岁赐与贸易的利益。"部分的利益又经由单于及其下的部落首领分配下去，以此匈奴的国家组织得以巩固。"（第42页）

王明珂将匈奴的政治组合看作"整个经济体系的一部分"，是一个新颖的角度。他进一步从地方与国家两个层次阐发其新说：在地方的层次，部落组合所占领的生态区中自然环境的限制，使得"游牧的生产不可依赖"，增加人力的支出，亦无法保证游牧或狩猎收获的增加，因而才有"超部落的国家组织"出现；在国家的层次，匈奴生态区与"森林游牧民族、绿洲定居民族及汉农业定居民族"接壤，匈奴对邻近民族的掠夺与贸易，"也成为它经济生态的一部分"。王明珂强调匈奴"以优越的移动性及战斗力，来对外取得补充性生活资源及奢侈品，而这些补充性生活资源及奢侈品经由领导系统分配下去，整个领导体系便可赖以维持"。（第42页）我们由此得知：匈奴辅助性经济与国家组合的内在联系，乃是王文的重点所在。

王文的另一大特色，是通过匈奴与西羌的比较，探讨游牧人群的政治组合与其游牧经济间的关系。事实上，西羌的例子恰好构成王氏上述观点的一则反证。我们知道，汉代西羌的游牧生业也是不能自给自足的，他们同样依赖于农业、狩猎、劫掠、贸易等辅助性生业，但西羌的政治组合却与匈奴判然有别，"主要是以父系氏族为主体的各部落"，即使在与中国对抗时，他们也只能"结为暂时性的部落联盟"，而从未组成"像匈奴那样的中央化的政治组合"。王明珂的解释颇为巧妙，他认为：造成上述局面的原因，在于西羌与匈奴对"不同辅助性生业（狩猎除外）的依赖"存在"相当大的差别"，各方"寻求补助性资源的方法不同，因此有不同的政治组合"。（第12页）他推测西羌"可能远较匈奴依赖农业"，其对中国的掠夺则是"一种配合游牧季移的劫掠方式，也是一种生态性掠夺"。而西羌与匈奴最大的差别，在于匈奴除掠夺人畜之外，主要要求和亲、赏赐与通关市，西羌却无这类要求。（第44页）因此，西羌总是通过对其他部落的掠夺，解决资源匮乏的困境。部落成了"保护本身利益并向外取得辅助性生存资源最重要的政治组合"（第47页），"任何超部落的政治结合都是短暂的"。（第46页）

　　王明珂的上述讨论极具开拓性，但也有进一步探究的空间。其中最大的疑点就在于匈奴国家组合的成立，何以不是取决于作为其主要生业的游牧，而是取决于掠夺一类辅助性生业。换言之，匈奴的游牧经济在其国家组合成立的过程中，究竟发挥了怎样的作用？

　　王文中有如下一段话，匈奴各部落"在自己的'分地'中的资源不足以维生，而且这些资源难以预期，因此有超部落的'国家'来将生业区域扩张至与中国、西域及乌桓、鲜卑接触的地区，因此得以从掠夺、贸易或贡税中扩张其生存资源（较稳定且能预期的生存资源），以减少或消除部落间的相互掠夺。因为向外取得资源的对象是乌桓、鲜卑那样的大部落联盟，或如汉代中国那样的庞大帝国，因此超部落的国家成为争取及维护资源的重要政治组合"。（第47页）王明珂这里也承认匈奴掠夺的对象，除中国之外，还包括邻近的游牧部族。王文所列举的例证，第一条就是匈奴冒顿单于大破东胡之事。根据《史记·匈奴列传》《汉书·匈奴传》的记载，冒顿时期匈奴在军事上的主要敌手，是四邻的东胡、月氏、楼烦、白羊河南王及浑庾诸国，而并非"汉农业定居民族"的中国。由此可见，匈奴与周边游牧部族的互动，对于其国家组合的成立，有着至关重要的影响。因此，笔者以为我们对前引伯纳姆"中央化的、阶层化的游牧社会，经常出现在制度化的游牧与定居人群的互动关系中"一说，可能需要从根本上加以修正。

　　王明珂认为西羌所在的河湟地区，高山峡谷地形所带来的"地理封闭性"，使得他们"对外交通不便"。在此背景下，部落成为羌人"保护本身利益并向外取得辅助性生存资源最重要的政治组合"，西羌内部"任何超部落的政治结合"

都是短暂的。笔者以为，西羌活动区域的地理封闭性，正是其部落组合成立的决定性因素。与此形成对照，匈奴所在的北亚地区，开阔的草原、沙漠地形所带来的地理开放性，为匈奴提供了远远大于西羌的活动空间及便利的对外交通。匈奴各部落为"保护本身利益并向外取得辅助性生存资源"，必然要与其他部落或部族发生冲突。这类冲突的升级，最终导致"中央化政治组合"的出现。据此，我们似乎可以说：北亚地区的地理开放性，亦是造就匈奴国家组合的决定性因素。

王明珂推测匈奴时期大集团游牧可能已经出现。笔者则以为这种在特定地理环境中产生的经济形式，往往就是大规模政治组合成立的催化剂。我们发现，在东胡占统治地位的北亚草原，匈奴的部落组织依然存在，冒顿单于及其部族甚至逐渐复兴；在匈奴统治下的北亚草原，东胡的部落组织也并未消亡，属于东胡的鲜卑、乌桓部族因此得以崛起。这类证据表明北亚早期游牧部族间的军事征服，并不是以摧毁对方的部落组织为目标。东胡、匈奴政治组织的成立，主要是为调动本部族的力量以保护其牧场。而当大集团游牧所凝聚的部族势力达到一定程度时，该游牧部族的国家组合就应运而生了。

上引王文提道：匈奴对定居农业或游牧团体掳掠的对象，"主要是畜产与人民"而不是农产品，并说"增添或补充牲口及人力"，对匈奴"似乎更为重要"。而我们知道"增添或补充牲口及人力"，正是匈奴游牧经济的内在要求。在这一层意义上，或许又可以说匈奴为进行大规模掠夺而发展出的政治组合，也是为了维持其主要生业——游牧经济的需求。

我们还可以举出王明珂在具体细节上的一些其他疏失，或其理论整体结构的不足之处，但他在匈奴的辅助性生业、国家组合的成立等问题上的缜密论证及所显现的智慧，令人耳目一新。王文利用人类学的成果，探讨游牧经济与游牧社会政治组织关系，在20世纪末期关于中国北方游牧民族历史的跨学科研究中，无疑有筚路蓝缕之功。

ethnohistory* 在二战后美国学界的兴起
——西方历史人类学研究范式形成的一种表征

刘海涛**

摘 要：本文立足于相关的一手西方文献材料，对二战后 ethnohistory 在美国学界的兴起与表现做了翔实细致的历史考察，从国别的角度揭示了西方历史人类学兴起的实然状态，为研究西方历史人类学及其兴起提供了新的路径与窗口。

本文的要点和主要结论在于：ethnohistory 不是一种新的研究方法或研究领域，它与民族学学科本身的历史一样久远。经历了半个多世纪（20世纪上半叶）的长期孕育之后，ethnohistory 逐渐兴起于美国学界，于20世纪50~70年代成为显学。在该阶段，组建了 ethnohistory 的专业学会（American Society for Ethnohistory）、定期召开年会，还出版了其专业期刊 *ethnohistory*，并一直延续至今。不少民族学家投身其中，一些历史学家也陆续加盟，并展开了初步合作。印第安纳大学成为战后 ethnohistory 凸显于美

---

* 国内学界在涉及 ethnohistory 等相关概念的翻译及使用问题上，缺乏统一认识，存在着混杂多样的现象。参见刘海涛在《对西方学界"ethnohistory"一词的历史考察》（《民族研究》2011年第2期）中的总结和论述。为防止出现新的歧义，本文未对 ethnohistory 进行翻译，而视之为西方历史人类学的一种具体表现形态、具体表达方式及研究范式。参见刘海涛《Ethnohistory：西方"历史人类学"的一种具体表达——以西方学界对 ethnohistory 一词释义的历史考察为中心》，《中国社会科学院民族学与人类学研究所首届青年学术论坛论文集》，社会科学文献出版社，2001，第37~57页。

** 刘海涛：人类学博士，中国社会科学院民族学与人类学研究所《民族研究》编辑部副研究员。

国学界的第一个研究中心。印第安纳大学自身拥有的良好的跨学科学术传统，尤其是沃格林（Erminie Wheeler-Voegelin）等为代表的教职人员的诸多努力以及政府部门的鼓励与合作密不可分。相对二战前而言，既有概念诠释的新拓展，ethnohistory 意味着"依靠档案、口述和考古学资源，以及社会人类学的洞察力和概念框架，对一些非欧土著族群进行历史研究，这些研究试图重构土著族群与欧洲发生碰撞前与后的历史"；同时，也有经验研究的新尝试。这些新拓展与新尝试，突出表现了以民族学为主但不局限于民族学、兼有民族学与历史学双重含义与互补的特点，强调了由非土著提供的档案证据的重要性，强调了档案、田野等各种证据互参的重要性，以及民族学文化过程理论的重要性。兴起与凸显阶段的 ethnohistory，虽然组织机构、学科规范需要进一步完善、一些具体做法也需要不断更新，但还是为 20 世纪 70 年代之后 ethnohistory 的日渐兴盛打下了坚实的基础，为 ethnohistory 得以进一步开拓发展空间提供了可能。战后兴起于美国学界的 ethnohistory，具有西方历史人类学的特点，是西方历史人类学兴起的一个重要展示窗口，是西方历史人类学研究范式形成的一种表征。

关键词：ethnohistory　美国学界　西方历史人类学

ethnohistory 不是一种新的研究方法或研究领域。实际上，它与民族学学科自身的历史一样久远。早在民族学肇始的 19 世纪，一些学者就开始利用档案证据来协助解释民族志或考古学材料。二战以来，从事所谓 ethnohistory 研究的学者们逐渐对自己的工作有了自我认识，ethnohistory 研究得以强化。这些学者有意识地研究土著族群的变化，或者批判性地意识到"出于民族志的目的而使用历史证据"。ethnohistory 研究的意义是逐渐突显的，二战后对于 ethnohistory 的研究才称得上是一个相对新的学术现象。[①]

"二战后的几年，作为一个学科性研究领域的 ethnohistory 出现了，专业范围主要限于美国，将目光锁定在北美土著上，并在 20 世纪 50 年代开始进行实践。后来随着结构主义的衰落，其研究领域不断扩充，概念视野比博阿斯学派还要

[①] 参见 Nancy Oestreich Lurie, "Ethnohistory: An Ethnological Point of View," *Ethnohistory*, Vol. 8, No. 1, 1961。

宽广。"① 作为一种日渐为学界所认可的学术现象，ethnohistory 于 20 世纪上半叶的美国学界逐现端倪，突出反映了当时的民族学人类学尝试引入史学视角的发展倾向，对当时包括博阿斯学派在内的美国民族学人类学而言，是一种有益的补充，为二战后美国民族学人类学与历史学之间关系由疏离到日益密切及"历史人类学"在美国和西方学界的兴起起到了重要的铺垫作用。② 二战前，由于研究者的研究取向、档案材料等主客观条件的限制，从整体上来看，此时期美国民族学人类学家对印第安土著历史研究不太关注，美国历史学家也缺乏足够的兴趣。这种状况，很大程度上限制了 ethnohistory 在美国学界的发展空间。这一时期，作为"民族学的附庸和考古学的侍女"③，ethnohistory 一直发展缓慢、影响微弱。

二战后至 20 世纪 70 年代，ethnohistory 于美国学界的兴起与凸显，与战后国际形势及美国国内社会条件的变化有着密切联系，与美国人类学、民族学、历史学在战后关系的改善、互动、复交、契合（reapproachment）以及日渐合流（convergence）息息相关，与整个西方学界的新变化相辅相成。1946 年，美国国会通过《印第安人权利申诉委员会法案》（*Indian Claims Commission Act*），并成立印第安人权利申诉委员会（Indian Claims Commission）；1953 年，美国司法部和印第安纳大学合作的大湖区－俄亥俄流域研究计划（the Great Lakes-Ohio Valley Research Project）出台，该计划与印第安人权利申诉委员会密切相关。这些成果都可视作 ethnohistory 战后凸显于美国学界的直接诱因和重要表现。它们直接激发了人类学家民族学家从事印第安历史研究的热情，也为人类学家民族学家和历史学家创造了初步合作的机会，还由此找出并累积了大量有关印第安人历史的档案材料。④

就目前学界而言，对逐现端倪于美国学界的 ethnohistory 关注不够，对 ethnohistory 兴起于美国学界的具体表现缺乏深入了解。⑤ 本文尝试对此进行

---

① James D. Faubion, "History in Anthropology," *Annual Review of Anthropology*, Vol. 22, 1993, p. 41.
② 参见刘海涛《20 世纪上半叶美国学界的 ethnohistory：民族学人类学的一种有益补充》，《西南民族大学学报》2013 年第 3 期。
③ John K. Chance, "Mesoamerica's Ethnographic Past," *Ethnohistory*, Vol. 43, No. 3, 1996, p. 380.
④ 参见刘海涛《二战后族群史研究凸显于美国学界的动因分析》，《世界民族》2014 年第 2 期。
⑤ 参见刘海涛《美国"民族历史学"研究》导论中的有关论述。《美国"民族历史学"研究》，中国社会科学院，2009 年博士后出站报告。

深入分析，可为全面理解 ethnohistory 及其发生、发展的学术脉络提供新的视角。作为西方"历史人类学"的一种特殊表现形态和具体表达方式，ethnohistory 的兴起在一定程度上代表和反映了西方"历史人类学"的兴起。在此意义上讲，专题研究 ethnohistory 兴起于美国学界的具体表现，对研究西方"历史人类学"的兴起而言，有着重要的助益。可以说，考察二战后 ethnohistory 在美国学界的兴起是研究西方"历史人类学"兴起的一个重要窗口。①

如前所述，与《印第安人权利申诉委员会法案》和印第安人权利申诉委员会密切关联的大湖区-俄亥俄流域研究计划及后续计划的陆续出台和实施，是战后初期 ethnohistory 在美国学界凸显的直接诱因，事实上，它们也是 ethnohistory 在美国学界凸显的重要表现之一。此外，ethnohistory 专业学会和专业期刊的创办、ethnohistory 研究中心的形成，以及 ethnohistory 较之于二战前在概念诠释、经验研究及方法上的新变化和新气象，也是 20 世纪 50～70 年代

---

① 西方历史人类学是一种复杂、流变的学术现象，如何把握它取决于认识它的具体视角；在对它进行不同角度的多重剖析之后，才有可能将其来龙去脉、内涵与特点揭示出来，进而形成对它的整体认识，逐步实现对这种复杂的流变的学术现象的把握。长期以来，国内外不少学者，从某一流派如法国年鉴学派、美国文化史学派、英国社会史学派的角度来研究西方历史人类学，这是西方历史人类学研究的一条主要路径。也有不少学者把"西方历史人类学"作为一个整体叙事对象加以研究。国内的世界史学者，如荣颂安、陈启能、张广智、杨豫等；国内的民族学人类学学者，如庄孔韶、黄应贵、王铭铭、张小军、蓝达居、刘永华、林富士等；国外学者，如雅各布·坦纳（Jakob Tanner）等都有这样的研究取向（参见《历史人类学导论》，白锡堃译，北京大学出版社，2008）。可以说，这种路径也是研究西方历史人类学的一个重要维度，但有其自身的局限性。我们可以视"西方历史人类学"为整体叙事对象，回答"西方历史人类学是怎样产生的？"这样的问题。西方历史人类学不外乎是西方人类学与历史学互相交流和借鉴的产物，这是一种抽象的应然判断。"西方历史人类学这种具体的、活生生的学术现象是如何产生的？它的兴起年代具体是在什么时候？历史学和人类学是如何具体结合的？倡导人是谁？组织机构是什么？理论方法有何具体展示？"若要回答此类问题，有必要从国别的角度进行实然性的历史考察，揭示出它具体的实然存在状态。"国别"路径，是西方历史人类学研究的另一个不可忽视的重要研究维度。另外，作为一种复杂流变的学术现象，西方历史人类学在不同的国家学术传统之中，往往有着不同的表现。可以说，西方历史人类学既有整体意义上的共性，也有不同国度的特殊性、具体性。深入某一具体国度来研究西方历史人类学，可以为整体认知西方历史人类学提供个案基础。可以说，"国别"路径也是西方历史人类学研究难以绕开的一个重要路径。本文就是基于上述思考展开的，突出展示了西方历史人类学的"国别"研究路径，是对西方历史人类学研究中的"理论流派"路径、"整体叙事"路径的一种重要补充。

ethnohistory 凸显、兴起于美国学界的具体表现。无论是组织基础的构建、宣传窗口的确立、主要阵地的形成，还是研究方式的革新都标志着二战后一种新的、具有一定规模且自成体系的学术现象——ethnohistory 雏形初具，对美国人类学界、史学界发挥着越来越重要的影响。

一　ethnohistory 专业学会的组建

二战后，跨学科的联合在美国学界有了迅猛发展。① 1945 年，有关易洛魁（Iroquois）研究的跨学科委员会成立，由民族学家芬顿（William N. Fenton）在非正式意义上来主持。② 1951 年，在芝加哥纽伯里图书馆（the Newberry Library）任职的历史学家帕盖利斯（Stanley Pargellis）召集了一个有关印第安事务的会议。会议于 1952 年 3 月 29 日在纽伯里召开，与会代表不仅是刻意在人类学、历史学领域中加以挑选，另外在年龄上也有所考虑。许多历史学家是年长的学者，主要工作由他们完成；与这些历史学家相比，这些人类学家相当年轻，其中包括沃格林、芬顿和华莱斯（Anthony F. C. Wallace）等都在 ethnohistory 中扮演着重要角色。华莱斯在会上指出，如果每一个学者都能互相学习，展示跨学科的成果，那么他们的那个时代就能很好度过。这项基本原则得到大多数与会学者的认可。尽管此次会议的主题是美国印第安人，在严格意义上讲，其探讨的倾向是方法论，即不同学科如何分析才能够互补和彼此刺激。③ 以更为严肃的方式来讨论这个主题的，是 1953 年 2 月 19 日在美国早期历史和文化研究院（Institute of Early American History and Culture）召开的关于早期美国印第安和白人关系的会议。其中，专门讨论了人类学与历史学的关系问题——理解印第安文化，要从印第安人自己的角度出发；研究印第安人与白人的关系，既要有自己的角度，也需要"他者"的知识，既需要自己的方式，也需要"他者"的方式。与会者有卡彭（Lester Cappon）、芬顿、

---

① Francis Jennings, "A Growing Partnership: Historians, Anthropologists and American Indian History," *Ethnohistory*, Vol. 29, No. 1, 1982, p. 21.
② Francis Jennings, "A Growing Partnership: Historians, Anthropologists and American Indian History," p. 21.
③ Francis Jennings, "A Growing Partnership: Historians, Anthropologists and American Indian History," pp. 21 – 22.

沃什布恩（Wilcomb W. Washburn）等学者。沃什布恩后来成为史密森研究院（the Smithsonian Institution）①关于美国研究的主任。这些人物陆续在跨学科研究领域中登场并发挥重要作用。②

然而最具代表性的跨学科研究实例，当属 ethnohistory 专业学会的最初形态"俄亥俄流域印第安历史协会"（Ohio Valley Historic Indian Conference，OVHIC）的成立。可以说，ethnohistory 专业学会最初形态的形成，得益于战后美国学界强调跨学科发展的整体学术氛围。

"俄亥俄流域印第安历史协会"的成立，经历了两个阶段。第一阶段：1951 年，俄亥俄州考古学和历史学学会（the Ohio State Archaeological and Historical Society）的董事会授权组建了"俄亥俄印第安历史中心"（an Ohio Indian History Center）。由于资金缺乏，该中心并没有按计划运作，但其有关研究却得以展开，一些基础性的档案材料开始被收集。第二阶段：1953 年 5 月 7 日，在伊利诺伊州博物馆（The Ohio State Museum）召开会议，为"鉴定历史上印第安族群及其史前古器物"研究项目而设立研究计划并组建相关学会的可行性进行论证。会上，学者对如何组建这样的学会存在较多分歧。最后，会议达成决议，即由来自俄亥俄流域各州的对此感兴趣的学者组成委员会，他们将另行开会，为这类学会的组建创造基础。为此，在俄亥俄首府哥伦布组建了一个地方委员会，成员主要来自俄亥俄州考古学和历史学学会、俄亥俄州立大学的有关教职人员。他们与会的日期，也就是俄亥俄流域印第安历史协会第一次会议的时间，即 1953 年 11 月 19~21 日。人员得到通知的同时，会议开始计划与筹备③，与会地点仍为伊利诺伊州博物馆。④ 1953 年 11 月 21 日，会议组委会通过了章程（即 OVHIC 章程），将该组织命名为"俄亥俄流域印第安历史协会"。同时，阐述了它的宗旨和目的——鼓励俄亥俄流域的印第安历史研究，交换信息、召开定期会议解决共同感兴趣的问题，在研究中展

---

① 史密森研究院拥有全美人类学档案馆及大量民族学方面的收藏品。参见沃什布恩《美国印第安人》，陆毅译，商务印书馆，1997，第 8 页。
② Francis Jennings, "A Growing Partnership: Historians, Anthropologists and American Indian History," p. 22.
③ "The History of OVHIC," *Ethnohistory*, Vol. 1, No. 1, 1954, pp. 4–6.
④ "Program of the 1953 Meeting," *Ethnohistory*, Vol. 1, No. 1, 1954, pp. 7–8.

开有关学科的合作。① 1953 年 11 月 21 日,"俄亥俄流域印第安历史协会"在伊利诺伊州博物馆(伊利诺伊州的乌尔班纳)正式成立。该协会是由历史学家、民族学家、考古学家、语言学家组成的一个跨学科组织,其目的在于促进俄亥俄流域的印第安历史研究。②

作为该学会的重要创始人,美国女人类学家沃格林作为俄亥俄流域印第安历史协会的第一任主席,为该学会的成立发表了主席宣言。在宣言中,她乐观地评价了日渐凸显的 ethnohistory 及其学术组织——俄亥俄流域印第安历史协会:"当时,职业历史学家对美国印第安人缺乏兴趣,民族学家对美国印第安族群的档案史研究也漠不关心。有民族学思想的历史学家不多,同样有历史学思想的民族学家也不多。研究成果缺乏的原因是一样的,即美国印第安族群的档案研究没有得到民族学界的鼓励,而美国印第安人的民族学研究在历史学界也十分勉强。新的研究领域的发展,一方面存在很多空白,另一方面也有一些学者积极投身其中。大约 50 名历史学家和人类学家参加了 OVHIC 的筹备会议和活动,为 ethnohistory 成为一个被大家认可的特殊学术领域提供了充足的证据。他们都期待 OVHIC 能够成为一个特殊的组织,ethnohistory 能够成为一个拥有新的学术增长点的研究领域。一些学者已经为该领域做出了很多贡献,但那时 ethnohistory 还没有被任何特殊的组织来代表。OVHIC 的成立,弥补了这一缺憾,令人欢欣鼓舞,预示了 ethnohistory 美好的未来。"③

1954 年,OVHIC 移师印第安纳大学,并在印第安纳大学召开第 2 届年会。④ 自此直到 20 世纪 60 年代中期,印第安纳大学一直是 ethnohistory 的大本营和第一个研究中心。1954 年 11 月举行的会议,地区性相当明显,来自俄勒冈、宾夕法尼亚、肯塔基、印第安纳的 48 个专家举行了有关"俄亥俄流域印第安历史协会"的第 2 届年会,有关会议的时事通讯(newsletter)成为 1954 年 *ethnohistory*

---

① "The Constitution and By-Laws of the Ohio Valley Historic Indian Conference," *Ethnohistory*, Vol. 1, No. 1, 1954, pp. 11 – 14.
② Jennifer S. H. Brown, " Ethnohistorians: Strange Bedfellows, Kindred Spirits," *Ethnohistory*, Vol. 38, No. 2, 1991, p. 120.
③ Erminie W. Voegelin, "A Note from the Chairman," *Ethnohistory*, Vol. 1, No. 1, 1954, pp. 1 – 3.
④ "Notes on the Business Meeting," *Ethnohistory*, Vol. 1, No. 1, 1954, p. 10.

期刊第 1 卷中的重要作品。①

1956 年，在印第安纳大学召开的第 4 届年会上，与会学者提出要扩大印第安历史研究的领域，将原来的俄亥俄流域印第安历史协会相应更名为"the American Indian Ethnohistoric Conference, AIEC"。由此，1956 年，ethnohistory 专业学会的一个中间发展形态，即"the American Indian Ethnohistoric Conference, AIEC"在印第安纳大学正式成立。②

1961 年，在罗得岛州首府普罗维登斯的布朗大学（Brown University）约翰·卡特·布朗图书馆（John Carter Brown Library）举办的第 9 届 AIEC 年会上，突出强调了 ethnohistory 研究的国际性。将 ethnohistory 研究方法应用于非洲、拉丁美洲和西伯利亚的相关论文日益增多，研究范围已经跨出北美。在该研究已经在世界多地区扩展的基础上，1966 年 10 月 7~9 日在位于加拿大首都渥太华的加拿大国家博物馆召开了第 14 届年会，经会员同意并正式投票，将学会名称由"the American Indian Ethnohistoric Conference, AIEC"改为"the American Society for Ethnohistory, ASE"。③ 如此更名的意义在于，体现了美国人类学家和历史学家的进一步联合，展示了研究对象从美国印第安人扩展

---

① Helen Hornbeck Tanner, "Erminie Wheeler-Voegelin, Founder of the American Society for Ethnohistory," *Ethnohistory*, Vol. 38, No. 1, 1991, p. 65.

② 参见 Karl H. Schwerin, "The Future of Ethnohistory," *Ethnohistory*, Vol. 23, No. 4, 1976, p. 337。但是，在 James Axtell, *The Ethnohistory of Early America: A Review Essay*, The William and Mary Quarterly, 3rd Ser., Vol. 35, No. 1, 1978, p. 112 和 Robert C. Euler, "Ethnohistory in the United States," *Ethnohistory*, Vol. 19, No. 3, 1972, p. 203 中，均认为"the American Indian Ethnohistoric Conference"成立于 1954 年，这可能是 James Axtell 和 Robert C. Euler 的笔误。事实上应为 1956 年。参见 ethnohistory 期刊 1955 年卷各期的封皮和扉页。

③ Helen Hornbeck Tanner, "Erminie Wheeler-Voegelin, Founder of the American Society for Ethnohistory," p. 66.（本页称在 1964 年年会上更名，可能属于印刷错误，即应为在 1966 年年会上更名。）可参见 Robert C. Euler, "Ethnohistory in the United States," *Ethnohistory*, Vol. 19, No. 3, 1972, pp. 204-205; Karl H. Schwerin, "The Future of Ethnohistory," *Ethnohistory*, Vol. 23, No. 4, 1976, p. 324; James Axtell, *The Ethnohistory of Early America: A Review Essay*, p. 115; Francis Jennings, "A Growing Partnership: Historians, Anthropologists and American Indian History," p. 23; Jennifer S. H. Brown, "Ethnohistorians: Strange Bedfellows, Kindred Spirits," p. 121; Shepard Krech Ⅲ, "The State of Ethnohistory," *Annual Review of Anthropology*, Vol. 20, 1991, p. 347; Shepard Krech Ⅲ, "Ethnohistory," in David Levinson and Melvin Ember eds., *Encyclopedia of Cultural Anthropology*, New York: Henry Holt and Company, 1996, Vol. 2, p. 423.

到了世界各地土著族群、农民社会以及文明社会中的少数族群。① 1966 年，ethnohistory 的专业学会"the American Society for Ethnohistory，ASE"才正式确立，并延续至今。

由 1953 年的 OVHIC，到 1956 年的 AIEC，再到 1966 年的 ASE，可以看出经过战后一段时间的变更和调整，ethnohistory 的专业学会"the American Society for Ethnohistory，ASE"的组建不是一蹴而就的，而是经历了一个变更和调整的过程。自 1953 年创办俄亥俄流域印第安历史协会以来，每年都有一次年会。② 它是"学术俱乐部"式的一种组织，倡导跨学科，并不仅限于人类学与历史学之间的联姻。这种组织不是国家性③的，并不十分正规，也没有经费和奖金，只是将对历史感兴趣的民族学家、对民族学感兴趣的历史学家聚在一起，也包括一些零散的"吃杂食"（omnivorous）的学者。总的来看，学会成员多数是民族学人类学家，职业历史学家不多。④ 这不仅是这一时期 ethnohistory 专业学会的特征，也是当时美国学界从事 ethnohistory 研究的学者们的组成特点。

二 ethnohistory 专业期刊的创办⑤

随着 1953 年"俄亥俄流域印第安历史协会"的创建和首届年会的召开，第一份相关刊物应运而生。1954 年，作为美国人类学联合会编辑委员会的授权代表（represented on the Editorial Council of the American Anthropological Association），"俄亥俄流域印第安历史协会"主办的期刊 *ethnohistory* 在伊利诺伊州博物馆正式创刊。美国女人类学家沃格林时任 OVHIC 的主席，也是该刊物的重要创始人。以后每年出版一卷，至今从未中断（至 2013 年时已经出版了 60

---

① Francis Jennings, "A Growing Partnership: Historians, Anthropologists and American Indian History," p. 23.
② 参见托卡列夫《外国民族学史》，汤正方译，中国社会科学出版社，1983，第 312 页。
③ 参见 Donald L. Parman, Catherine Price, "A 'Work in Progress': The Emergence of Indian History as a Professional Field," *The Western Historical Quarterly*, Vol. 20, No. 2, 1989, p. 193 (Note. 21)。
④ Francis Jennings, "A Growing Partnership: Historians, Anthropologists and American Indian History," p. 23.
⑤ 这里以 *ethnohistory* 期刊由创刊至今的发展进行概览，并不止于 ethnohistory 在美国学界日渐凸显与兴起的 20 世纪 50 年代和 60 年代。

卷）。每年的这一卷一般包括冬春夏秋四期，其中也有合期出刊的情况。尽管协会在不断更名，但它主办的这份刊物的名字 ethnohistory 一直未变。①

1954 年，ethnohistory 创刊卷的主编为克诺夫（Richard C. Knopf）。从 1955 年到 1964 年，10 年以来一直由印第安纳大学的沃格林任期刊主编。自此之后，主编人选 5 年为一届②，更替不断。其中，任职满 10 年的只有凯琦（Shepard Krech Ⅲ，从 1983 年到 1992 年），以及怀特海德（Neil L. Whitehead，从 1998 年到 2007 年）。1955 年到 1964 年期间，期刊一直由印第安纳大学负责出版，由印第安纳大学人类学、民俗学和语言学研究中心来组织，由作为美国人类学联合会编辑委员会授权代表的"俄亥俄流域印第安历史协会"及之后的"美国印第安民族史协会"主办。③ 由此也充分说明，ethnohistory 在战后美国学界的凸显，相对而言，与民族学人类学学科有着密切的关联。

从 1965 年到 1985 年的 20 年间，陆续有一些机构④先后承担起该刊物的组织及出版事宜。从 1986 年到 1993 年，该期刊被明确宣称为 ethnohistory 的专业学会"the American Society for Ethnohistory，ASE"的正式期刊，由杜克大学出版社（Duke University Press）与纽伯里图书馆（the Newberry Library of Chicago）⑤合作，代表学会负责出版事宜。自 1994 年起至今，该期刊作为"美国民族史学会"的正式期刊，由杜克大学出版社代表学会单独负责出版。⑥ 某种意义上讲，杜克大学成为美国学界继印第安纳大学、芝加哥纽伯里图书馆之后的又一个 ethnohistory 研究中心。

1954 年，ethnohistory 创刊，在 1955 年卷第 1 期扉页的显要位置上，明确指出了其研究宗旨，即 ethnohistory 将致力于"最早在档案历史中研究原始人群（尤其是美国的印第安人）的文化和运动"。宗旨于 1957 年又修正为"关于原始

---

① 参见期刊 ethnohistory 有关各卷期的封皮及扉页。
② 参见 Neil L. Whitehead, "Editor's Statement," *Ethnohistory*, Vol. 45, No. 2, 1998, p. 179。
③ 可参见期刊 ethnohistory 有关各卷期的封皮及扉页；还可参见 Neil L. Whitehead, "Editor's Introduction," *Ethnohistory*, Vol. 54, No. 4, 2007, p. 582。
④ 如 the Special Typing Department at the State University of New York at Buffalo; Publication Services; Texas Tech University Press 等。
⑤ 纽伯里图书馆，即芝加哥纽伯里图书馆，馆设美国印第安人历史研究中心（Center for the History of the Americam Indian）。
⑥ 参见期刊 ethnohistory 有关各卷期的封皮及扉页。

族群文化和运动的最早的档案史研究,及与之相关的更为广阔的问题"。这里的"原始"和"美国的印第安人",即专指文化上遥远的"他者"——人类学家的专业研究领域;这里的"档案",被期刊授权作为证据来运用;这里所体现出的思想,延续着威斯勒(Clark Wissler)在 1909 年使用 ethnohistory 时的原初含义。①

1968 年,期刊宗旨出现了新的变化。该年卷各期扉页上明确表示:"这是一部季刊,包括文章、原始档案和评论,与一般的文化史和过程相联系,与各个层次的社会文化人群组织的特殊历史相联系,尤其强调世界各地的原始族群和农民。"1978 年又进行了微调,即"这是一部季刊,包括文章、原始档案和评论,与一般的文化史和过程相联系,与各个层次的社会文化人群组织的特殊历史相联系,尤其强调世界各地的非工业化人群"。1982 年调整为"这是一部季刊,涉及世界各地族群的文化史",1984 年又修正为"这是一部季刊,涉及世界各地文化和社会的过去,强调档案和田野材料的使用以及历史编纂(historiography)和人类学方法"。自此至今,未见有新的研究宗旨明确显示在各卷期扉页上。

纵览期刊 ethnohistory 研究宗旨几十年发展变化的历程,可以看出,尽管它的研究宗旨在不断调整和修正,但从中体现的整体风格特点自创刊之日起就是相对固定的。其一,强调档案材料、民族志和考古学数据的联合使用,强调历史学和人类学方法的联合;其二,研究社会、文化的过程和历史;其三,在美洲土著族群历史研究方面有突出贡献,后又拓展了研究范围,遍及世界各地的文化和社会,但仍以非工业化的土著族群为主;其四,主要刊载实证研究类文章、理论述评类文章和书评,作者多来自人类学、历史学、考古学、语言学、文学、艺术史、地理学及其他有关学科——创刊初期以民族学人类学者为主,后来一些历史学者也投身其中,一些相关学科的学者纷纷加盟,但仍以民族学人类学者为主。

---

① Shepard Krech Ⅲ,"The State of Ethnohistory," p. 347;Shepard Krech Ⅲ,"Ethnohistory", p. 423. 参见刘海涛《对西方学界"ethnohistory"一词的历史考察》(《民族研究》2011 年第 2 期)、刘海涛《20 世纪上半叶美国学界的 ethnohistory:民族学人类学的一种有益补充》(《西南民族大学学报》2013 年第 3 期)中的有关论述。

三　ethnohistory 第一个研究中心的形成

作为大湖区－俄亥俄流域研究计划的主要负责人以及 ethnohistory 相关学会和期刊的主要创始人，ethnohistory 的主要倡导人女人类学家和民俗学家，沃格林，为战后 ethnohistory 在美国学界的发展做出了重要贡献。其中，在使印第安纳大学成为美国学界第一个 ethnohistory 研究中心的过程之中（1954～1964），沃格林起到了关键性作用。

沃格林和她的丈夫卡尔·沃格林都是人类学家，她曾与博阿斯的学生克鲁伯一起学习过。沃格林的工作主要是收集民族学数据，而她的丈夫卡尔·沃格林（Charles F. Voegelin）则从事语言学方面的田野调查。一个名叫莉莉（Eli Lilly）的考古学家，对沃格林夫妇的职业生涯起过重要的影响。在莉莉的直接影响下，沃格林对肖尼人（Shawnee）发生了兴趣，并把肖尼人作为其田野调查的对象。肖尼人是一个早期居住于坎伯尔的部分地区和俄亥俄山谷中部的土著美洲民族，于 18 世纪晚期和 19 世纪早期在抵抗白人移居俄亥俄山谷时起过突出作用。1939 年，沃格林成为耶鲁大学人类学系第一个女博士，她的论文就是有关肖尼人丧葬习俗（Shawnee Mortuary Customs）的研究，五年后以专著的形式由印第安纳历史协会出版。另外，她在编辑出版人类学、民俗学及 ethnohistory 方面的报告和著述时也做出了重要贡献。[①]

1941 年秋，印第安纳大学成为沃格林夫妇的永久性职业基地。[②] 在印第安纳大学，历史学和人类学之间的关系密切，在 20 世纪 40 年代早期就已经体现在它宣布的新课程之中。印第安纳大学第 29 号（1941 年 8 月）时事通讯（Indiana University News-Letter 29）全面表述了该校人类学研究兴趣的广泛程度："人类学一般分为三个主要的分支：体质、文化和历史。其中，第三个分支是指以历史的观点来看待自然和社会现象。在研究没有文字及书面记录的未开化民族时，人类学有时与史前史是同义语，因此人类学被视为历史学科（而不是科

---

① 参见 Helen Hornbeck Tanner, "Erminie Wheeler-Voegelin, Founder of the American Society for Ethnohistory," pp. 61 – 62, 68。
② Helen Hornbeck Tanner, "Erminie Wheeler-Voegelin, Founder of the American Society for Ethnohistory," p. 63.

学）的一种扩展。"①

沃格林在印第安纳大学的学术生涯始于 1943 年。当时她在人类学系做为期一年的兼任教师。后来，又被任命为为期两年的荣誉会员，接着做访问教师，1950 年成为该人类学系的访问讲师。二战期间，她在印第安纳大学教授了很多门课程。在 1942 年和 1943 年，她还成为军队特训计划（the Army Specialized Training Program）教授野外技术的讲师。在随后的 3 年中（1943~1946），她一直教授人类学学科的课程。1941~1946 年间，她还是美国民俗期刊（the Journal of American Folklore）的主编。1947 年 3 月，她的丈夫被任命为印第安纳大学新组建的由考古学家莉莉赞助和支持的人类学系主任。1947 年 4 月 13 日，正式宣布沃格林夫妇共同获得了古根海姆奖学金（Guggenheim Fellowships）。这笔款项，使沃格林对美国印第安人和爱斯基摩人口头历史和神话的相关研究得以进行，这也标志着她在一般的民俗学领域中的特殊兴趣。1948 年，她成为美国民俗学会的会长和终身会员。1949 年至 1951 年，她一直是美国人类学联合会（the American Anthropological Association，AAA）的执行秘书，与此同时，正是该组织要求变化的时期。1950 年，她还接受了芝加哥民俗学会奖（Chicago Folklore Society Prize），并被任命为美国高级科学联合会（American Association for the Advancement of Science）的会员②。

需要强调的是，早在二战期间，印第安人权利申诉委员会就曾向联邦司法部提出，通过拨付相应的经费，在印第安纳大学设立俄亥俄流域 - 大湖区有关 ethnohistory 的研究项目。这项要求在二战后得到满足，印第安纳大学因而成为最早的印第安人历史和文化研究中心之一。③ 1946 年，印第安权利申诉委员会的建立以及 1953 年印第安纳州大学与司法部合作的大湖区 - 俄亥俄流域研究计划出台，引起了时任印第安纳大学教授的沃格林夫妇研究兴趣的变化。④

---

① Helen Hornbeck Tanner, "Erminie Wheeler-Voegelin, Founder of the American Society for Ethnohistory," p. 64.
② Helen Hornbeck Tanner, "Erminie Wheeler-Voegelin, Founder of the American Society for Ethnohistory," pp. 64 – 65.
③ 张友伦:《美国西进运动探要》，人民出版社，2005，第 80 页。
④ Helen Hornbeck Tanner, "Erminie Wheeler-Voegelin, Founder of the American Society for Ethnohistory," p. 65.

由于北美印第安人的土地占有概念和对土地的实际使用，在本质上与西方人自己的概念和实践不同，因此，有必要对美国印第安各族群的文化、他们与环境之间的关系及他们彼此之间的关系进行研究。① 为此，有必要在大湖区进行更为直接的历史研究。司法部与印第安纳州制订合约，准备在印第安纳州的布卢明顿（Bloomington）进行长期合作。② 该项合作，即大湖区－俄亥俄流域研究计划，是一项由印第安纳大学人类学系承担、为美国司法部所做的 ethnohistory 研究。该研究计划始自 1953 年秋天，初步设计为期 3 年，以人类学者为主。作为该研究计划的实际负责人之一，沃格林认为该项研究需要史学家的介入，需要人类学与历史学这两个学科的合作，并以这一地区得天独厚的相关材料为基础。③ 在最开始的 3 年（1953~1955），印第安纳大学任命沃格林的丈夫为该计划主任，沃格林为副主任。作为合作研究活动的一部分，印第安纳大学历史系和人类学系的学生，都参与了进来。④ 随着该项研究计划的进一步扩展，1956 年一项新的政府合同，即扩展的中西部印第安历史调查（隶属于大湖区－俄亥俄流域研究计划）生效。同年，沃格林也被任命为该研究项目的主任，这标志着其独立学术生涯的开始。⑤

　　大湖区－俄亥俄流域研究计划的研究范围，主要在美国的西北部地区，即从俄亥俄流域的西北部地区，一直向西拓展到密西西比河上游地区。研究主体由 16 个印第安部族构成。⑥ 同时，该研究计划还导致了各种按照年代序列编排的档案文件的产生。⑦ 在为该研究项目所搜集的图书资料的基础上，计

---

① Erminie W. Voegelin, "An Ethnohistorian's Viewpoint," *Ethnohistory*, Vol. 1, No. 2, 1954, p. 170.
② Helen Hornbeck Tanner, "Erminie Wheeler-Voegelin, Founder of the American Society for Ethnohistory," p. 65.
③ Erminie W. Voegelin, "An Ethnohistorian's Viewpoint," *Ethnohistory*, Vol. 1, No. 2, 1954, pp. 169–171.
④ Helen Hornbeck Tanner, "Erminie Wheeler-Voegelin, Founder of the American Society for Ethnohistory," p. 65.
⑤ Helen Hornbeck Tanner, "Erminie Wheeler-Voegelin, Founder of the American Society for Ethnohistory," p. 65.
⑥ Helen Hornbeck Tanner, "Erminie Wheeler-Voegelin, Founder of the American Society for Ethnohistory," p. 67.
⑦ Helen Hornbeck Tanner, "Erminie Wheeler-Voegelin, Founder of the American Society for Ethnohistory," p. 67.

划负责人建立了地方图书馆。① 在沃格林的指导下，这些印刷的或手抄的档案系统地持续进行。从纽约的公共图书馆、国会图书馆到加利福尼亚州的亨廷顿图书馆，都成为这些资料的集散地。据有关统计，大湖区-俄亥俄流域研究计划，生产了34项研究报告，为印第安人权利申诉委员工作提供了上述地区的历史背景。该计划的有关材料，收藏在印第安纳州大学考古学系的格伦·布莱克（Glenn A. Black）实验室中。② 这些档案被称为 the Ohio Valley-Great Lakes Ethnohistory Archive。③ 可以说，沃格林为该项研究计划做出了重要贡献。

1956年，沃格林成为印第安纳大学历史系教授。④ 她在历史系中开设的北美印第安人历史的课程，为国家的历史课程（the history curriculum of the nation）做出了先导性贡献，为历史系如何开设 ethnohistory 等相关课程树立了范式和先例。自1957年，由沃格林讲授的北美印第安人历史课程，连续进行了3年，后于1962年重复开设。这些课程，实际上是美国历史系中最早并且是最正式的 ethnohistory 课程。由此也可看出，当时 ethnohistory 的有关课程，最初开设在印第安纳大学历史系里，但由人类学家来教授。⑤

作为印第安纳大学的教职人员，尽管沃格林的兴趣在课堂教学，但她将很多时间和精力放在了印第安纳大学与司法部合作计划（the Great Lakes-Ohio Valley Research Project）的管理和研究之中。⑥ 1955~1964年，她还持续编辑了由印第安纳大学组织并出版、由"俄亥俄流域印第安历史协会"及之后 AIEC 主办的期刊 ethnohistory。这个时期，也是印第安历史研究主题覆盖地理区域扩

---

① 参见张友伦《美国西进运动探要》，人民出版社，2005，第80页。
② Helen Hornbeck Tanner, "Erminie Wheeler-Voegelin, Founder of the American Society for Ethnohistory," p. 67.
③ 出于某种原因，档案部分名称得到调整，即把该研究计划题目中的"大湖区-俄亥俄流域"转换为"俄亥俄流域-大湖区"。参见 Helen Hornbeck Tanner, "Erminie Wheeler-Voegelin, Founder of the American Society for Ethnohistory," p. 68.
④ Helen Hornbeck Tanner, "Erminie Wheeler-Voegelin, Founder of the American Society for Ethnohistory," p. 65.
⑤ Helen Hornbeck Tanner, "Erminie Wheeler-Voegelin, Founder of the American Society for Ethnohistory," p. 66.
⑥ Helen Hornbeck Tanner, "Erminie Wheeler-Voegelin, Founder of the American Society for Ethnohistory," p. 66.

展的时期。① 沃格林自己的名字很少出现在 ethnohistory 刊物中②，但在1954年 ethnohistory 创刊号第1卷第2期上，她发表了专题研讨文章 An Ethnohistorian's Viewpoint，首次对 ethnohistory 进行系统阐释，总结了20世纪50年代美国 ethnohistory 初期表现的特点。"沃格林的远见卓识、革新技术和热情，为正式的 ethnohistory 及有关组织、期刊的建立，做出了重要贡献。"③

沃格林的职业生涯终止于大湖区-俄亥俄流域研究计划之中，她最后一次在印第安权利申诉委员会中作证是在1969年夏天，涉及一项签署于1795年的有关"Treaty of Greenville"的复杂案例。④

可以看到，印第安纳大学是战后大湖区-俄亥俄流域研究计划的主要执行者，也是20世纪50~60年代 ethnohistory 有关学会和期刊的大本营和主办地。事实上，印第安纳大学已经成为战后 ethnohistory 凸显于美国学界的中心阵地。这与政府部门的鼓励与合作、印第安纳大学自身拥有的良好的跨学科学术传统，尤其是沃格林为代表的教职人员的诸多努力是密不可分的。

四 ethnohistory 概念诠释空间的不断扩展

以沃格林为代表的具有历史思想的民族学家们（historically minded ethnologists），即 ethnohistorian⑤，基于其共同的经验和兴趣组建了 ethnohistory 专业学会和期刊。有关 ethnohistory 的最早系统界定和释义，多来自这些学者。

1954年，沃格林在刚创刊的 ethnohistory 第1卷（创刊卷）第2期上，发表专题研讨文章 An Ethnohistorian's Viewpoint，对当时日渐突显的 ethnohistory 经

---

① Helen Hornbeck Tanner, "Erminie Wheeler-Voegelin, Founder of the American Society for Ethnohistory," p. 66.
② Helen Hornbeck Tanner, "Erminie Wheeler-Voegelin, Founder of the American Society for Ethnohistory," p. 66.
③ Ronald Spores, "Ethnohistory in Middle Age: An Assessment and a Call for Action," Ethnohistory, Vol. 25, No. 3, 1978, p. 204.
④ Helen Hornbeck Tanner, "Erminie Wheeler-Voegelin, Founder of the American Society for Ethnohistory," p. 68.
⑤ 参见 Erminie W. Voegelin, "An Ethnohistorian's Viewpoint," Ethnohistory, Vol. 1, No. 2, 1954。

验研究进行总结，首次对 ethnohistory 一词进行系统阐释，给出了其操作性界定："以最早的书面记录为基础，从时间向前发展的角度，研究原始社会的认同、区域、接触、运动、成员、文化动力等问题。"①

这种界定，与前面述及的 20 世纪 50 年代明确刊载在 ethnohistory 有关卷期扉页上的研究宗旨——ethnohistory 期刊将致力于"最早的在档案历史中研究原始族群（尤其是美国印第安人）的文化和运动""最早的原始族群文化和运动的档案史研究，以及与之相关的更为广阔的问题"——基本上是一致的。因此，有学者指出，沃格林的操作性界定，是这一时期 ethnohistory 期刊宗旨的一种"精确化"表现。② 可以说，沃格林的界定，与 20 世纪初博阿斯的学生威斯勒（Clark Wissler）的见解③不无相近之处，即都把研究的目光锁定在原始族群文化上，均重视档案等书面材料的使用。在一定意义上，沃格林的界定是对威斯勒见解的延续、扩展及具体化。

在此期间，还有一些学者，如达克（Philip Dark）、多宾斯（Henry F. Dobyns）、尤勒（Robert C. Euler）等，对当时的 ethnohistory 经验研究进行了总结，从不同层面阐释了 ethnohistory 的含义。④

从为印第安权利申诉委员会所做的描绘工作来看，这些早期界定，即认为 ethnohistory 就是"在档案史中研究原始族群"是准确的。但是，一般的 ethnohistory 方法论超越了印第安权利申诉的范围，有意义的新的工作出现了，并要求有明确的、扩展性的新界定。⑤ 为此，1960 年 11 月 12~13 日，在印第安纳大学举办的第 8 届年会上，召开了 ethnohistory 概念研讨会。为了从更为广阔的角度来理解 ethnohistory，民俗学家多尔森（Richard Dorson）、历史学家沃什布恩（Wilcomb Washburn）、考古学家贝雷斯（David Baerreis）、民族学家卢里（Nancy

---

① 参见 Erminie W. Voegelin, "An Ethnohistorian's Viewpoint," *Ethnohistory*, Vol. 1, No. 2, 1954.
② 参见 James Axtell, "The Ethnohistory of Early America: A Review Essay," *The William and Mary Quarterly*, 3rd Ser., Vol. 35, No. 1, 1978.
③ 参见刘海涛《对西方学界"ethnohistory"一词的历史考察》，《民族研究》2011 年第 2 期；刘海涛《20 世纪上半叶美国学界的 ethnohistory：民族学人类学的一种有益补充》，《西南民族大学学报》2013 年第 3 期。
④ 参见刘海涛《对西方学界"ethnohistory"一词的历史考察》，《民族研究》2011 年第 2 期。
⑤ 参见 James Axtell, "The Ethnohistory of Early America: A Review Essay," pp. 112-113.

Lurie）应邀与会，并提交了论文。与会者分别从各自学科角度出发，对 ethnohistory 的含义及与相关学科的关系进行了多层面揭示。他们的论文后来在 *ethnohistory* 1961 年卷第 1 期上发表。① 此次会议达成了对 ethnohistory 性质和发展方向上的共识：ethnohistory 是"使用历史的档案和方法来获得有关文化变化的性质和原因的知识，这种知识由民族学的概念和范畴来界定"②。

在 *ethnohistory* 1961 年卷第 3 期上，有 3 篇出自民族学家之手的文章专门对 1960 年研讨会的概念进行了评论，同时也各自表达了对 ethnohistory 的看法。这些出自民族学家的文章，摒弃了民族学学科边界，从多学科视角来关注和解释处于方法论层面的 ethnohistory。③

以此次研讨会为契机，西方学者对 ethnohistory 的阐释空间，又有了新的扩展，不再如 20 世纪上半叶和 50 年代那样多局限于民族学学科的狭小视野之中。一方面，"无论是民族学家、历史学家、民俗学家还是考古学家，一般都承认，ethnohistory 在于使用历史的档案和方法来获得有关文化变化性质和原因的知识，但这种知识由民族学的概念和范畴来界定"；另一方面，"尽管上述界定有民族学家的专制性，但没有理由就此相信 ethnohistory 就是排他性的民族学或者文化人类学的亚学科。同样，也有理由把 ethnohistory 视为文化史学，或者沃什布恩所说的'全面'的历史学（history 'in the round'）。"④ "不管人们是把 ethnohistory 视为文化史（史学的分支学科），还是文化人类学的一个亚学科，都承认 ethnohistory 的出现代表着民族学和历史学等学科的联姻，代表着史学的历时性和民族学共时性的统合，意味着可以为了自己的目的而使用对方学科的方法。"⑤

此期间还有很多学者，如芬顿、卡马克（Robert M. Carmack）、怀利（Kenneth C. Wylie）、施韦因（Karl H. Schwerin）、斯波思（Ronald Spores）、特

---

① 这些学者的具体见解，参见刘海涛《对西方学界"ethnohistory"一词的历史考察》，《民族研究》2011 年第 2 期。
② 参见 James Axtell, "The Ethnohistory of Early America: A Review Essay," p. 113；还可参见 James Axtell, "Ethnohistory: An Historian's Viewpoint," *Ethnohistory*, Vol. 26, No. 1, 1979, p. 2.
③ 这些学者的具体见解，参见刘海涛《对西方学界"ethnohistory"一词的历史考察》，《民族研究》2011 年第 2 期。
④ James Axtell, "The Ethnohistory of Early America: A Review Essay," *The William and Mary Quarterly*, 3rd Ser., Vol. 35, No. 1, 1978.
⑤ James Axtell, "Ethnohistory: An Historian's Viewpoint."

里杰（Bruce G. Trigger）等，也提出了各自的解释，尽管侧重点各有偏重，但基本上支持上述观点。①

1968年，科恩（Bernard S. Cohn）在为《国际社会科学百科全书》撰写词条 ethnohistory 时明确指出："ethnohistory 意味着依靠档案、口述和考古学资源，以及社会人类学的洞察力和概念框架，对一些非欧土著族群进行历史研究，这些研究试图重构土著族群与欧洲发生碰撞前与后的历史"。② 这种界定表明，"ethnohistory 是（研究）一般为传统民族学家所关注的人们的历史……民族学家使用 ethnohistory 时，认为它依赖于书面档案（即从狭义上来使用历史概念），而历史学家倾向于使用这个标签来研究过去的缺乏书面记录的社会（即从广义上来使用历史概念）；在本质上，民族学家将 ethnohistory 视为使用非民族学的证据（即历史档案），而出于人类学家的目的；在本质上，历史学家将 ethnohistory 视为使用非历史学的证据（即民族学材料），而出于历史学家的目的"③。

上述解释，与前文述及的20世纪60年代 ethnohistory 期刊上所展示的新宗旨"与一般的文化史和过程相联系，与各个层次的社会文化人群组织的特殊历史相联系，尤其强调世界各地的原始族群和农民"也是相对应的。

概念内涵不断扩展的 ethnohistory，既是 ethnohistory 在战后凸显于美国学界的重要表现，也是 ethnohistory 这种流变复杂的学术现象本身的重要组成部分。

---

① 参见 William N. Fenton, "Ethnohistory and Its Problems," *Ethnohistory*, Vol. 9, No. 1, 1962; William N. Fenton, "Field Work, Museum Studies, and Ethnohistorical Research," *Ethnohistory*, Vol. 13, No. 1/2, 1966; Robert M. Carmack, "Ethnohistory: A Review of Its Development, Definitions, Methods, and Aims," *Annual Review of Anthropology*, Vol. 1, 1972; Kenneth C. Wylie, "The Uses and Misuses of Ethnohistory," *Journal of Interdisciplinary History*, Vol. 3, No. 4, 1973; Karl H. Schwerin, "The Future of Ethnohistory," *Ethnohistory*, Vol. 23, No. 4, 1976; Ronald Spores, "Ethnohistory in Middle Age: An Assessment and a Call for Action," *Ethnohistory*, Vol. 25, No. 3, 1978; Ronald Spores, "New World Ethnohistory and Archaeology, 1970－1980," *Annual Review of Anthropology*, Vol. 9, 1980; Bruce G. Trigger, "Ethnohistory: Problems and Prospects," *Ethnohistory*, Vol. 29, No. 1, 1982。

② Bernard S. Cohn, "Ethnohistory," in David L. Sills ed., *International Encyclopedia of the Social Sciences*, New York: The Free Press, 1968, Vol. 5, p. 440.

③ William C. Sturtevant, "Anthropology, History, and Ethnohistory," *Ethnohistory*, Vol. 13, No. 1/2, 1966.

五 ethnohistory 经验研究的历史过程化

二战之后至 20 世纪 70 年代，除了 ethnohistory 概念诠释空间的不断扩展之外，ethnohistory 的相关经验研究也出现了一些新的变化，主要体现在研究方法的历史过程化上。

这一时期，ethnohistory 的很多经验研究作品问世。其中，盐湖城犹他州大学人类学系主任尤勒（Robert C. Euler）的《民族志方法论：来自南派尤特人的文化变迁、信息员的可靠性和有效性的一项三维度实践研究》①，反映出了该阶段 ethnohistory 经验研究的主要特点及涉及的主要问题。②

在上文中，尤勒单方面指出，作为美国学界的一项研究技术，ethnohistory 在《印第安人权利申诉委员会法案》的促动下，在过去的 22 年间里（1946 ~ 1967）获得了很大发展。人类学家、历史学家以及那些好不容易才转变为历史学家的人类学家，在对许多美国印第安人和其他社会的土著文化史的重构之中，获得了有意义的结果。在取得上述成就的过程之中，人类学家、民族学家检查了历史档案资源、口述传统和民族志研究（这些民族志研究，主要由具有博阿斯传统的研究者们所从事）的可靠性和有效性。③ 另外，尤勒又认为，目前依然有必要提出"由现在的土著信息员所提供的口述传统知识，是不是可靠？当追索与印第安人有关的由早期欧洲旅行者和探险家留下的档案文件时，我们是不是在进行历史的或 ethnohistory 研究"这样的问题。他认为，之所以提出这样的问题，原因在于田野中进行研究的民族学家仍旧很少对此进行检视，也在于人

---

① 该文最初写于 1959 年 12 月，是墨西哥城举行的美国人类学联合会 1959 年年会上的一篇参会论文。后经简要修改收入了 1967 年版 *American Historical Anthropology* 论文集之中。作者尤勒是盐湖城尤他州州立大学人类学系主任，热衷考古学、民族志及 ethnohistory 研究，对美国的西南地区尤为感兴趣。参见 Robert C. Euler, "Ethnographic Methodology—A Tri-Chronic Study in Culture Change, Informant Reliability, and Validity from the Southern Paiute," in Carroll L. Riley and Walter W. Taylor, eds., *American historical Anthropology: Essays in Honor of Leslie Spier*, Carbondale: Southern Illinois University Press, 1967, p. 61。

② Robert C. Euler, "Ethnographic Methodology—A Tri-Chronic Study in Culture Change, Informant Reliability, and Validity from the Southern Paiute," p. 61.

③ Robert C. Euler, "Ethnographic Methodology—A Tri-Chronic Study in Culture Change, Informant Reliability, and Validity from the Southern Paiute," pp. 61 – 62.

们对 ethnohistory 与历史学、ethnohistory 与民族学之间关系的理论探讨越来越受到重视。① 尤勒借助经验研究对这些问题进行了回答，由此也揭示出他对 ethnohistory 的基本看法。

检验档案材料、口述传统和民族志材料等各种材料资源的可靠性和有效性，并充分加以综合利用，同时配以文化过程的理论，是尤勒心目中理想的 ethnohistory 研究。这种类型的 ethnohistory 研究，对民族学、人类学家而言，更有启发意义。

从 1956 年到 1959 年，尤勒对美国西部大盆地地区的南派尤特人（Southern Paiute）② 进行了 ethnohistory 意义上的调查研究。这项研究先由美国司法部所倡导，后由美国哲学学会彭罗斯（Penrose）基金提供赞助，可以说是一种考古学、历史学和民族学技术的联合，共涉及了三个不同的时间维度。③

第一个时间维度：尤勒收集到的许多历史材料，来自南部派尤特部族以及他们在犹他、亚利桑那州、内华达州的居住民，时间跨度在 1776 年至 1875 年的一百年之间。④

第二个时间维度：1910 年，宾夕法尼亚大学人类学家萨丕尔（Edward Sapir）根据一百多页的田野笔记，整理出了一部详细的有关南部派尤特人的民族志。萨丕尔的信息调查员托尼·提莱哈斯（Tony Tillahash），当时是一个年轻的学生，在 Carlisle 印第安学校就读。从 1910 年 1 月到 6 月，萨丕尔和他的信息调查员一起在宾夕法尼亚从事研究工作。据提莱哈斯的家庭背景情况，萨丕尔认为，他从提莱哈斯那里得来的调查数据，与印第安土著文明与欧洲发生接触碰撞时期及之前时期的生活有关。这些材料一直没有出版，而由施皮尔（Leslie Spier）来保存。1956 年至 1959 年，在尤勒自己的调查研究过程

---

① Robert C. Euler, "Ethnographic Methodology—A Tri-Chronic Study in Culture Change, Informant Reliability, and Validity from the Southern Paiute," p. 62.
② 美国印第安人的一个部族，居住在南犹他州和内华达、亚利桑那的北部以及加利福尼亚东南的邻近地区，被称为南派尤特人。
③ Robert C. Euler, "Ethnographic Methodology—A Tri-Chronic Study in Culture Change, Informant Reliability, and Validity from the Southern Paiute," pp. 62-63.
④ Robert C. Euler, "Ethnographic Methodology—A Tri-Chronic Study in Culture Change, Informant Reliability, and Validity from the Southern Paiute," p. 63.

之中，复印了这些笔记，并建议进行编辑和出版。① 1910 年萨丕尔的研究，即关注印第安土著文明与欧洲发生接触碰撞前后时期的研究，其中所涉及的材料和成果是尤勒从事研究的第二个时间维度的材料。

第三个时间维度：从 1956 年到 1959 年，尤勒所从事的现在时田野调查，是其从事研究的第三个时间维度。在此过程之中，他有幸与萨丕尔半世纪之前相同的信息调查员一起工作。当时提莱哈斯已经 70 多岁了，但依然是一个行动敏捷的人。他们详细地看了萨丕尔当年的田野数据。当然，信息员提莱哈斯并不知道尤勒拥有这些笔记。另外，尤勒还从 15 个年长的南部派尤特人那里获得了一些口述材料。②

处在三个不同时间维度中的材料，为研究派尤特人增加了科学的知识。有了这些知识，就可以对信息源的有效性、可靠性进行讨论，并从中得出一些客观的结论。尤勒还指出，人类学家的科学概括很大程度上依赖于土著信息员的口头讲述。③

将第一时间阶段的档案记录与后两个阶段的口述材料进行对比，尤勒的结论是，信息员陈述的有效性，限于他们所阐述的土著文化从整体上消解之后的 40 年至 60 年间（超过这个时间范围则很难适用），限于从一般意义上来讨论文化变迁。将 1910 年与 1956 年至 1959 年的来自同一个信息员的口头陈述进行对比，即将第二、第三时间阶段中的口述材料进行对比，他的结论是，近半个世纪以来信息员是可靠的，从整体上来看，文化是稳定的。④

将这三个时段的数据进行排列和分析，尤勒还得出了如下见解。

其一，1776 年至 1875 年的早期记录（涉及第一个时间维度），主要来自欧洲的传教士、商人、军人、旅行者等，很多都含有民族中心论的特色。对其进行检查，主要从文化和文化变迁的概念出发，而不是仅仅从历史描述和叙述的

---

① Robert C. Euler, "Ethnographic Methodology—A Tri-Chronic Study in Culture Change, Informant Reliability, and Validity from the Southern Paiute," pp. 63 – 64.
② Robert C. Euler, "Ethnographic Methodology—A Tri-Chronic Study in Culture Change, Informant Reliability, and Validity from the Southern Paiute," p. 64.
③ Robert C. Euler, "Ethnographic Methodology—A Tri-Chronic Study in Culture Change, Informant Reliability, and Validity from the Southern Paiute," p. 64.
④ Robert C. Euler, "Ethnographic Methodology—A Tri-Chronic Study in Culture Change, Informant Reliability, and Validity from the Southern Paiute," p. 64.

角度出发，这样可以更多地了解印欧文化接触碰撞的性质。①

其二，民族学家所记录的社会政治数据，基本上反映出了印欧文化接触碰撞后土著生活的客观画面。1910年萨丕尔的记录，亦即尤勒1956年至1959年期间所主要使用的历史档案材料，在尤勒看来，有96%是可以赞同的。也就是说，在18~19世纪狩猎者、士兵、定居者、传教士，以及一些民族学家所描述的历史之中，与萨丕尔所描绘的南部派尤特文化特质和类型，基本上是一致的。这些数据，很大程度上是土著生活的客观反映。但同时也表明，文化涵化主要是在社会-政治氛围中完成的。②

其三，来自土著的口述材料，一般是可靠的。土著以往的口述与今天的信息员的陈述之间的关系，是稳定并且持续的。提莱哈斯在1910年所做的陈述，很大程度上适用于印欧接触碰撞及之前的条件。提莱哈斯在1956年和1959年所做的涉及相同主题的详细陈述中，经尤勒分析，92%是相关联的，另外4%的数据提莱哈斯则表示犹豫，但经过谈话互动和回忆，他基本上给出了与早期回答萨丕尔一样的答复，即96%的数据经历了半个世纪丝毫未变。只有4%他给出了负面的回答，而这些4%也不一定就与他先前的陈述矛盾，而很有可能是他记忆错误，这些小问题或许是由于信息员在很长的时间跨度中兴趣发生了变化，而不是因为他不可靠。这种兴趣变化是很重要的，而这往往为民族志学家所忽视。1956年已经年长的信息员的兴趣，可能与他1910年年轻时的兴趣有所不同。总之，可以肯定地说，这是一个不寻常的信息员，他持续保持着对过去的兴趣，能够记住曾经给过萨丕尔的那些陈述，这可能与当年萨丕尔对他的训练有关。正是这种训练，使得这个信息员对当地的文化史保持了足够兴趣，事实上这个实例充分显示了土著口述材料的稳定性和持续性。③

根据上述内容及对多宾斯（Henry F. Dobyns）有关ethnohistory见解的批评，

---

① Robert C. Euler, "Ethnographic Methodology—A Tri-Chronic Study in Culture Change, Informant Reliability, and Validity from the Southern Paiute," p. 65.

② Robert C. Euler, "Ethnographic Methodology—A Tri-Chronic Study in Culture Change, Informant Reliability, and Validity from the Southern Paiute," pp. 65 – 66.

③ Robert C. Euler, "Ethnographic Methodology—A Tri-Chronic Study in Culture Change, Informant Reliability, and Validity from the Southern Paiute," pp. 66 – 67.

尤勒深刻揭示了这一时期 ethnohistory 经验研究方法的新的发展方向。这种新的方向，标志着战后美国 ethnohistory 经验研究进入了一个新的发展阶段，同时也是战后 ethnohistory 兴起于美国学界的重要表现之一。

1959 年，多宾斯曾从民族学角度来诠释 ethnohistory："ethnohistory，（应该）是对文化或文化过程理解的一种发展，它依靠使用一种具有历史性质的协议、即通过时间来分析人类集团的行为，它基于现代民族志调查的范畴，更适合于那些超越作者原初目的的分析。"①尤勒认为，这种分析并不能令人十分满意，但在实际上已经构成了当时学者们从事 ethnohistory 研究、构建其方法论和理论假设的基础。② 在尤勒自己看来，还应该把文化压力的理论假设和历史重构关联起来，依据文化过程来分析并确定口述传统和档案的有效性③，"分析或者仅仅记录了一种历史叙述的数据，尽管它可以是一种族群（ethnic group）的历史，但还不能成为 ethnohistory，直到它涉及了文化过程的理论，以图处理上面所提到的有关南部派尤特人的全部历史数据"④。

六 "ethnohistory" 兴起于美国学界的一般特点及影响

作为 ethnohistory 专业学会和专业期刊的主要创始人，美国女人类学家沃格林在 An Ethnohistorian's Viewpoint 一文中，对该时期 ethnohistory 的一般特点进行了具体总结，集中体现了当时从事 ethnohistory 研究的学者们对其一般特点的基本看法。

其一，ethnohistory 的出现，反映了当时民族学人类学与历史学之间既存在着学术上的基本分野，也存在着互补的可能性。战后以来的民族学家和历史学家之间，尽管有交叉和联系，但存在着基本性的学术分野。民族学家描写文化，同时根据模式、结构以及生长变化等概念来分析文化。有关文化生

---

① 本文作者依据的是 1959 年 Henry F. Dobyns 的一份名为 "Ethnohistory" 的未刊手稿。参见 Robert C. Euler, "Ethnohistory in the United States," *Ethnohistory*, Vol. 19, No. 3, 1972, p. 206.（References）。
② Robert C. Euler, "Ethnohistory in the United States," p. 201.
③ Robert C. Euler, "Ethnohistory in the United States," p. 201.
④ Robert C. Euler, "Ethnographic Methodology—A Tri-Chronic Study in Culture Change, Informant Reliability, and Validity from the Southern Paiute," p. 67.

长和变化等动力问题,一直也是文化史学家关注的问题,其中有些人还使用长时段的术语,即在长时段中来历史地重构原始社会的文化史。尽管有些民族学家拒斥起源问题,但他们也谈论历史重构问题。① 沃格林指出,从名称上看,ethnohistory 兼有民族学和历史学双重含义,涉及了两个学术学科,即民族学和历史学。但当时的状况是,人类学家很少接受历史学的训练,很少涉足历史领域,无论是一般领域还是特殊领域。有历史思想的民族学家们,需要从历史学家那里学来的不仅仅是档案资源,也需要学会如何在他感兴趣的特殊领域来使用这些原始材料以及有关的技术和方法,需要和职业历史学家建立联系。从理论上说,历史学也会对人类学家的理论假设感兴趣;从实践层面上讲,人类学家所要求的民族志知识,也引发了研究原始社会的历史学家的兴趣。在沃格林看来,尽管当时 ethnohistory 的影响并不很大,但目前民族学与历史学的联系已经开始,始于 1953 年由印第安纳大学与司法部合作的 ethnohistory 研究计划(大湖区 - 俄亥俄流域研究计划)的实施即为具体表现。②

其二,ethnohistory 研究重视档案资源的开发与利用,同时强调由非土著提供的档案证据的重要性。沃格林指出,由欧美游客、传教士和军官,以及印第安事务局职员、商人等留下的书面原始材料,四百年来已经累积了很多,形成了有关北美印第安文化研究的基本档案材料。对一些北美土著文化研究而言,历史资源已经很丰富了,如对肖尼人的文化研究;对另外一些北美土著文化研究而言,又相对有限,如对 Tiibatulabal 人的文化研究。③ ethnohistory 需要何种类型的档案资源信息?沃格林认为这很难回答。因为有些 ethnohistory 研究十分广泛,有些只聚焦在某些特殊的问题上。但是,历史资源在 ethnohistory 研究中是重要的。要把一些变化问题搞清楚,就必须使用档案资源。④ 此外,沃格林还指出,战后初期的 ethnohistory 研究多与印第安人权利申诉委员会之前的土著土地占有案例结合在一起。这是一种法律背景下的、

---

① Erminie W. Voegelin, "An Ethnohistorian's Viewpoint," *Ethnohistory*, Vol. 1, No. 2, 1954, p. 166.
② Erminie W. Voegelin, "An Ethnohistorian's Viewpoint," pp. 179 - 171.
③ Erminie W. Voegelin, "An Ethnohistorian's Viewpoint," p. 168.
④ Erminie W. Voegelin, "An Ethnohistorian's Viewpoint," p. 169.

以非土著的学者提供出来的档案历史证据，而不是依靠来自土著的口述材料。①

沃格林的上述见解，不一定全面和中肯，但从一个侧面折射出了ethnohistory战后凸显的一般特点以及涉及的一般问题。

此外，需要着重指出的是，虽然ethnohistory的专业学会（ASE）每年都召开会议，但它并不是一个十分正规的国家性组织。尽管 *ethnohistory* 是ASE主办的正式期刊，但它并不是美国国内的一流刊物。有些学者尤其是职业历史学者，对学会及其期刊并不看重。② 可以说，组织松散、缺乏学科规范、不为学界特别看重也是战后ethnohistory兴起于美国学界的一般特点。

总之，经历了半个多世纪的长期孕育③，ethnohistory逐渐兴起于美国学界，于20世纪50至70年代步入了其凸显阶段。从1953年"俄亥俄流域印第安历史协会"到1956年"美国印第安民族史协会"，再到1966年"美国民族史学会"，中间历经变更与调整，形成了自己的专业学会。1954年创办了自己的期刊 *ethnohistory*，并一直延续至今。不少民族学家投身其中，一些历史学家也陆续加盟，并展开了初步合作。其中，美国女民族学家人类学家沃格林及她所在的印第安纳州大学，为此做出了重要贡献，印第安纳州大学也由此成为当时美国ethnohistory研究的中心。相比战前而言，既有概念方面的拓展，ethnohistory意味着"依靠档案、口述和考古学资源，以及社会人类学的洞察力和概念框架，对一些非欧土著族群进行历史研究，这些研究试图重构土著族群与欧洲发生碰撞前与后的历史"；同时，也有经验层面的新尝试，这些新拓展和新尝试，突出表现了以民族学为主，但不局限于民族学，兼有民族学与历史学双重含义与互补的特点，强调了由非土著提供的档案证据的重要性，强调了档案、田野等各种证据互参的重要性，以及民族学文化过程理论的重要性。战后至20世纪70年代，无论在概念、理论，还是在方法上，ethnohistory都取得了不少新的成就，

---

① 参见 Shepard Krech Ⅲ，"The State of Ethnohistory," p. 347；Shepard Krech Ⅲ，"Ethnohistory," p. 423. 沃格林的这种见解，受到了20世纪70年代以来从事ethnohistory研究的学者的批判，这也是20世纪70年代以来ethnohistory得以新的拓展的肇端。
② 参见 Donald L. Parman; Catherine Price, "A 'Work in Progress': The Emergence of Indian History as a Professional Field," *The Western Historical Quarterly*, Vol. 20, No. 2, Note 21, 1989, p. 193.
③ 参见刘海涛《20世纪上半叶美国学界的ethnohistory：民族学人类学的一种有益补充》，《西南民族大学学报》2013年第3期。

但依然处于探索的过程之中,组织机构、学科规范仍需要进一步完善。而一些具体做法,如以非土著的学者提供的档案历史证据为主,忽视来自土著的口述材料等也成为之后 ethnohistory 发展中所要突破的重要方面。兴起阶段的 ethnohistory,为20世纪70年代之后 ethnohistory 的日渐兴盛打下了坚实基础,为其得以进一步拓展空间提供了可能。

可见,战后兴起于美国学界的 ethnohistory,具有西方历史人类学的特点,是西方历史人类学兴起的一个重要展示窗口,是西方历史人类学研究范式形成的一种表征。①

---

① 何星亮研究员在2012年5月《民族研究》编辑部与西南民族大学共同主办的"'田野、历史与理论'学术研讨会"(庆祝西南民族研究院成立十周年暨第五届中国民族研究西南论坛)的提交论文《历史人类学的两种研究范式》(未刊稿)中,提出了历史人类学的两种研究范式,认为历史学传统的历史人类学范式可分为民族志·历史人类学研究范式、长时段·历史人类学研究范式,人类学传统的历史人类学范式可分为民族史·历史人类学研究范式、结构·历史人类学研究范式、社会记忆研究范式等三种类型。本文的重要结论,即"战后 ethnohistory 在美国学界的兴起,是西方历史人类学兴起的一个重要展示窗口,是西方历史人类学研究范式形成的一种表征",受到何星亮研究员上述见解的启发,特此鸣谢!本文的这种见解,有待进一步深化,可供学界批评与讨论。

人类学家的生成及其理论的产生

——列维-斯特劳斯的百年人生[*]

胡梦茵　黄剑波[**]

摘　要：列维-斯特劳斯是结构主义理论大师，也是人类学法国传统的代表。要理解其理论不能只是从文本出发，而也应该回到其生成的过程，乃至"理论家"的生成过程。个体是历史的、情境的，而理论的生成本身也不能脱离大的社会脉络以及理论家个人的生活。因此"理解"这个过程本身也是将理论从"符号"还原到历史和情境下的"实体"的过程。在构建人类学理论史的过程中，如何理解过去的理论家以及其理论体系，关系到我们如何认识当下的理论和研究，更重要的是，在我们身处其中的理论范式或者思维模式下，为反思人类学研究，乃至于新的理论尝试提供了可能性。

关键词：列维-斯特劳斯　结构主义　人类学理论

---

[*] 本文参阅了 2007 年中国人民大学出版社的列维斯特劳斯文集，包括《结构人类学 1-2》、《野性的思维》《嫉妒的制陶女》《看·听·读》《猞猁的故事》《面具之道》《人类学演讲集》《神话学：生食与熟食》《神话学：餐桌礼仪的起源》《神话学：从蜂蜜到烟灰》《神话学：裸人》《遥远的目光》等。

[**] 胡梦茵：华东师范大学社会发展学院博士生，主要研究方向为宗教人类学、西南民族研究、日常生活与化理观念等。
黄剑波：人类学博士，华东师范大学人类学研究所教授，主要研究方向为人类学理论与方法、宗教人类学、中国基督教研究等。

长久以来，人类学家在解构他者的神话时，自己也走上了神坛。从弗雷泽和他的巫术圣典《金枝》，到莫斯的礼物研究，乃至马林诺夫斯基的现代版"鲁宾孙历险"，在人类学家本身成为某种领袖的同时，一个庞大的理论帝国也随之建立起来。进而所有的研究和理论脉络似乎都以这种方式连贯了起来。但是，在构建人类学理论史的过程中，如何理解过去的理论家以及其理论体系，关系到我们如何认识当下的理论和研究，更重要的是，我们身处其中的理论范式或者思维模式，为反思人类学研究，乃至于提出新的理论尝试提供了可能性。

　　如何认识和理解理论家及其理论？仅顶礼膜拜是极其狭隘的，甚至在这种情况下范式的更替都是无法想象的。人们运用自身所有的感知能力去认识并理解身处的世界，同样所有的理论家也都是在"认识和理解"身处的世界，并由此形成我们今天所看到的文本。因此，理论本身并非文字的组合排列，理解理论也应该回到其生成的过程，乃至"理论家"的生成过程中去。个人是历史的、情境的，而理论的生成本身也不能脱离大的社会脉络以及理论家个人的生活，因而理解本身也是将理论从"符号"还原到历史和情境下的"实体"的过程。

　　克洛德·列维-斯特劳斯是继莫斯之后，法国人类学界又一位"时代性"的人物。他与福柯、罗兰·巴特、雅克·德里达以及拉康并称为"结构主义大师"，人类学领域的结构主义理论基本上是由其一手创立。因而在他"理论人类学家"的身份之外，"结构主义哲学家"也是他最恰当的定位。在结构主义思想最鼎盛的时期，列维-施特劳斯影响的不仅是法国，也不仅是人类学领域，而是西方整整一代的学术思想以及方法论。然而，正如列维-施特劳斯年轻时就对自身做出的评价那样，他从来都不仅仅是一个没有生平[①]的哲学家，虽然和"马林诺夫斯基们"并不一样，但他确实是一个人类学家。最初从一个聪明却内向的孩子成长为一代大师，列维-斯特劳斯百年的人生之路是整个20世纪的缩影。因此，当我们重新回望并理解"结构主义大师"时，以看其性格色彩、听其思想声音、读其人生历史这三个角度为切入点，试图在其生活和生命史，乃至20世纪的历史进程中去理解"结构主义"的内涵和影响。

---

① 这里指海涅评价康德，称其没有生平可言。

一 看·三色的剪影

列维-斯特劳斯长相并不出奇，宽阔的额头、棱角分明的下巴、深深的眼窝，以及一个略带鹰钩的大鼻子。他年轻时曾经留过浓密的大胡子，常年都带着一副琥珀色的全框眼镜，镜片背后是睿智略带挑剔的眼神似乎永远在审视着什么。嘴唇很薄，但是紧紧抿着，于是整张脸的表情显得非常严肃，又有些不满的意味。

这样的大师看上去并不好亲近，事实上，从少年时期开始，列维-斯特劳斯就一直是这副模样。内向、腼腆、严肃，但是毋庸置疑，非常聪明。这种性格使得他一生都没有朋友遍天下过。但是，在严肃的同时，列维-斯特劳斯确是一副好心肠，或者说是非常善良的人。因而，他的朋友虽然不算多，但都是挚友，都是些志同道合的朋友。

列维-斯特劳斯的性格有很多面，一方面，他继承了法国人的热血，这个爆发过大革命的民族一直都对政治运动有着特别的热爱；另一方面，他又是一个合格的学者，有着理性而严谨的一面。虽然他在学术上确实是获得了成功，但在生活中，乃至一度热衷的政治领域，列维-斯特劳斯并不能说是十分擅长。因而，激情、理性和天真成为概括这位大师性格的三个关键词。

（一）红：一位激情的社会主义者

一直以来，法国人对于社会主义的热情有增无减，而青年时代的列维-斯特劳斯也是一个热忱的社会主义者。列维-斯特劳斯在学生时代就参与了社会主义研究小组，并且逐渐成为一员干将。法国的社会主义思想，基本上和马克思以及后来的列宁所发展出来思想有所区别，主要的观点来自具有代表性的圣西门和傅里叶。欧洲的社会主义思想由来已久，早在16～17世纪，即资本主义兴起两个世纪以后，就出现了关于公有制以及按需分配的设想。但是这个时期基本上没有任何总结性或者学术性的思想出现。而到了18～19世纪之后，随着工业革命带来的资本主义迅速发展，社会主义思潮也随之出现并形成完整的学说体系。这种社会主义的思想强调公平和再分配，归为对于人类社会理想形式的构建。因此，正如启蒙运动时的思想一样，社会主义的观点是欧洲哲学传统的进一步演化,依然带着非常浓厚的启蒙色彩。

列维-斯特劳斯参加的小组正是一些热心政治并且爱好哲学思考的文科预备生。这些人后来基本上都成了拥有大学学衔的教师和教员。虽然小组中的大部分人都加入了当时的工人国际法国支部,但是并没有明确隶属于某一政党。因此,这种过家家式的政治活动对于列维-斯特劳斯来说,是一种左翼学生的联盟,同时也是一起学习和讨论的学习小组。在每周四的例会上,都会有一位组员或者来宾进行讲演,题目涵盖广泛,包括各种政治现象、事件以及殖民等问题①。他们还自学了政治学和经济学,也就是在这里,列维-斯特劳斯第一次试图阐释自己在地质学、精神分析学以及马克思学说上的理解。

虽然这个小组在实际意义上是一所"编外大学"②,但是列维-斯特劳斯却很认可自己在小组中所做的努力。他在这里接触到了邻近的比利时工人党,并且一度打算加入法国共产党,最终他加入了工人国际法国支部③。他在社会主义和马克思的研究中受到了鼓舞,而这种鼓舞并非是某种教条式的言语,而是一种方法论的可能。这种方法论的实践是从始至终的,无论是怀着改变世界以及建设人类理想社会加入社会主义运动,还是后来在寻找文化的语法或者变化序列的结构其实是统一的。从这一点上来理解,列维-斯特劳斯的热情从来就不是对于政治本身,而是致力于将哲学和思维层面与行为和实践层面贯通的工作,他的政治活动以及人类学工作的最终目的皆是如此。

然而比起人类学,政治对于列维-斯特劳斯似乎并不是一个合适的领域。社会主义研究小组随着成员们的高师考试而逐渐涣散,而他虽然先后参加了好几个小组,但是除了发表文章和起草报告,他的大部分时间依然是在准备论文以及教师资格会考。最后,当初在社会主义研究小组便已结识的乔治·勒弗朗组成了"十一人小组",并且小组决定编一本册子来宣告成立。但是这本名为

---

① 事实上,列维-斯特劳斯后来在种族与文化问题上的见解,很有可能在他进入人类学领域之前便已经形成。
② 〔法〕德尼·贝多莱:《列维-斯特劳斯传》,于秀英译,中国人民大学出版社,2007,第27页。
③ 工人国际法国支部(Section Française de l'Internationale Ouvrière, SFIO)是一个建立于1905年、解散于1969年的法国社会主义政党,为第二国际在法国的分部。1917年后,此党在"十月革命"后分裂为两个团体,其中较大者称为共产主义法国支部(Section française de l'Internationale communiste),后来建立了法国共产党。

《建设性革命》的册子完成之后，社会党对它的反应极其冷淡，或者说根本没有回应。此后，列维-斯特劳斯与新婚妻子离开巴黎，前往德朗省的马尔桑岭任教。这时列维-斯特劳斯虽然还参与"十一人小组"的活动，但是政治运动小组似乎再也没有成为他生活中的主要内容。

当列维-斯特劳斯从马尔桑岭返回巴黎时，"十一人小组"内部发生了分裂，而伙伴们过于浪漫主义的想法以及咄咄逼人的态度也令列维-斯特劳斯反感。最终，和其他几位组员一样，列维-斯特劳斯选择了退出，而他的政治生涯也就此正式地画上了句号。

列维-斯特劳斯并不是一个精明的政治家，也不是头脑发热的革命家。正如他给自己的定位——小组内的理论家一样，列维-斯特劳斯的兴趣和热情一直没有离开过理论或者学术。他没有清晰的政治理想或者抱负，从来没有想去参选议员或者解放全人类，他更喜欢向杂志投稿发表自己的意见。因此，虽然他一直热心于社会主义小组的运动，但这种热情却是来自他对于人类本身的执着思考。这一点上，启蒙运动以来的哲学传统就在他身上显露无遗。他曾经表示社会主义的目的是"改变人类，使他们配得上被解放"①，而他对于殖民问题又有着长期的关注，因而，他的政治理想甚至不是政权或者革命本身，而是人类社会应该有的形态，无论是社会或是个人本身都达到的理想状态。这种抱负显然在其后来的人类学研究中被含蓄地表达：改变的第一个步骤是先了解原先的状态。虽然后来语言学的影响使他坚持了唯一性的方向，但是这也是从人的研究的传统所延续下来的，因为作为哲学意义上讨论的人并没有肤色种族之分，也没有文化之分，而是具有一般意义的个体。列维-斯特劳斯的热情是在他理性思维包裹下的热情，并也因此贯穿了他整个人生。

（二）蓝：一位理性的哲学家

列维-斯特劳斯对于哲学的兴趣贯穿了他的整个学术生涯，因而，他并不是一位传统意义上的人类学家，或许可以称之为"哲学人类学家"。列维-斯特劳斯是一位总在理性思考的人，在他的文字当中，除了学术意味最淡的《忧郁的热带》，其他的作品或者文章的词句可谓令读者痛苦。这并不是说他的作品无

---

① 〔法〕德尼·贝多莱：《列维-斯特劳斯传》，第60页。

聊透顶，而是因为他写作的文本本身也如他所研究的是一个"神话－诗歌"的载体，短短的几行字需要读者反复琢磨想通其中的关键。但是另一方面，他从一开始便已经抛弃了哲学作为他的栖身之所。于他而言，哲学的思考太过漫无边际，而列维－斯特劳斯却更加喜欢稳定和恒常的东西，"本质"这个词具有极其重要的意义，无论是人还是事物，表面之下的恒常的本质才是列维－斯特劳斯真正想要了解的。这种宗派式的惯常的刻板①也可能正是格尔茨说他的作品有点像老派人类学作品②的缘由，而这种刻板正是因为列维－斯特劳斯无法忍受哲学的混乱以及表面与本质的混淆。

因此，列维－斯特劳斯从很早就下定决心要从事"与哲学有关，但并非哲学本身"的行业。因而在填报大学时，他选择了在索邦大学学习哲学的同时在先贤祠广场注册了法学。对于当时的列维－斯特劳斯来说，法学似乎是哲学与实践结合的最好的一门学科。也正是在这个时期，他开始在政治领域的探索。

但是大学并没有像列维－斯特劳斯想象的那样美好。索邦大学当时云集了哲学领域最知名的教授，但对于列维－斯特劳斯来说，一成不变的讲授过程使得自己的求知欲得不到满足。对于他来说，课程按部就班，但是干瘪枯燥，所做的练习是智力题，并不能让你去获得任何精神上的收获。中学时代就无法满足的求知欲再一次让列维－斯特劳斯感到不快，对于任何一位学者来说，求知欲永远是最大的动力，课程的训练只是一套逻辑方法体系的训练，并没有任何实质思维的指导。对于列维－斯特劳斯来说，新的思维才是最重要的部分，在他日后的人类学生涯中，他也从没有接受过系统的课程培训，但是这对于他的理论思考并没有太大的影响。

哲学的课程令人不快，而法学的课程则更加无趣。法学的教授更加教条，而对于考试来说，背诵是最好的办法。列维－斯特劳斯很快就意识到法学并非是能够实现他的想法的学科，然而他当时甚至还没有听说过人类学。因而，当他毕业之后，虽然很不希望自己成为另一名说教式的老师，但是对于他来说并没有什么更好的职业选择。通过教师资格会考之后，列维－斯特劳斯便

---

① 〔法〕德尼·贝多莱：《列维－斯特劳斯传》，第 24 页。
② 〔美〕克利福德·格尔兹：《论著与生活》，方静文、黄剑波译，中国人民大学，2013，第 39 页。

成为一名中学教师。第一年对于他来说非常有趣,整个备课的过程都显得很有意思。然而从第二年开始,按照原有的教案继续上课对于列维-斯特劳斯来说并不是一件十分美好的事。空洞而死板、毫无新意,并且离自己的追求似乎越来越远。也就是在这种情况下,列维-斯特劳斯转投了当时一无所知的人类学。

列维-斯特劳斯的思维可能确实有些刻板并且偏向于稳定,但这并不代表他是一个保守且死板的人。唯一性和多样性是人的思维模式所偏向的两端,但是对于任何一位学者来说,保持开放的态度以及对于新思维的敏锐是一样的。虽然不能忍受哲学家的天马行空,但是列维-斯特劳斯保持了哲学家的灵活。相对于一般的逻辑理性而言,列维-斯特劳斯的理性更多是一种实践理性。他不喜欢纯粹依靠经验事实,但是脱离事实本身的推演也是没有意义的。因此,无论是在政治活动中还是后来的人类学实践中,经验材料一直是重要的部分。可以说,虽然列维-斯特劳斯并不重视田野工作本身,但其更接近于博厄斯的传统,即通过大量搜集到的材料完成研究。因此,他的理论并不包括很多个人层面的经验材料,这同他对于表象的态度是一致的,但是大量的文本材料却是其理论的基础。

(三)白:一位天真的人类学家

列维-斯特劳斯与人类学的第一次接触来源于罗伯特·罗维的《原始社会》,他形容读到此书的感觉为"我的思想竟然摆脱了死气沉沉的哲学思辨,如同一阵清风吹来,令头脑为之一新"①。对于当时厌倦毫无变化的教书生活的列维-斯特劳斯来说,人类学给他展现了一个完全不一样的世界。很有可能在最早的时候,列维-斯特劳斯对于人类学的感觉完全是对于异域探险的兴奋,以及从枯燥无趣的生活中脱离出来的快乐。1934年秋天,列维-斯特劳斯接到塞莱斯坦·布格雷的电话,邀请他去南美巴西的圣保罗大学担任社会学讲座教授。这次的交换是由乔治·仲马组织的,当他将孔德的社会学介绍到巴西时获得了极大的成功,因而才会有了将法国本土的学者邀请到巴西做讲座教授的活动。虽然当时的列维-斯特劳斯既不懂人类学,教授的哲学又与社会学没有什么瓜

---

① 〔法〕德尼·贝多莱:《列维-斯特劳斯传》,第75页。

葛，但是能够到地球的另一端以及当地满是印第安人的说法使得渴望逃离教书生活的他喜出望外，毫不犹豫地答应了这次活动。

在那之后，列维－斯特劳斯便积极地为这次行程准备起来，他加入了美洲文化学者协会，并且答应巴黎博物馆馆长保罗·里维会从巴西带一些东西回巴黎建设新的人类学博物馆。另外的收获是在里维的推荐下，列维－斯特劳斯拜访了马歇尔·莫斯，这是列维－斯特劳斯与莫斯为数不多的会面之一。剩下的时间都被列维－斯特劳斯用来阅读美洲文化人类学者的研究，而其中罗伯特·罗维、博厄斯以及克虏伯的研究为他提供了南美研究的基本模式。

启程去巴西之前，初出茅庐的人类学家列维－斯特劳斯满怀信心，而海上的美景和巴西的异域风情也使他心旷神怡①。然而意想不到的情况出现了，当他们抵达圣保罗大学之后，并没有见到到处都是的印第安人，事实上一个也没有。为了找到当地的印第安人，列维－斯特劳斯不得不进行远足，到北巴哈那地区的坎冈人的部落中去，虽然只是半原始的状态，但是列维－斯特劳斯依然进行了他的第一次田野体验。为了达到真正的研究目的，列维－斯特劳斯和妻子选择在4个月的假期中留在巴西，到更深处的博罗罗人中去。在长途跋涉之后，列维－斯特劳斯一行到达了博罗罗村庄，而眼前的一切让他非常满意。这次的人类学考察十分成功，但是一些变化又使得刚刚想大展一番拳脚的田野变得十分困难。

问题在于使团本身，早在列维－斯特劳斯到达之前，已经有一位社会学家，阿尔布斯－巴斯蒂德。这位社会学家对于又来一位同行并不满意，他要求列维－斯特劳斯服从他的领导，并且总是想赶走他。而当他去博罗罗人村庄考察之后的新学期，巴西自身的政治环境发生了变化，他们不再受人欢迎，获得的报酬也没有那么高了，但是列维－斯特劳斯依然选择留在了巴西。

对于博罗罗人的研究发表后，列维－斯特劳斯在国内获得了很高的声望，这也进一步激发了他做一次长期"远征"的想法。经过半年的筹备，1938年四月，由法国和巴西共同组成的考察小组前往南比夸拉印第安人部落。在考察队进行的中途，列维－斯特劳斯的妻子蒂娜因为患眼疾提前返回法国，1939年列维－斯特劳斯回国不久后，两人便离婚了。而考察队一直沿着河流追逐不同的

---

① 这是《忧郁的热带》中所记述的场景。

南比夸拉人村庄，因而并没有在任何一个村庄停留太久的时间。这次考察的材料成为列维-斯特劳斯后来博士论文《亲属关系的基本结构》的来源，但是同队的另一位民族学家，里维的学生维拉尔则认为这次的考察完全是失败的，因为他们一直在赶路并且最终也没有学会南比夸拉语。在这一点上，列维-斯特劳斯和传统人类学民族学出身的学者对于田野的不同态度便体现出来。列维-斯特劳斯并不认为一定需要达到一定的标准或者学会语言，他更多做的是材料的整理和搜集。一方面是因为和里维的约定，另一方面也是博厄斯的研究的影响。博厄斯曾经大量搜集北美印第安人的材料，而列维-斯特劳斯似乎是想补充南美的部分。

考察队回到圣保罗之后，列维-斯特劳斯不得不提前解约并回国。这是因为他当初并不在乔治·仲马的名单中，但是乔治·仲马为了避免出现清一色新教徒①的情况而将列维-斯特劳斯加了进来。但是很快便形成了一个反对和排挤列维-斯特劳斯的联盟，虽然对于这种结果感到愤怒，但是列维-斯特劳斯并没有很多朋友来支持他。于是，在1939年底，列维-斯特劳斯回到了巴黎，结束了他人生中的田野研究。

学术之外，列维-斯特劳斯的天真非常明显。一方面他对于人事关系一窍不通，也不会为自己争取盟友。当曾经的雇主当上财政部部长时，他满以为自己会被召回国出任幕僚。而另一方面他对于田野工作的要求或者当地人的语言文化也一窍不通，带着纸笔和满腔的热情就深入印第安人部落。而在田野当中，他也无法那么自如地和印第安人相处，经常会惹怒他们。显然，无论是人类学还是生活，列维-斯特劳斯都带着一种天真的想象。但是他对于人类学有着一种天生的敏锐。列维-斯特劳斯前期的著作基本上都来源于在南美的几次考察所获得的材料，而后期的研究范围有所扩大，但是虽然不是自己搜集的材料，理论分析却延续而连贯。这并不是说明田野工作并不重要，而是说明田野工作在日渐形成体系并规范化的基础上，也可能出现教条和僵化的问题。田野工作是人类学研究的一部分，但不是只有一种样式的田野工作。列维-斯特劳斯的天真也恰恰表现在这些摆脱原有设定的情况下。列维-斯特劳斯的理论和思想可能是刻板的，但是作为思考者本身却是自由的。

---

① 列维-斯特劳斯虽然小时候受过洗，但是应该没有宗教信仰。

二　听·思想的协奏曲

任何人在年少时都可能有过纷繁复杂的思绪，以及层出不穷的困扰自己的问题。这些思绪和困扰，以及随之而来的迷恋，随着年龄的增长被逐渐封藏起来。然而，有一些人却能够在回望这些思绪的过程中发现自己恒久的热情，列维-斯特劳斯就是这些人中的一员。对于列维-斯特劳斯来说，人生的思想大致可以分为五个阶段，从最早的"三位情人"到"神话帝国"的诞生。但是正如阿奇帕人神圣的木杆[①]一样，"结构"是贯穿这五个阶段的概念，同时也是列维-斯特劳斯持之一生的"渴求"，乃至于作为一个人类学家的"生存"的支撑。事实上，理解每一位伟大人物的思想，这根"阿奇帕人的木杆"都是极为重要的，因为围绕这根木杆世界得以建立，而围绕着某一"概念"或者"意义"，一种持之以恒的热情使得整个思想脉络得以发生和发展，以至于一个理论帝国得以诞生。

（一）序章：三位情人

地质学、弗洛伊德和精神分析以及马克思和马克思主义被列维-斯特劳斯称为他的"三位情人"。这三门学科是其最早接触到的系统学科也是让列维-斯特劳斯一度着迷的学科。列维-斯特劳斯一开始并不能理解他对于这三者兴趣的由来，直到他意识到"结构"这个词。"结构"与表象相对，是属于基本的，恒定的并且具有规律性和普遍性的深层东西。在地质学中，地质构造的分层就是结构，而在弗洛伊德的精神分析学中潜意识就是结构，而在马克思主义中生产力和生产关系就是结构。也就是说地质学是关于自然层面的结构，精神分析是关于心理层面的结构，而马克思主义是关于社会层面的结构。这三者的共同点在于，都揭示出纷繁复杂的表象之下有着稳定的结构。这一共同点几乎确定了列维-斯特劳斯整个学术研究的基本路径，即文化的结构。

---

① 〔罗马尼亚〕米尔恰·伊利亚德：《神圣与世俗》，王建光译，华夏出版社，2002，第10页。

（二）第一变奏曲：一个人的社会主义

列维－斯特劳斯少年时代对于马克思主义的兴趣似乎注定了他对于社会主义的热情。但是事实上，列维－斯特劳斯对于马克思主义的关注来源于他对"结构"的兴趣，这是一种认识论层面的进入，而非学说本身的赞同。对于列维－斯特劳斯来说，马克思和弗洛伊德一样都是难得一见的天才，能够找到这样一种透视心理和社会的角度。而列维－斯特劳斯真正感兴趣的社会主义则是圣西门传统上的社会主义，是关于社会的理想状态以及个人的理想状态。列维－斯特劳斯对于马克思对资本主义的分析表示赞同，但是他并不赞同经济结构是基础的观点，事实上，文化结构的观点所提供的恰恰是另一种透视社会的角度。

（三）第二变奏曲：亲属关系的新枝

列维－斯特劳斯对于亲属关系的研究主要见于他的《亲属关系的基本结构》，而他的主要理论是提出了在亲属关系中的基本结构并非某种关系本身，而是一组关系的组合。这种关系的组合构成了基本单元，而这种基本单元又有着一定的变化规律。他做的主要研究是关于舅甥关系，之前通常的理论认为舅甥关系是由于舅舅代替了父亲或者母亲的角色，但是无论哪种理论都只能对应一部分情况。列维－斯特劳斯提出舅甥关系并不仅仅是牵涉着舅舅和外甥，或者父亲或者母亲，而是舅甥关系本身与夫妻关系、父子关系以及兄妹（指舅舅与母亲）关系构成了一个关系组，这个关系组便是基本结构。舅甥关系的好坏程度通常与其他三种关系的好坏程度构成一些特定的组合。这种关系之间的相互影响或者对应才是列维－斯特劳斯真正想揭示的，同时也是结构的真正内涵。结构本身不是僵化的框架，虽然列维－斯特劳斯表示他所提炼出的结构属于抽象意义上的结构，在现实之中可能并不能找到对应的情况。但是就他在神话研究中所提供的公式来说，结构并不是公式本身，而是公式所代表的变化的可能，这种叙事顺序的交换和逆转才是结构本身。因而，列维－斯特劳斯的结构本身并不是揭示性的，其目的也不是为了回答文化是什么，而是一套揭示性的工具，就如同量角器一般，是用来对文化进行分析和重新规整的工具。

（四）第三变奏曲：图腾之歌

除了对于结构的研究，由最初政治运动时的兴趣的延续，列维-斯特劳斯也尝试着对于种族、文化以及思维本身提出反思。他提出所谓的种族的概念很多时候是对于文化多样的描述，而人类学很多时候的研究前提是其他文化进步的缓慢。事实上，没有任何理由认为经历了相同长度的时间，某一种文化停滞不前或者并没有发展。而在这一点上，人类学的假设前提注定将与种族主义联系在一起，而种族的否定和歧视本身就是通过对文化的歧视和否定进行的。列维-斯特劳斯从这样一个角度对于人类学研究本身提出了反思。文化多样性的极端会导致对于文化的排序，而一般性的追求才不至于使得人类学的研究陷入困境。而"野性的思维"概念的本身就是为了说明"开化人的思维"以及"未开化人的思维"只是方向不同，并不存在高下之分。

（五）终章：知识之路

列维-斯特劳斯的知识体系从来就不是一个纯粹的有着明确理论传承的体系。他自身广博的兴趣使得整个理论的构建过程既有极大的包容性和开放性，但同时又坚持着"结构"这一持之以恒的兴趣。在努力为人类学构建一种新的理论的同时，列维-斯特劳斯也没有停止对于人类学的反思。列维-斯特劳斯一直对于文艺理论以及艺术批评有着浓厚的兴趣，这也可能和他最后的研究偏向了艺术和神话（诗歌）有关。受纯粹理性支配的语言学，以及后来的数学也是列维-斯特劳斯所感兴趣的方向，结构语言学则直接带来了列维-斯特劳斯关于亲属关系的最早的结构研究。而列维-斯特劳斯本身却一直尝试文学创作，虽然从来没有完成的作品，而作为散文的《忧郁的热带》也被列为经典的民族志。列维-斯特劳斯的理论构建中除了哲学传统的影响，艺术批评、语言学和数学以及文学都参与了生产过程。在这些学科中，理性的思考而非空洞的思辨是重要的特点，即使是在文学性的创作过程中，双关、意向和隐喻也遍布其间①。

---

① 〔美〕克利福德·格尔兹：《论著与生活》，第39~39页。

三 读·一本 101 页的人生之书

列维-斯特劳斯的一生跨越了整个 20 世纪。他的出生和童年带着 19 世纪的余晖，而他的晚年却又站在了新世纪之初。一位大师，并不是只有书本中的思想，更多的是他所经历的时代变化以及人生和历史的重合。20 世纪，两次世界大战、殖民主义、红色政权的崛起和衰落、没落的欧洲以及东方的曙光，而在这个世纪的所有大师都不可避免的和时代、民族、政治连在一起。但是这个世代依然能够跳出这种分割的区域，重新站在整体的角度去思考人类这个命题的学者，列维-斯特劳斯便是其中一位。虽然他的思想脱离不了启蒙的色彩，而他自身也摆脱不了法国人的细致和疏离，但是他在尝试回答一些更加基本的问题。正如前文所说，列维-斯特劳斯的文化看不见个人的踪影，但却有明显的人的属性。这种属性来源于他对人的理想状态的思考。理论的生成和发展并不是一个独立的过程，想要读懂理论必须要回到大师的人生之中。

（一）擦肩而过的 19 世纪

1908 年 11 月 28 日，克洛德·列维-斯特劳斯出生在比利时，当时他的画家父亲正带着妻子拜访一位比利时的朋友。列维-斯特劳斯的显赫家世可以追溯到百年以前的斯特拉斯堡，伊萨克·斯特劳斯是一位光宗耀祖的人物，虽然和那位著名的音乐家同姓，伊萨克却是地地道道的法国人。不过他也是一位音乐家，拉小提琴。伊萨克·施特劳斯曾经风光一时，几位法国国王都很喜欢他的音乐。1861 年的时候，拿破仑三世甚至几次入住在伊萨克的家中，至今斯特拉斯堡的"斯特劳斯公馆"都很有名。

伊萨克去世之后，由于他并没有儿子，家产被分给了几个女儿。其中一位叫作蕾阿·斯特劳斯便是列维-斯特劳斯的祖母。蕾阿嫁给了居斯塔夫·列维。列维-斯特劳斯的祖父是一位不成功的商人，虽然有蕾阿分到的遗产，但是到去世的时候依然破产了。

蕾阿和居斯塔夫共有四子一女，列维-斯特劳斯的父亲雷蒙将自己的姓氏从列维改成了列维-斯特劳斯。这个改姓，一方面可能是外祖父斯特劳斯的辉煌并没有远去，另一方面也可能是因为雷蒙希望和外祖父一样成为一个艺术家，而非父亲所希望的商人。

由于父亲的经商失败，雷蒙一开始在股票所上了一段时间班。当经济稍微好转之后，雷蒙就去了美术学院上学，按照自己的想法成了一名画家。一段时间之后，雷蒙也小有名气，还在巴黎办起了画展。雷蒙娶了自己的表妹艾玛，而艾玛的父亲则是一个犹太教修士。19世纪末20世纪初，对于列维－斯特劳斯一家来说是一段好时光。雷蒙的生意很好，还时常有来自上流社会的主顾，即使在巴黎，雷蒙家也算是小康的程度，也就是在19世纪的余晖中，克洛德·列维－斯特劳斯出生了。

生活的改变来自第一次世界大战。雷蒙应征入伍，而艾玛则带着家人去凡尔赛的娘家避难。幸运的是，不久之后雷蒙就因为身体原因调到凡尔赛医院工作，于是一家人又团圆了。虽然战争似乎与这家人并没有什么关联，但是改变发生在战后。一战宣告了19世纪的太阳终于西沉，贵族和上流社会开始没有那么阔绰，而雷蒙也渐渐失去了那些可靠的客人。同时新的画风兴起，雷蒙原先擅长的肖像画也不再受欢迎。但是他并不愿意学习新的画风，因而只能干一些副业，做手工制品卖钱。最主要的补助还是来源于在股票交易所工作的弟弟，直到30年代末，二战的阴影再次来临。

对于列维－斯特劳斯来说，他曾经享受过一段时间的好日子，而对于后来家庭的变化又有着更加清晰的记忆。20世纪的到来很显然是伴随着父亲失业以及家庭的窘迫。直到他通过教师资格会考的那天被告知叔叔也失去了工作，他成为唯一的经济来源的时候，对于他的家庭来说20世纪是一个痛苦的记忆。而除了经济的情况，列维－斯特劳斯本身非常喜欢绘画和音乐，他还曾经写过歌剧以及话剧。为了生计教书并不是他理想的职业，而去到南美成为人类学家也远不在他的想象之内。19世纪，音乐和绘画便可以构成他生活的全部。而成为一个人类学家或者哲学家则并非一定，列维－斯特劳斯或许更加满足于在家里建立起庞大的图书馆以及一个人享受咖啡的时光。这种法国人所独有的悠闲的下午对于列维－斯特劳斯来说是一种值得赞扬的生活方式。这一点很可能影响到他后来的田野研究。对于列维－斯特劳斯来说异域的生活非常刺激，但是并非长久的状态。事实上另一位重要的法国人类学家马歇尔·莫斯一样没有自己的田野。而他后来在纽约的生活也一样，都不是理想的生活方式。这可能并不是一个充分的理由，但对于一直认为自己属于19世纪的列维－斯特劳斯也可能是一个重要的因素。

列维-斯特劳斯是犹太人，但他的教士外祖父对他的成长并没有很大的影响。列维-斯特劳斯可以说是一位无神论者，或者至少是不可知论者。在他的作品中，并不能体现出他自己的立场。但是犹太人的传统，除了割礼和受洗以外，读书这一点却被列维-斯特劳斯继承了下来。画家父亲面对好奇的儿子总是让他自己去看书，因此这种阅读和学习的习惯很大程度上影响了列维-斯特劳斯后来的选择。通过书籍进行思考使他更加侧重文本上的逻辑和意义，并且对他来说，这种文本的意义和逻辑是可以进行提取和研究的。这几乎成为他日后神话学研究的一个前提。

如果生在19世纪，列维-斯特劳斯可能会成为一位哲学家，一位艺术批评家，也可能只是内向而严肃的犹太邻居。但是在20世纪，时代的变化使他成了一位伟大的人类学家，而他肩负的19世纪的气息又让他显得格外独特。

（二）冒险家

好奇心对于列维-斯特劳斯来说是一种与生俱来的特质。他形容自己为新石器时代的人，一直在开荒的过程中。对于事物不可遏制的求知欲推动了他整个学术生涯的前进，但同时也常常使他陷入痛苦的境地。而这种特质，又使得一成不变的教师生活更加难以忍受。

还是孩子的列维-斯特劳斯，对知识充满好奇的特点就让父亲的书籍成为了他唯一的慰藉。列维-斯特劳斯说他的父母越是不信仰宗教，就越是崇拜和信仰文化，这一点也是很多其他犹太家庭的特点。作为画家的父亲虽然不能回答他的每个问题，但是他成功地把列维-斯特劳斯带到了书籍面前，这种特性延续到列维-斯特劳斯后来的研究中。列维-斯特劳斯接触一门学科是从阅读开始，也正是这样，他接触到了人类学以及后来的语言学。在去巴西之前，没有任何田野经验的他是通过阅读博厄斯、克虏伯等人的研究来学习人类学的研究方法，而他到了纽约以后，图书馆基本上是他的日常居所。虽然他并没有留下马克思那种图书馆脚印的传说，但是每天去图书馆翻阅资料已经成为"康德的散步"。这些都使得列维-斯特劳斯的研究能够得到足够的支持，这些理论不仅是从田野材料中提取和抽象出来的，更是有着各学科理论脉络的延续和支撑的。因而，列维-斯特劳斯的人类学理论显得如此独特，但似乎又是一个意外闯入的结果，是因为并不仅是语言学的结合，还有精神分析和社会主义思想带来的影响，以及文艺批评的介入。不同于传统的与田野材料连接紧密的人类学理论，列维-斯特劳斯的结构主义更像是一种逻辑分析的成果，并且具有了演绎的特性，因而材料的使用是广泛而零散的，并非聚合连贯的。

这种好奇心并没有使得列维-斯特劳斯停留在理论思辨的层面上，事实上，他对于纯粹的理论思辨非常反感。他早期对于地质学、精神分析以及马克思的兴趣正是因为这三者都在实践层面有所涉及，而早期的政治活动以及后来的人类学都是他在尝试自身的实践活动。这种好奇心驱使下的实践便使得列维-斯特劳斯成为一位冒险家。1934年的南美之行对于列维-斯特劳斯是非常特别的。正如上文所说，若能按照自己的意愿选择生活，列维-斯特劳斯可能一辈子也不会离开法国，事实上，除了巴西之旅外，也就只有二战时期到美国避难成为他离开法国的原因。虽然当时的列维-斯特劳斯年轻，不甘心做一个平庸的教师，同时又厌倦教书生活，但这些并不是真正能够促使他前往巴西的原因（相比1939年回国以后，德国人已经进入法国，列维-斯特劳斯也没有离开的念头）。真正的原因就是人类学所展示给他的新世界引起了他的好奇。对于列维-斯特劳斯，传统的哲学书籍中并没有这种对于异域的描述，而列维-斯特劳斯又确实是喜欢远足，虽然他最远的行程便是前往塞文山区，并在那里喜欢上了地质学。前去遥远的地方冒险的确很有吸引力，但更重要的是面对未知的世界，未知的研究方法，未知的学科，列维-斯特劳斯的好奇心再一次不可遏制。而这一次，他不用忍受得不到满足的痛苦，前去巴西的旅程对他来说是一个绝好的机会。在去到巴西以前，列维-斯特劳斯并不知道印第安人到底是什么样的，或者人类学家的工作以及生活又到底是什么样的。这种未知成为他最大的动力，因而他能长途跋涉并且乐此不疲。与此同时，他也曾经说过自己很难对同一件事情发生两次兴趣。这或许也能解释为什么列维-斯特劳斯终其一生也只有巴西这一块田野，并且也仅有访学的那一次。或许是田野令列维-斯特劳斯觉得他自己已经了解了田野工作这件事情，从而之后再也不会有像这次一样令他兴奋异常的田野了。在对自己搜集的博罗罗人以及南比夸拉人的资料完成研究之后，他选择进一步扩大了自己的材料搜集点，从巴西扩展到落基山脉，再扩展到其他地方。正如他自己所说的，对于同样的东西很难产生第二次兴趣。

从这个意义上，个人的兴趣会在很大程度上影响研究的形态。对于一直被指责的田野经验的匮乏，列维-斯特劳斯可能对此有自己的看法和理由，事实上，个性和特点本身造成了这样一次充满激情而又戛然而止的田野之旅。

（三）大师之路

如果布雷格不曾给列维-斯特劳斯打那个电话，或者罗维的书不曾引起列维-斯特劳斯的注意，那么他可能依然会成为大学的教师，并且最终依然可能进入法兰西学院，甚至可能更顺利一点。从列维-斯特劳斯通过教师资格会考开始，他就知道自己的人生轨迹已经确定，先去外省的中学教书，再调回巴黎，进入大学获得教席，如果成果显著，最终能够进入法兰西学院成为教授。而圣保罗大学之旅却彻底改变了他中学教师的命运，也使得他的一生有了更多曲折的体验，不再按部就班。

列维-斯特劳斯作为社会学讲座教授参与了乔治·仲马的遣使团，前往圣保罗大学的法国学者，是令人羡慕以及崇拜的法国文化的象征。事实上，当列维-斯特劳斯刚到达圣保罗大学时情况远比一个中学教师所能想象的要好。他们在当地极受礼遇，人们都回来听他们的讲座，虽然他们其实只对孔德感兴趣。最好的是他们能够进行自己想做的研究，由此列维-斯特劳斯关于坎冈人以及博罗罗人的研究才能得以开展。

但是这种风光并没有维持太久，事实上，第二年的时候他们就又变回普通的教师。政治环境所带来的改变是个人无法抵御的。失望是肯定有的，但是对于列维-斯特劳斯来说，之前的一切其实是建立在文化层面上的。对于当地人来说，他们几乎完全不知道这些来自法国的学者是怎样的，只是来自孔德的故乡以及对于孔德了解更多的人，而当政治的风向改变之后，这些学者也就变成了法国人。无论是哪一种标签都与个人无关。在圣保罗大学，列维-斯特劳斯本身并没有远离中学教师的身份太远，只是在博罗罗人的研究成果发表之后，在并不大的人类学和民族学界引起了关注，并且在最后直接促成了关于南比夸拉人的调查。因此，圣保罗大学的出使阶段是列维-斯特劳斯离开了本土却在本土的人类学界逐渐崭露头角的时期。在那个时候，没有人会想到列维-斯特劳斯后来的成就，他只是一位热衷人类学并且深入南美进行了调查的年轻人，是值得鼓励的后辈。而对于和列维-斯特劳斯匆忙见了一面的莫斯来说，当时似乎是一次很普通的和年轻人的会谈，毕竟莫斯的一生与很多人类学家都有过接触。列维-斯特劳斯真正在人类学界引起震动并且登堂入室则发生在他流亡美国之后。

1939年3月，列维-斯特劳斯从南美返回巴黎，虽然不太愉快，但并不影响他准备在法国人类学界继续发展的期待。但是命运，乃至整个20世纪的转折点都在这个时候出现。1939年9月，列维-斯特劳斯应征入伍，但战争远没有他想的那么激烈和坚决。1940年5月，他重新寻找中学的教职，到了10月，德国人的管制命令下发。列维-斯特劳斯到那时才意识到法国已经不是他应该待的地方，无奈之下，他登上了去美国的船，再一次跨越大洋。

初到纽约的列维-斯特劳斯几乎什么也没有，举目无亲，也失去了与祖国的联系，他在战争中的身份显得尤其尴尬，以及他很迷茫自己的工作到底应该是什么。对于纽约，即使他在这里成名并再次回到这里，列维-斯特劳斯始终有一种独在异乡为异客的感觉。他后来在高等研究自由学校找到了工作，并且在听雅各布逊的课时对于语言学产生了浓厚的兴趣。这直接导致了自己的博士论文《亲属关系的基本结构》的产生。这篇文章一直到战争结束才写完，所依据的材料基本上是他从巴西带回来的南比夸拉人的笔记，这篇文章显然奠定了列维-斯特劳斯的人类学理论的基础。关系的结构，这是列维-斯特劳斯的结构主义最关键也是最重要的概念。美国的生活是这位初涉人类学的年轻人在人类学领域真正成熟起来的阶段。在这里，美国人类学的浓厚传统以及与博厄斯的接触使得之前通过作品而获得的了解进一步清晰起来，而研究的目的和方向也更加明确。《亲属关系的基本结构》的写作就是列维-斯特劳斯在理论尤其是结合其他学科理论的一次尝试。不再是为博物馆搜集资料的目的，同时一直困扰自己的"三位情人"也第一次出现了统一的可能。这种尝试，以及当时列维-斯特劳斯所身处的高等研究自由学校本身都是时代的产物，特别是这场特殊的战争的产物。当时的美国几乎云集了原先欧洲大陆大半的学者，这不但是一种抢救和保存，更多地是使得这些学者之间有了相互了解乃至借鉴的可能，列维-斯特劳斯对于语言的兴趣很显然也是在这种情况下产生的。虽然原先列维-斯特劳斯并没有什么系统的人类学知识，但是语言学足以使列维-斯特劳斯受到启发，将语言学引进人类学也是自然而然的事情。这种交流带来的创造，甚至丰富了人类知识本身。历史总是会在一个特殊的节点上以一种惊人的方式发展下去，而战争和流亡本身又使得理论的发展出现了新的局面。

当列维-斯特劳斯再度回到法国时，《亲属关系的基本结构》已经令他声名鹊起，成为人类学界不可忽视的一颗新星。正当所有人以为他将进入法兰西学院时，他不善经营的人际关系以及过于新颖和犀利的观点再次拖了他的后腿。直到10年后法兰西学院更换院长，他才得以进入，虽然那时他早已是公认的结构主义大师。围绕列维-斯特劳斯的论战一向很多，为此关系恶化的也有很多，但他与萨特的争论确实一直让人津津乐道。这其实是结构主义和存在主义的交锋，虽然萨特本人和列维-斯特劳斯的关系很好，但是在批驳彼此的时候依旧十分尖刻。从列维-斯特劳斯回到法国直到进入法兰西学院10年间，是列维-斯特劳斯思想具体形成的主要时期。在这个过程中，各种争论和驳斥大大地刺激了结构主义理论自身的发展，也是列维-斯特劳斯逐渐成为一代大师的最重要的时期。

1959年，列维-斯特劳斯终于进入法兰西学院，结构主义大师实至名归。之后列维-斯特劳斯的研究主要集中在了神话学上，这几乎是列维-斯特劳斯之后20年研究的唯一主题。而在《神话学》的最后一卷《裸人》发表之后，曾经那些尖锐的批评却不见踪迹，每个人都在庆祝一项伟大工程的完成。但实际上，几乎没有人真正看懂了列维-斯特劳斯的研究，或者说不再有人愿意挑起与一位德高望重的法兰西学院教授的论战。这种公认的大师的地位可能比一直被质疑和攻击更加让列维-斯特劳斯无所适从，于是他则将自己的目光又投向了新的学科：一直不曾放弃的艺术以及数学。从年迈的列维-斯特劳斯身上，依旧能看到缔造了他的好奇心的影子。

结　论

作为一位长寿的老人，列维-斯特劳斯对于20世纪会有着和19世纪不一样的怀念。对于列维-斯特劳斯来说，20世纪是属于他的，是他一路从没落的家庭出身的小教师到一代大师的时代，很显然，作为长寿的人类学家，列维-斯特劳斯又是孤独的，无论是先于自己的大师、同时代的对手，还是一些后辈都已经离去，而他作为硕果仅存的"伟人"被所有人尊敬和赞扬。事实上，从来不存在一个人的英雄故事。中国的古话也说道"乱世出英雄",风雨飘摇的20世纪正是大师诞生的摇篮,不可否认,整个20世纪,在各个领域都涌现出了极多的人物,而正是这种"英雄辈出"的世代才能造就一位位大师。列维-斯特劳斯是一位天才,是他的好奇心以及命运带来的机会才使其理论得以成为今天的模样。

当我们重新回溯列维-斯特劳斯的一生,有一点特别需要注意的是他犹太人的身份。正是这个身份将他的命运和动荡的20世纪联系在了一起。上学时遭到冷落和排挤,德雷福斯事件①对于法国社会的影响使得"犹太人"和"法国人"的双重身份对于列维-斯特劳斯来说是一个需要解决的问题。而这种情况在二战爆发,尤其是法国投降,列维-斯特劳斯被迫流亡纽约的过程中更加激烈。在列维-斯特劳斯的作品中,虽然讨论的是巴西印第安人原始社会的事情,而作者所有的想法以及关注的焦点还是在法国与法国文化上。同样是因为犹太人的身份,列维-斯特劳斯和其他犹太人类学家一样保持着"无信仰"的传统。犹太的历史和文化与宗教是无法分开的,对于宗教信仰的排除,"犹太人"的概念在列维-斯特劳斯那里发生了怎样的变化我们无从得知,但是这无疑对他如何理解自己"犹太人"和"法国人"的身份显得格外重要。列维-斯特劳斯在谈及父母的信仰时说"父母越是不信仰宗教,就越是崇拜和信仰文化"②,而他本人无疑也是秉承了这一观点。从这个角度上说,列维-斯特劳斯一生对于知识的追求便有了一个更加明确的内在动因。同样,这种"无信仰的犹太人"本身使得列维-斯特劳斯将自身放置在一个抽离的位置上去观察和评价,这一点也是他整个人类学研究后期所采用的姿态。他必然不符合马林诺夫斯基对于"参与观察"式的科学的田野调查这一最基本的要求,他既没有待满一年的时间,也没能学会当地的语言。而他的"神话学"研究后期的基本材料③都是搜集而来,而并非通过自己的田野经历获得。列维-斯特劳斯与田野以及自己研

---

① 1894年法国陆军参谋部犹太籍的上尉军官德雷福斯被诬陷犯有叛国罪,革职并处终身流放,法国右翼势力乘机掀起反犹浪潮。此后不久即真相大白,但法国政府却坚持不愿承认错误,直至1906年德雷福斯才被判无罪。
② 〔法〕德尼·贝多莱:《列维-斯特劳斯传》,第8页。
③ 〔法〕克洛德·列维-斯特劳斯:《人类学演讲集》,张毅声、张祖建、杨珊译,中国人民大学出版社,2007。

究的"神话"本身是一种脱离而有距离的状态，正如他自身对于犹太信仰态度。

列维-斯特劳斯是一个典型的法国学者，这种典型不但体现在他的学术思想秉承了法国传统，更体现在他本身与法国社会的融合与嵌入。他年轻时对于社会主义的热情，根源并非只在圣西门，更多是他对于如何构建一个理想的法国社会的思考。而圣保罗大学之行，并非只是宗主国对于殖民地的文化控制，而是作为法国文明的化身，作为一种理论上的"先进"进入"落后"的过程。这段经历无疑影响了列维-斯特劳斯对于种族、文化以及殖民主义这些人类学最基本问题的反思。而他的学术开端始于二战中的美国，以一个流亡者的身份，逃避着可能的迫害以及故土沦陷的羞耻。这使得同样是对印第安人的研究，列维-斯特劳斯和美国学者关注的焦点完全不同，乃至于大的理论趋势都截然不同。因此，很难将列维-斯特劳斯的学术与政治分开讨论，虽然这两点可能本不应该被割裂开来。需要注意的是，要理解学者在一段时期的理论思想必然要讨论到他的政治思想乃至现实的处境，但因为"政治观点"而对学术作品本身进行的批判则大可不必，以学者的"政治观点"完全取代其"理论观点"则更不可取。人类学在西方建立之初，社会进化论与殖民主义就是其根基。这两点无疑都需要被重新审视和批判，但不能是那种简单粗暴的方式，并进而否定所有的理论成果，这必然会造成人类学理论结构的坍塌，落入某种历史虚无主义的泥淖。这是在对人类学"不光彩的出生"反思时需要反省的一点。

格尔茨在评论列维-斯特劳斯的作品时使用了"looking at"[①] 的说法，以为其思想内涵不仅是蕴含在文字之下，更是由文字本身表达出来。因而，在阅读列维-斯特劳斯的作品时，不单是他所提出的"结构"概念需要注意，他的行文本身就是他思想的表达。在索邦大学学习哲学时，列维-斯特劳斯便对哲学教师们的"体操"教学非常不满。在他看来，这种哲学教学并不包含思想本身，而是将文字的变化，论证的行为本身当作思想进行教授。事实上，人类学民族志的写作也不应该变成这种文字游戏，而将材料或者材料的讲述当作思想本身。民族志不是田野调查笔记，但也不是哲学空想漫谈，但是写作本身应该是人类学家思维操练的过程，而非材料的转述或者故事的改编。列维-斯特劳斯一生

---

① 〔美〕克利福德·格尔兹：《论著与生活》，2013。

对于文艺批评有着极大的兴趣，而对他来说，文学本身并非纠缠于"真实性"的讨论，而是表述思想的必要手段，《忧郁的热带》作为一部游记，也是其思想脉络中的重要组成部分。因而，在阅读和理解理论著作时，不仅是从行文逻辑的角度去理解抽象的概念，更需要理解文字本身所透露的意涵。"像做田野一样阅读"，也像做田野一样去理解一位理论家及其理论作品，这个过程本身，又恰恰是我们运用所有的感知去认识和理解世界的过程。

理解列维-斯特劳斯，要从个人生活史、社会史、思想史三重进路，还原一个立体的、完整的"结构主义大师"。从个人生活史的角度，列维-斯特劳斯的理论和研究讨论的出发点以及落脚点便得以显明；从社会史的角度，理论生成本身即是一种对于社会现实的回应；从思想史的角度，所有的讨论基础都来源于一定的理论传统，而范式的传承和更替在思想史的脉络中更加清晰明了[1]。"结构主义"之于列维-斯特劳斯来说，一方面是他自身的恒久的认知，另一方面也是法国人类学传统、社会主义传统以及哲学传统的体现，同时更是他作为"犹太人"以及"法国人"在动荡的20世纪对于法国的忧思。列维-斯特劳斯对于19世纪的怀念，更多是对于荣耀的法兰西的怀念，而他在巴西或者在纽约的不同心态也是因为祖国的不同状态，甚至他对于社会主义的热情也是来源于对法国社会的美好构想。因而，在理解列维-斯特劳斯时，也需要在多个层面上去理解"法国"以及"法国人"。理论产生于理论家的生活，而还原一个立体的、完整的，乃至活生生的理论家才是理解理论的必经之路。

---

[1] 黄剑波：《人类学理论史》，中国人民大学出版社，2014。

西方人类学关于社会过程和文化变迁之研究[*]

张猷猷[**]

摘　要：社会过程与文化变迁一直是西方人类学、社会学理论与经验研究的一个重中之重。本文着重梳理了从20世纪初的法国社会学年鉴学派到当代美国人类学的解释流派对这一问题的关注和理论的流变过程。这些理论的脉络经历了一个从法国到美国、从欧洲到美洲的思想流变而其经验研究则更是涉猎宽泛，其特征是重视对社会、文化、结构、观念、行为的研究，影响力既广且深，成为当下中国人类学理论、方法与经验研究都不得不借鉴和思考的学术资源。

关键词：社会过程　文化变迁　文化理论　并接结构

19世纪末20世纪初，西方出现了马克思、韦伯和涂尔干这样伟大的思想家和社会理论家。马克思开始以西欧产业工人的立场来思考资本主义社会并对其进行批判。后来，马克思研读了摩尔根的《古代社会》，发现了原始共产主义，此后他对前资本主义的各种社会形态做了深入的思考，因此人类学对于史前社会和原始社会的研究范畴上有着某种重合和互相的影响，他"阶级"概念的形成得益于人类学研究的资料。马克思主义的形成与发展在东欧与西欧形成了不

---

[*]　本论文研究受到国家水电中心"水电应对气候变化、低碳经济的作用评价"课题（课题号：电基本科研1436）资助。

[**]　张猷猷：国家水电可持续发展研究中心助理研究员。

同的社会理论传统,并且影响了一大批"东方"和曾遭受殖民之苦的"现代国家"之意识形态,而在西欧与美国则形成了以冲突、批判主义研究为主的社会学与人类学流派。

一　法国社会学学派

与马克思的"经济"(使用与调动资源)决定论的基调不同,涂尔干认为"社会事实"本身是认知社会的关键所在,社会事实既是涂尔干社会学的基本内容也是他认知社会的基本方式,"它指一切行为的方式,不管它是固定的还是不固定的,只要能从外部给人施加约束,它普遍存在于社会各处,社会事实的一个范例是集体表象"[1]。社会是一个由各部分紧密相连的整体,受自身规律的支配,社会从机械团结向有机团结进化,在后一个阶段中各组成部分越是发挥其个性则社会越稳定。在涂尔干早期的著作《社会分工论》(1893)[2]中,他描述了这一转变的趋势,即从一个单一的道德、宗教体系的部落社会转变成一个拥有多个这样体系的等级化社会,然后再进一步朝向现代的,更加分化的和意识形态更加自我化的社会转变。在这个社会中,宗教不再拥有公共地位而完全变成一种私人的事情。笔者认为:它对马克思主义学说关于原始社会与阶级社会分裂界限的强调起到了一定的消减作用。这种学说具有一个含义,即社会在逐步演化(如果我们不用进化的话)[3]。在这一过程中社会变得越来越复杂,个体与群体的关系也越来越难以界说,但却没有任何的经验证据。

虽然马克思与涂尔干论述的重点不同,但他们具有同样的关怀,即对社会演化的分析与预测,这种社会演化的结构超越了"民族国家"的界限。因为,在马克思看来"共产国际"运动可以把不同国家和地域的人们凝聚起来推翻阶级社会,而法国社会学对于道德与宗教的强调显然也具有超越"民族国家"范畴的限定,宗教肯定是可以超越国界的。前者对物、技术的重视,历史辩证法、

---

[1] 〔英〕帕特里克·贝尔特:《二十世纪的社会理论》,瞿铁鹏译,上海译文出版社,2005,第6页。
[2] 〔法〕涂尔干:《社会分工论》,渠东译,三联书店,2008。
[3] 〔法〕涂尔干:《原始分类》,汲喆译,上海人民出版社,2005,第101页。

批判、阶级、压迫、权力等理论和概念的研究形成了一个伟大的传统，影响了新进化论、格拉克曼、特纳、布洛克、戈德利埃、政治经济学派的埃里克·沃尔夫等，成为西方人类学对于社会过程研究旨趣的一脉；后者对于分类、宗教、道德、心理分析的偏爱也形成对于社会变迁研究的另一个学术脉络，影响了莫斯、杜蒙、玛丽·道格拉斯、格尔茨等人的学术关怀。

帕森斯把《社会分工论》译成了英文并介绍到了美国（帕森斯把韦伯学说介绍到了美国），他特别强调了涂尔干研究社会分化的重要性。他认为，令人感兴趣的是涂尔干用实证主义的方法来研究道德生活中的社会事实，人们的行动是在共同的道德价值观念基础之上形成的。那么，道德观念是如何对这个体系具有约束力的呢？帕森斯比照了斯宾塞的"契约关系"和"有机团结"两个概念，前者认为契约的达成是出于利益的交易，而涂尔干批判的正是这种功利主义或是经济决定论的思想，契约达成是按照具有约束力的社会规则而达成的，因为社会规则先于"契约关系"而存在，"有机团结"的纽带正是这种先验的社会规则。① 我们在涂尔干的思想中可以清楚地看到他与新康德主义的联系。帕森斯认为，涂尔干所提出的问题要回到经验层面上来讨论，而韦伯等人的理论还停留在思维结构上，他是欧洲思想发展的一个全新阶段。可贵的是，帕森斯对于经验研究的注重和关于社会行动的结构（文化系统、社会系统和人格系统）的研究直接影响了格尔茨对于文化与社会的看法，成为格尔茨对社会过程、变迁及其动力阐释的主要理论来源。

莫斯对于社会形态的变化从北美爱斯基摩人的研究入手，他认为要想了解爱斯基摩人社会随着四季变化之嬗变的社会形态，首先要知道他们所表现出来的恒定的特征，如：定居地、语言、道德和宗教的统一，它们之中的每一个都构成了一个确定的和不变的社会统一体②。随着季节的变化，爱斯基摩人的社会形态也发生了改变，首先是他们住所的变化，夏季他们居住在帐篷里而冬季则居住在长屋或雪屋中，帐篷与长屋的建造所需要的材料是木头和鲸鱼骨，但是随着白人的到来以及他们对北极诸岛的捕鲸活动，使这些一般的建筑材料变成了稀缺的资源，与之一起消失的还有小皮艇和雪橇，这些技术只存留在人们的

---

① 〔美〕帕森斯：《社会行动的结构》，张明德等译，译林出版社，2003，第343～347页。
② 〔法〕莫斯：《人类学与社会学五讲》，林宗锦译，广西师范大学出版社，2008，第122页。

记忆中。① 总的来说,从居住方式来看,他们是冬季集中夏季分散的,冬季他们处于宗教的狂热之中但夏季他们的所有宗教与巫术都被简约化了或是消失了,冬季生活是神圣的并且集体的而夏季是世俗的与个体的。好的生活与可靠的前景都不能唤起他们改变生活的愿望。为什么爱斯基摩人不会顽强地依附于他们的"传统"组织呢?莫斯首先否定了生物与技术的因素,他转向了对宗教的分析,在爱斯基摩人的冬季社会形态中,人们处于集体的、节日的和礼仪的气氛中。在"死者的节日中",人们通过起名字仪式与交换礼物来达到整体的、群体的恢复与团结,在强调集体的同时莫斯并没有忘记对个体的分析,个体之间达至品质融合的方式是性放纵,这些礼仪与节日深刻地影响了观念、集体表象以及群体的精神状态。除了以上分析的维度之外,使爱斯基摩人社会形态与组织得以维持和延续的还有神话与禁忌,这些思想与观念方面的东西都附着在集体表现之上。莫斯在对爱斯基摩人的社会分析有一个重要的结论,冬夏交替构成了一套完美的双重文化②,并且复杂分类体系所涉及的中国社会,使涂尔干和莫斯都意识到了一个社会会采用两种或更多的分类模式③,这一更加复杂之观念直接影响了杜蒙对于印度社会变迁的研究。

  杜蒙从30岁开始师从莫斯接受人类学训练,1952年他的博士论文《南印度的一个次级种姓》发表,成功地把人类学和印度学结合在一起。《阶序人》的大部分篇幅论述了一个等级制社会的种姓制度,不仅包含了对社会学和人类学的关怀而且也对政治哲学做出了很大的贡献。和莫斯一样,要研究社会变化的原因与动力首先要找出社会恒定不变的结构,杜蒙认为种姓制的基本结构就是洁净与不洁的等级性对立,社会的分工、等级和隔离都体现了同一个原则。这一对立关系还可以无限的细分使社会无限裂变,比如说,卡斯特与次卡斯特的关系,杜蒙认为它们之间是涂尔干所称的有机团结与机械团结之间的关系④,这一结论再次强调了两种文化的并置关系。不洁是永久的,一旦不洁,永远不洁,因此职业分工是回避不洁的良方。

  杜蒙认为,我们所谓的现代化只是一个社会转型期的问题,是在知性上或

---

① 〔法〕莫斯:《人类学与社会学五讲》,第141~142页。
② 〔法〕莫斯:《人类学与社会学五讲》,第157页。
③ 〔法〕涂尔干:《原始分类》,第106~107页。
④ 〔法〕杜蒙:《阶序人》,王志明译,远流出版事业股份有限公司,1992,第402页。

实际上从一个体系转变到另一个体系。所谓的现代化是一个处于未完全的阶段，它只涉及社会的政治经济领域但是这一领域是毫无自主性的，它包括在宗教性的脉络之中。① 印度社会本身的文化价值观念就是两种文化并置的逻辑，比如，最大地域范围层次上的竞争与村落层次上的互相依赖并存，空间的流动性与婚姻基本特质的维持并存，西化与"梵化"并行，所以印度文化对于外来文化并不具有排斥与反感，相反他们可以利用在现代政治生活中的角色为传统的主从关系服务，现代法庭也成为获取传统特权的手段。在杜蒙看来，文化的核心是价值观念（paramount value），也是社会变迁的关键，价值观念创造了文化的秩序，价值生成于个体但是又不是个体的观念或意识，它塑造了我们的生活世界。诚然，价值观念也是一个较为宽泛的概念，在人类学的田野调查和民族志撰写过程中，如何将其坐实，无疑将十分考验行内人的"功力"。我们发现，杜蒙对于社会文化变迁的研究仍旧延续了涂尔干以降对于宗教与道德的关注，在《阶序人》一书中，文化变迁过程是可以并置的、并存的。最后，本文需要强调的是杜蒙否定了利奇与贝利关于印度文化体系中互相竞争状态的论断，并且否定了它们互相依存的关系。

二 洁净与结构

让我们再把视野转向英吉利海峡的彼岸，在英国，玛丽·道格拉斯对社会变迁的动力提出了独到的见解。《洁净与危险》对身体的排泄物进行了分析，她提出为什么原始人的法术会被认为存在于人体的边缘地带？为什么人们会认为人体的边缘地带会充满着不安的能量和危险？她起初排除了心理学对于原始人巫术与婴儿幻想之间的联系，心理学受其本质所限不能对各种文化的特殊性给予解释；同时她强调了所有边缘地带都是危险的，因为任何观念结构的边缘地带都是薄弱的。② 随后，她区分了四种社会污染：第一，外部边界上施加的危险；第二，超出系统内部界限的危险；第三，界限边缘的危险；第四，体系自身的纷争，即内部冲突的危险。她引用杜蒙对于印度种姓的分析，低等的种姓

---

① 〔法〕杜蒙：《阶序人》，第 403~404 页。
② 〔英〕玛丽·道格拉斯：《洁净与危险》，黄剑波等译，民族出版社，2008，第 150 页。

常常与不洁的工作有关,如剪头发、处理死尸,头脑用于思考和祷告而低等的器官用于清除排泄物。原始社会关于这些污染物的仪式来自他们个人的经历,仪式演示的是社会关系的形式,它一定与社会秩序和存在其中的文化相关联。①玛丽·道格拉斯在对不洁与危险的研究中给予我们最大的方法论启发在于,宇宙观的图式或者说精神世界是与社会结构相关联的。并且,她发扬了涂尔干宗教社会学的研究,认为巫术与宗教并非是直线性的发展阶段,而是同时存在的。涂尔干认为,宗教庆典不仅确定了已有的价值观并且创造了新的观念与思维范畴②,玛丽·道格拉斯则认为:文化视污物为一种创造性的力量。③

那么沾染的观念与道德是一种什么样的关系呢?显然在笔者看来,玛丽·道格拉斯开始向涂尔干靠近并且求助于后者对于社会分化与行为的思考。她认为私人的良知与集体的道德之间的影响是持续不断的,她引用了大卫·波尔对于两者关系的看法,但这还不够,因为在玛丽·道格拉斯看来社会的道德也有松懈的时候,对道德的违反所释放出危险的力量会破坏边界的稳定。从众多的民族案例中,她总结出:污染观念是支撑社会关系的主要力量,即污染的规则先于道德规则,前者维护后者,危险发生的不同方式使道德判断指向不同的个体,仪式在此起到的作用就是排除污染,以稳定自身与社会的边界并使之清晰,反之,社会要发生变迁的最好突破口就是这些具有危险的边缘地带。除了社会边界具有危险与不稳定的因素外,社会系统内部也存在着自身的交战,即社会建立在矛盾之上,结构自毁。玛丽·道格拉斯瞄准了社会行为规范之间自相矛盾的问题,她举出勒勒人社会就是既把女人当成男人的典当品又支持女人抵抗其他的男人,因此社会自毁与变迁是文化的一个基本特质。作为社会的个体,在不同的场景下的道德指向会有不同,并且个体所具有的社会评价体系也会不同,他们的宇宙观也不尽相同,因此,个体与集体之关系也变得更加复杂,它们中间存在一个差异的范围。

从以上的分析来看,涂尔干的社会学传统给我们提供了一个认知社会及其他变或自变规律与动力的向度,永远是我们可以利用的理论资源。特别是涂尔

---

① 〔英〕玛丽·道格拉斯:《洁净与危险》,第158页。
② 〔英〕吉登斯:《社会学》,李康译,北京大学出版社,2009,第439页。
③ 〔英〕玛丽·道格拉斯:《洁净与危险》,第149页。

干宗教社会学的思想发展到玛丽·道格拉斯的时代有了重大的理论突破，她把社会结构的边缘、沾染观和创造力从理论的"垃圾箱"里重新拾起，并且注重与心理学的对话，强调个人良知的重要性。另一位在大洋彼岸受结构主义影响的美国学者也注意到了文化观念与集体心态在社会文化变迁中的关键性地位，并把文化变迁分成为三种方式，他就是马歇尔·萨林斯。

三 文化理论与并接结构

萨林斯对于中国的朝贡体系以及中国与东南亚文化关系的研究得益于贝特森、克虏伯关于"分裂演化"与"对抗性涵化"的概念，它体现了一种比传统文化与权威继承关系更加强大的力量，从而克服了文化静止这一历史宿命。"陌生人-王"的观念也超越了玛丽·道格拉斯对于社会群体与身体边界地带的研究，表现为一种超宇宙层面的文化表达进而获得合法性地位的方式。那么先让我们从贝特森入手。

格雷戈里·贝特森在对雅特穆尔人的研究中发现，男人与女人的精神气质存在着较大的差异，这种差异固然有生理学与遗传学方面的解释，但是身体的差异却通过文化被修正或夸大。男人气与女人味是通过后天的学习与模仿获得的，而并非是在无意识中迸发出来的。[①]

那么，为什么男人与女人之间的精神气质会出现对立呢？为什么在有些民族中这些对立又没有表现出来或者是特别突出呢？贝特森认为有两种分裂演化会导致文化规范的变化：第一，强化精神气质对立的分化过程；第二，对这种分化趋势抵消的过程。在这两种趋势中，他强调了个体之间的累进变化（progressive change）导致个人行为的分化过程，以及个体对其他个体的反应的反应，不管两个个体是独立的还是互补的都会发生这种变化，即一种互补型的分裂演化（专横与服从的例子）。还有一种个体之间或群体之间包含了累进变化的形态就是对称性分裂演化（如自夸行为），形成了一种竞争的态势。这两种模式引入"文化接触"的研究在理论上会形成以下三种结局：第一，两个群体完全

---

① 〔英〕格雷戈里·贝特森：《纳文：围绕一个新几内亚部落的一项仪式所展开的民族志实验》，李霞译，商务印书馆，2008，第145~146页。

融合;第二,一个或两个群体的消亡;第三,两个群体作为一个更大的共同体的分化群体而在动态的平衡中维系下去。① 在欧洲人与"原始人"的文化接触时,几百种文化被卷入了这一过程中,土著人在与欧洲人打交道时采取了特定的文化策略,他们互相模仿、相互影响,所以在加勒比地区我们看到了一种克里奥尔语言和宗教模式②,这种语言与宗教在加勒比地区作为一种文化的整合力量正发挥着"有机团结"的效用。在《社会分工论》中,涂尔干也描绘了一个文化互融的"理想类型",他说道:"各地习俗开始渐渐融合,方言与土语也熔为一炉,最后成为单一的国语,与此同时地方政权也丧失了自治性。所有这些都只不过是互相模仿的结果,这一融合就像是同一平面的两种液体互相交融一样。"③ 与此同时,在世界其他地区的文化接触过程中,这些特殊的"精神特质"也在发挥着相同的功效,但是在程度、整合力量的强弱以及作用力方面会存在不同的差异。这需要人类学家对其进行"量体裁衣"式的甄别、研究与关怀。④

萨林斯把文化的变迁分为同化与转化(结构间关系的变化),《历史之岛》以文化与神话结构主义的方式向我们阐释了库克船长是如何被夏威夷土著刺死然后作为一个神灵被供奉起来的历史事件。对这一历史事件的结构文化学之解读可以被看作对第一种文化变迁理论的阐释,他反对的是马克思主义理论、生物的理论和社会契约的理论,他们都把政治权威理解为一种内部的增长。⑤ 同时他也强调了结构关系之间变化的方式,萨林斯说道:"用索绪尔模式表达人类学的'结构'观念并非最有效,它只能表示一整套静态象征的对立和一致。在最通用且最有影响的表达中,结构是过程性的:文化范畴及其相互关系的动态发展,相当于一个生成和再生成的世界体系。"⑥ 体系内部也具有历时性的特征,它的本质是暂时的和变迁的。但是这种结构的历时性是重复的,以"陌生人 −

---

① 〔英〕格雷戈里·贝特森:《纳文:围绕一个新几内亚部落的一项仪式所展开的民族志实验》,第 153 页。
② Francio Guadeloupe, *Chanting Down the New Jerusalem*: *Calypso*, *Christianity*, *and Capitalism in the Caribbean*, Berkeley: University of California Press, 2009.
③ 〔法〕涂尔干:《社会分工论》,第 140 页。
④ 〔美〕赫兹菲尔德:《什么是人类常识:社会和文化领域中的人类学理论实践》,刘珩等译,华夏出版社,2006,第 246~249 页。
⑤ 〔英〕萨林斯:《历史之岛》,蓝达居等译,上海人民出版社,2003,第 108 页。
⑥ 〔美〕萨林斯:《历史之岛》,第 109 页。

王"为例,在许多国家和地区,国王起初是一个陌生和可怕的东西,然后通过与土著联姻或战斗最终被土著所接纳和归化,通过仪式过程,国王被象征性的处死然后再复生,原有的文化范畴将新的要素吸纳进自己的体系,这也是库克船长所遭遇的夏威夷人之文化结果。萨林斯总结说:"历史就是重复展演这种宇宙论的戏剧。"① 历时性的重复可以说是结构主义历史学的一个必然结果。但是在萨林斯看来,这种内与外的宇宙观的替代不是完全的(从抽象的层面上来说),即永恒的矛盾存在于社会的自身当中,外来人的超越性(superiority)与土著之间会存在着持久的紧张关系,却是社会自我生产的总体,总体依赖于他者性(alterity)。② 我们看到,关于社会变迁动力的"矛盾说",玛丽·道格拉斯和萨林斯有一个类似的观点,即社会依赖于矛盾的变化,但是前者的矛盾是内在的社会规则,矛盾带给社会的结果是结构自毁。换句话说,玛丽·道格拉斯对于社会变迁的思考指向更多的是单个文明的或一个文化单位的;萨林斯强调的是在普遍接触的社会历史背景下两个或是更多的文化结构之碰撞,内-外的宇宙观念、普适性与特殊性的矛盾动力学。

为什么土著人在见到外来人的时候会把他吸收进自己的文化中呢?为什么在世界许多地区都会存在"陌生人-王"的文化与历史事件呢?从萨林斯的角度来说,重要的是解释"他性"对于本土社会到底意味着什么。萨林斯认为:马克思(投射观)与涂尔干(神秘观)都不能满足于我们对于宗教的理解和生死观的认识,因此陌生人对于土著社会来说具有了超越性的吸引力(表现为差异)但同时他又是矛盾且模糊的(超越性与危险)。③ 它关系到文化分类的问题,在萨林斯看来,分类不仅是观念上的而且更是实践层面上的,陌生人在传统分类的结构之外,但当新的类型出现之后土著人为了获得新的功能就把新元素包含进传统的分类体系当中。"陌生人-王"的概念不仅延续了涂尔干主义的理论线索,同时在两个传统之间有一个折中主义,这就是他强调经济关系、财富在内外整合方面的作用。

---

① 〔美〕萨林斯:《历史之岛》,第105页。
② 〔美〕萨林斯:《陌生人-王,或者说,政治生活的基本形式》,刘琪译,王铭铭主编《中国人类学评论》第9辑,世界图书出版社,2008,第122页。
③ R. H. Barnes, "The Power of The Stranger in Flores and Timor," in *Anthropos*, Fribourg:Mastercard Visa American Express, 2008, pp. 343 – 346.

萨林斯对于文化变迁理论方面还有一个重要的观点：文化结构的转变。如果说对于库克船长的分析代表了一种把旧有的分类与新文化元素相结合而再生产出一种新的文化的话，那么对于文化变迁来说，他也是一种较小的文化改变（minor modification），而结构转变是一种关乎文化分类之关系的变化。这个研究是从夏威夷人的禁忌系统入手的。夏威夷人废除了他们的禁忌系统到底意味着什么呢？萨林斯认为，禁忌系统不仅是一个单一的事件，或者说它不仅是禁忌分类的问题，相反，它是一种关系变迁的结果。这些与禁忌系统相关的文化分类包括：男人与女人、主人与平民之间的互相关系。虽然，这些结构变化还可以维持一个与之相似的分类系统的运作，但是从根本上说，他们的文化价值发生了改变，不同元素之间的关系被重新组织起来。[1]

萨林斯认为，现代化就是一种激进的社会变迁，在面对外来文化之压力时，当地人完全改变了传统文化的过程。当传统文化看到西方先进文化时，本地人就会在心理上产生一种"羞辱感"（humiliation），当地人完全占用了新的文化元素把它变成自己的文化，而传统的文化分类被完全的淘汰了。在第三种变迁过程中，当地人不仅接受了外来文化的器物而且也改变了他们的生活方式。当然，萨林斯没有提到，当地人接受了外来的器物与生活方式是否意味着他们的价值观与道德观也发生了变化？这是留给后继研究者可以发挥与思考的理论空间。

对于道德观与价值观的探讨，上文已经分别提到莫斯和杜蒙在研究印第安人社会和印度社会时所做的精辟的分析，在涂尔干一脉的核心理论研究与继承上这两个人表现得十分出色，并且有了很大的发挥。如果把他们与萨林斯的理论作为一个对于社会变迁的整体理论来看的话，那么可以说这个体系的阐释力量已经非常强大。但是，我们若从美国帕森斯的理论遗产中来看，格尔茨对于社会变迁的解释不仅强调了涂尔干社会学的重要性而且从文化概念本身出发向我们阐释了社会变迁的另一层含义。

四　文化与社会

对于格尔茨来说，现代是一个过程化的实践而不是一种结构。现代化就是

---

[1] Joel Robbins, *Becoming Sinners*, Berkeley: University of California Press, 2004, pp. 8 – 9.

我们其中部分人所设想的我们究竟是什么,因此现代化对于世界不同地区的人来说,绝不仅仅只是西方历史所经历过的一个简单的复制,而应该把这个过程放入场景中进行思考与反思。

《事实之后》(After the Fact)是格尔茨讨论他在印度尼西亚和摩洛哥长期田野工作的民族志,它和20世纪70年代出版的其他作品一起勾勒了一个被称为"阐释人类学"的立场。在此文中,明显感到了他把社会变迁当成了文本进行阐释的特点。

现代化对于一部分人来说或许是铤而走险、绝望、后悔、反对、恐惧或是超越某种限制。现代性或许根本就不在场,而是我们与他者之间互相借鉴或借用经济、政体、人们和道德的一个混合体。① 因为,文化行为是意义与符号间互动的产物。② 这个混合体在格尔茨看来并不是一个结果而是一个过程。它是一个持续不断地适应过程,具有内在的动力,并且它的方向、形式与终点并不是确定的和设定好了的。社会进步是一个混合的、具有方向性的和普遍的事情③,在社会变迁的过程中,政治、艺术、宗教和社会生活之间的关系错综复杂,社会过程并不存在一种固定的形态和特征。诚然,对于格尔茨来说,社会变迁是充满矛盾的,他说"我不能找到一个永恒的真理去解释每天生活实践的不确定性,大众生活的导向在传统和现代文化的遭遇中变得矛盾和诡吊。我们对于传统的记忆都是碎片式的,或许说根本就没有过去。生活就是一个不断向前的过程"。④地方知识分子试图想要去协调过去的信仰和现代生活之间的矛盾,重新建构一个古代的政治模式的努力也是一个模糊的、莫测的未来。

穆尔提出了一个关键性的问题,即如果文化知识先天就是阐释性的,我们又怎么能够否认某种阐释的真理性呢?显然,阐释人类学的回答完全跳出了结构文化学的范式。格尔茨认为,人类行为的原因与他们的意图、预见、希望、情感、激情和判断力密切相关,我们不能根据外部的力量、机制和驱动力这些

---

① Clifford Greetz, *After the Fact*: *Two Countries*, *Four Decades*, *One Anthropologist*, Harvard University Press, 1996, p. 136.
② 〔美〕穆尔:《人类学家的文化见解》,欧阳敏等译,商务印书馆,2009,第283页。
③ Clifford Greetz, *After the Fact*: *Two Countries*, *Four Decades*, *One Anthropologist*, pp. 137 – 138.
④ Clifford Greetz, *After the Fact* : *Two Countries*, *Four Decades*, *One Anthropologist*, p. 166.

封闭的因果关系中的变量来理解社会与文化生活。①

总之，格尔茨认为只有把社会和文化视为两个独立的同等重要的因素，才有可能说明社会变化，摆脱了功能主义中的非历史主义倾向。因为格尔茨认为社会变化的主要推动力在于文化和社会之间的矛盾，在于指引人们行动的意义构架和社会组织之间的矛盾。尽管表面上格尔茨这种观点把文化与社会并列，似乎不追求终极原因，实际上把人的意念（即意义结构、价值观念等）看成打破稳态的因素，是历史发展的推动力。②

结 语

关于社会过程与文化变迁的研究一直是西方人类学理论研究与经验实践关注的重点问题。从涂尔干的社会理论出发，法国社会学、人类学引发了一个"类哲学"的新型人文社会科学研究旨趣，其特点在于对观念、社会、行为等面向研究，而这些研究同时也是围绕着西方哲学脉络展开的。虽然在理论梳理上，我们发现这一理论旨趣和马克思主义一样难免会受到进化论的影响，但它从法国哲学注重思辨的这一传统中也获益良多，形成了一个与马克思主义所关注的生产关系、经济、阶级、政治等话题有别的，对于社会文化变迁的一脉理论。本文的理论梳理始于社会学大师涂尔干，终结于阐释学大师格尔茨，看上去这两者的理论旨趣与研究兴趣差异极大，但若从学科内部的视角去理解这一理论走向，我们不难看出，人类学理论的历史脉络从偏向自然科学的实证论逐渐地过渡到重视心灵、情感的阐释，从更大的学术地理范围来讲，它也表明人类学的重心从欧陆转向了北美。从方法论的角度上看，涂尔干时代具有哲学气质的"摇椅上的谣言"式的研究方法被以参与观察为主的人类学方法所取代，理论思辨的阐释方法与参与观察式的经验研究之间在历史过程中寻找着某种平衡点，并且这一平衡仍然在继续寻找着。

---

① Clifford Geertz, *After the Fact: Two Countries, Four Decades, One Anthropologist*, p. 127.
② 林同奇：《人文寻求录：当代中美著名学者思想辨析》，新星出版社，2006，第223~224页。

实证篇

圣灵信仰的家族村社传统与东正教的国民建构

——俄罗斯与白俄罗斯的社会文化根基

周 泓*

摘 要：本文以历史人类学角度关注信仰何以引导认知与过程的问题。提出，宗教的认知可以影响社会认知乃至国家意识，从而宗教信仰或认知的历史可以影响国家的历史。笔者认为，俄罗斯人与白俄罗斯的东正教享有兼容民间信仰、教化国民、整合社会、协佐军队、建构民族的历史积淀和政治支撑，故此东正教具有建构国民、社会、民族-国家的功能，并与希腊东正教的信仰认同对其国家认同构成张力。结论以利奇"文化与制度并非合一"和特纳仪式"阈限"之反结构重构权威之动态平衡的理论，质疑涂尔干等宗教仪式表征结构之研究。

关键词：罗斯人 圣灵信仰 家族树 家族村社 东正教

古罗斯土地有白俄罗斯、红俄罗斯、黑俄罗斯之分。白俄罗斯被赋予的文化含义是，最先由希腊与东罗马接受东正教的罗斯地域；红俄罗斯即今俄罗斯地域（崇尚红色）；黑俄罗斯习指南部的乌克兰。俄罗斯人与白俄罗斯人约2/3信仰东正教，俄罗斯1/3的人口信仰其他族体宗教，白俄罗斯1/3多的人口

---

* 周泓：民族学博士，人类学博士后，中国社会科学院民族学与人类学所研究员，主要研究领域为东方学西域研究，汉人人类学，斯拉夫社会史。

（主要在西部）信仰天主教。由于俄罗斯与白俄罗斯受希腊文化的影响深刻，尤其是近现代二者统一的历史、与波兰的领土纷争、与德国的血战，东正教成为其国家认同的宗教，具有国教色彩；由于13～14世纪蒙古帝国在东欧统治的影响，延缓了近代启蒙运动和文艺复兴的东向传播，使得两地较多地保留了中世纪政教合一的人观传统；亦由于历史上，彼得大帝请君士坦丁堡教父解决基督徒、犹太教徒与穆斯林之间的纷争，俄国杜马曾请神甫敬言沙皇等，使东正教具有维系民主的色彩；同时，东正教悠久于近代罗斯国家。以此，东正教享有兼容民间信仰、教化国民、整合社会、协佐军队、建构民族的历史积淀和政治支撑。因而，东正教在俄罗斯与白俄罗斯具有建构国民、社会与民族 - 国家的功能。

一　古罗斯人圣灵信仰传统：家族神

观念记忆集体意识和心态，具有坚实的根基——习俗、信仰、认知、术语，是思维现实、集体意识和研究者的出发点。[①] 拜占庭与斯堪的纳维亚文化曾由南向北影响俄罗斯，中世纪公国的缙绅大会与村社出现宗教民主和国家习俗化[②]，内陆亚、南部斯拉夫大土地制"公社"及其大家族与村社世系群广泛存在。别尔佳耶夫（Н. А. Бердяев）关于"俄罗斯的心灵地理"说指出，土地紧紧包围着人给其安全感，集约劳作养成人们恭顺、服从的品质。[③]《现代俄语联想大词典》列举俄罗斯语言意识中占有重要地位的观念，家（Дом）位居榜首。[④] 在波兰的文化和文学文本中此观念同样突出。[⑤] 而在西班牙人的语言意识中其则居第十位（А. Т. Хроленко, 2004：59）。[⑥]

俄语中，家（Дом）除指居所（жилище）、家庭（семья），还指家族（род）、祭祀场所（храм）、家族经济（хозяйство），包含神灵（духи）——祖

---

① Ю. С. Степанов Константы, *Словарь русской культуры*, москва, Школа, 1997：55.
② Д. С. Лихочов, *Раздумья О России*, ПекинУниверситет, 2003, с. 18, 23.
③ Н. А. Бердяев, *Истоки и смысл русского коммунизма.*, Москво. Наука, 1990.
④ Ю. Н. Королов, *Ассоциативный тезаурус современного русского языка*, Москва, 1994, 1996.
⑤ 《语言与文化中的家园》，波兰民族语言学会议文集，Польша, Щецин, 1995年3月。
⑥ Международная научная конференция "Национально - культурный компонент в тексте и языке", 《Дом》 как один из ключевых концептов русской культуры, Минск, Белгосуниверситет, 1999.

先灵魂（Род и Чур）、家族神（домовой и домовик）。大屋（Большой дом）是成人仪式结束后未婚男子共同居住的公共空间，也是保存圣物和祭祀之地，不允许外人和女性入内，只有通过成年仪式、成为父系大家族正式成员的，才被允许进住。家族（Род）即居住于同一祖屋（дом）者，从事共同祭拜和经济活动。① 神的居所成为有生命的人的灵魂筑造的小宇宙②，系文化空间与宇宙空间相互模仿，祖居（Дом）成为俄罗斯人对宇宙结构的想象和复制。③ 传说家族神（домовой）常被化身为最年长的家族成员，作为家族的精神守护神，称为"看不见的庇护者和神秘的守卫"（Незримый покровитель и тайный страж）。普洛普（Владимир Яковлевич Пропп）以大量民族学人类学资料说明家宅的神圣性和仪式功能。④ 笔者以下图所示：

```
                         ┌ 仪式场域，祭祖与宗教仪式（храм）
居住空间（Дом）─→ 家族场域，聚族而居（Род）
                         └ 经济场域，家族成员共同劳作（хозяйство）

                         ┌ 仪式场域，祭祖与宗教仪式（храм）
家族空间（Род）── 居住场域，聚族而居（Дом）
                         └ 经济场域，家族成员共同劳作（хозяйство）
```

　　10 世纪东正教传入罗斯后，诸神灵信仰仍然植根民间，许多家族祷祝膜拜祖先之灵，家内中心位置，诸神祇雕像与圣像并列供奉；圣餐仪式、圣母祭拜画十字祈祷时，面对的却是生命始祖、家族与家宅的保护神（Род）和庇护家族与家园的女神（Рожаницы）。⑤ 中世纪观念中大地之家（земной дом）与天国之家（небесный дом）合一，敬畏神灵的仪式空间更加与负载文化内涵和情感内容的空间合一，"家就是永生神的教会、真理的柱石和根基"（提摩太前书 3：15）。有的房宅被

---

① Владимир Яковлевич Пропп, *Морфология волшебной сказки*：Москва，Лабиринт，2003.
② Г. Гачев, *Национальные Образы мира*，Космо – Психологос，Москва，Прогресс – Культура，1995：38.
③ 参见 А. Ситникова，Этимологоический словарь русского языка，Ростов – На – Дону，Феникс，2005。
④ В. Я. Пропп, *Исторические корин волшебной сказки*：*Таинственный лес. и Большой дом.* Москва，Лабиринт，2005.
⑤ Крывелев И. А. *История религий.* Москва. 1976；*Очерки по истории русского искусства.* Москва，1957；参见姚海《俄罗斯文化之路》，浙江人民出版社，1996，第 9 页。

认为不干净，是说发现里面有邪魔作祟的迹象。① 祖居（Дом）成为近代罗斯民族文化的深层结构符号。不论乡村或城市，它象征着"自己的城堡和天地"（дом—моя крепость，избушка—свой простор），并把世界分为 внутреные（内部的）、свое（自己的）、культурное（文化的）、спокойное（平和的）、безопасное（安全的）和 внешнее（外部的）、чужое（他人的）、хаотическое（混乱的）、враждебное（敌意的）、опасное（危险的），如"用田畴将自己的家围起，不要把外人引进去。不要让邪恶的意志，侵犯儿子的花园和祖父的墓茔。即使遭受险恶的命运，祖先的橡树在高高伫立"②。祖先陵墓和灵魂的喻指与家、祖业一起构成与外部有别的内部空间秩序、角色规范，隐喻罗斯社会的生存方式和乡土理念。③ 亦如"кто дом не строил，Земли не достоин……Не будет землею"（谁不建造家，就不配拥有土地……就不会归入土地）。④ 在祖辈相传的土地上建立的祖屋、祖先墓地与后辈子孙族产一起形成俄罗斯文化连续性的载体和象征。

二 村社信仰形态：自然神与家族树

罗斯人自古依据山林、河域等自然环境，或分别崇拜山神、树神、水神、雷神等，或兼而崇拜诸自然神，这成为各村社的自然崇拜。然它们相对于家族神而言是外部的，祖先及其神灵祭拜是维系内部的祭奠，家族观念的根基持续存在。罗斯古代的世袭领地与 13~17 世纪军功分封领地都是家族式的。⑤ 17 世纪后军功领地和世袭领地融合成为世袭家族领地。⑥ 中世纪的父家长制是俄罗斯家族制度的主要形态。16 世纪的《治家格言》⑦ 直至 18 世纪基本没有改变。彼

---

① Т. Фадеева，*Образ и символ*. Москва，Новалис，2004.
② В. А. Маслова，*Введение в когнитивную лингвистику*. Мсква.，Флинта Наука，2004.
③ Ю. М. Лотман，*Карамзин*. Санект - Петербург，Искуссиво - СПБ，1997.
④ В. А. Маслова，*Когнитивная лингвистика*. Минск，тетра система，2004.
⑤ Насонов А. Н. *Монголы и Русь*. Москва - Ленинград，1940.
⑥ Буганов В. И. и др. *Зволюция феодализма в России*. Москва，1980；参见姚海《俄罗斯文化之路》，第 65 页。
⑦ *Краткий очерк истории русской культуры с древнейших времен до 1917 года*. Ленинград Искусство，1967；Краснобаев Б. И. *Русская культура второй половины*ⅩⅦ - начала ⅩⅨ，М Школа. 1983.

得一世改革对于俄国农民几乎没有影响。近代俄罗斯文化的一大特点是上下层的分离,上层贵族的经济、政治、教育和生活方式具有欧洲新文化的色彩,而传统的宗法制则影响着绝大多数的居民,首先是农民,即使19世纪后期农奴制改革后,农民总体仍然是宗法制的主体,9/10 的农人保持着农村公社宗法共同体。① 村社代表村人同地主、其他村社和国家发生关系,组织宗教生活与合作;村社长者按习惯法调解纠纷,农人意识力求得到村社和村首的认可,村社实际是家族的自然延伸和扩大。19世纪晚期宗法制仍然是维系俄罗斯社会之家族－村社－国家的根基。М. М. 科瓦列夫斯基的《公社土地所有制瓦解的原因、过程和结果》认为,宗法公社(亦称"大家族"形式)代表着俄罗斯有序的传统文化。现代俄罗斯的村社形态,仍然是"没有什么外人……所有人都是亲人……是兄弟姐妹,一同经受历史命运,一同度过春夏秋冬……一同建造别人不会给我们建造的家社"。② 20世纪初,村社制度对于农民的整体生活方式具有压倒一切的影响,"这个制度在人民心目中已经根深蒂固……俄国农民喜欢大家同样相等的水平"。③ 并且,宗法自然经济受到资本商品经济冲击后采取集约经营方式,使地域大家族与公领域观念维持延续。因此,祖先与家族神崇奉和村社地方神或诸自然神信奉始终并立。

由于村社历史的家族性,俄罗斯保留了延续家族"谱系树"的传统。如罗曼诺夫王朝(Династии Романовых)家族谱系主要为沙皇伊凡五世(Царь Иван V 1682 – 1696)、伊凡六世(Иванн Ⅵ 1740 – 1741);彼得一世(Петр Ⅰ 1682 – 1721 – 1725)、叶卡捷琳娜一世(Екатерина Ⅰ 1725 – 1727)、彼得二世(Петр Ⅱ 1727 – 1730)、彼得三世(Петр Ⅲ император 1761 – 1762)、叶卡捷琳娜二世(Екатерина Ⅱ 1762 – 1796)、巴维尔一世(Павел Ⅰ 1796 – 1801)、亚历山大一世(Александр Ⅰ 1801 – 1825)、尼古拉一世(Николай Ⅰ 1825 – 1855)、亚历山大二世(Александр Ⅱ 1855 – 1881)、亚历山大三世(Александр Ⅲ 1881 – 1894)、尼古拉二世(Николай Ⅱ 1894 – 1917)。见笔者绘列图示:

---

① Александров В. А. *Сельская община в России*(ⅩⅦ – начала ⅩⅨ вв). Москва, 1976;参见姚海《俄罗斯文化之路》,第7、111、189、190页。
② Л. А. Трубиеа, *Русская литература* ⅩⅩ *века.* Москва,Флинта. Наука,1998.
③ Краснобаев Б. И. *Основные черты новой русской культуры.* Вопросы истории,1976,No. 9;参见姚海《俄罗斯文化之路》,第308页。

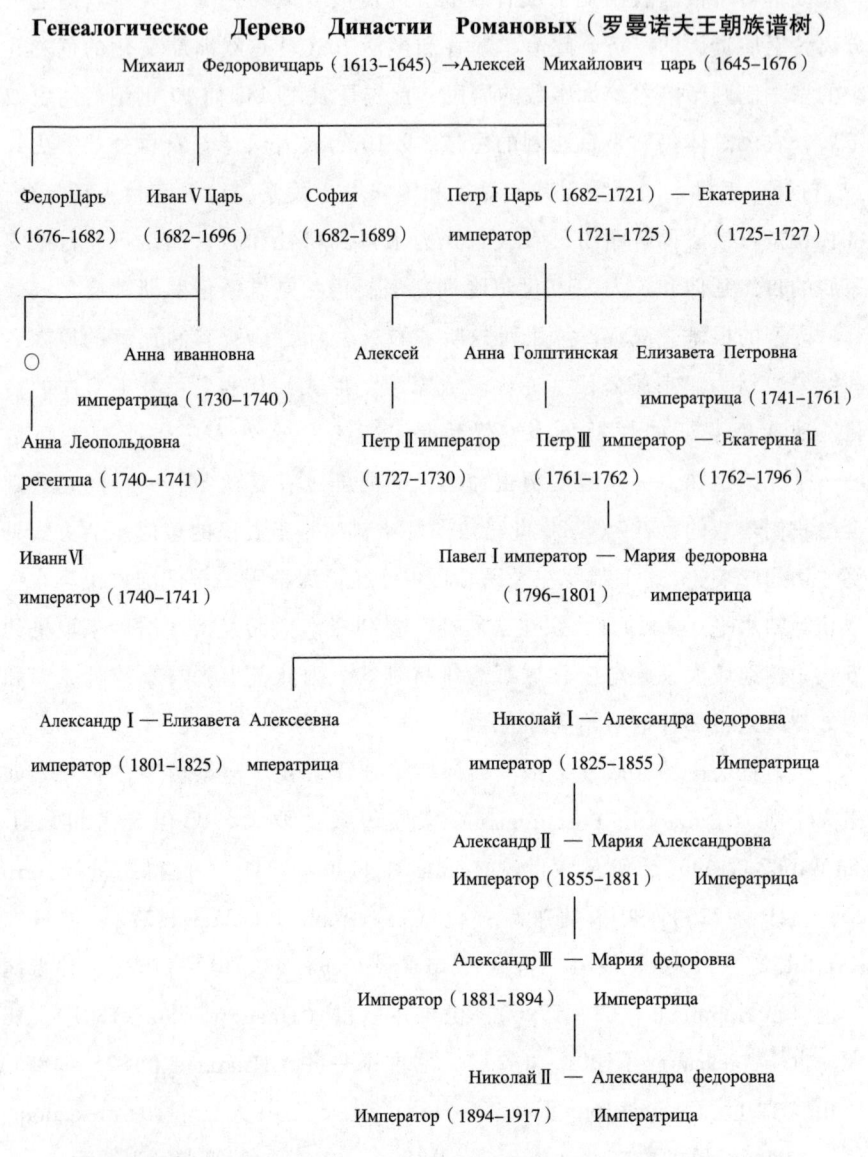

Генеалогическое Дерево Династии Романовых（罗曼诺夫王朝族谱树）

Михаил Федоровичцарь（1613–1645）→Алексей Михайлович царь（1645–1676）

- ФедорЦарь（1676–1682）
- Иван V Царь（1682–1696）
- София（1682–1689）
- Петр I Царь（1682–1721）император（1721–1725）— Екатерина I（1725–1727）

- Анна иванновна императрица（1730–1740）
- Алексей
- Анна Голштинская
- Елизавета Петровна императрица（1741–1761）

- Анна Леопольдовна регентша（1740–1741）
- Петр II император（1727–1730）
- Петр III император（1761–1762）— Екатерина II（1762–1796）

- Иванн VI император（1740–1741）
- Павел I император（1796–1801）— Мария федоровна императрица

- Александр I император（1801–1825）— Елизавета Алексеевна мператрица
- Николай I император（1825–1855）— Александра федоровна Императрица

- Александр II Император（1855–1881）— Мария Александровна Императрица

- Александр III Император（1881–1894）— Мария федоровна Императрица

- Николай II Император（1894–1917）— Александра федоровна Императрица

此图为笔者于 2006 年和 2007 年 7 月于莫斯科克里姆林宫抄录手稿，后绘制成图。

村社历史的家族传统，使俄罗斯与白俄罗斯神职人员（东正教和天主教士、神甫、司祭、大司祭、主教、大主教等）有家族职业传教之传承。如明斯克拉图什卡（Латушко）家族四代均任东正教神职。第一代康斯坦丁·拉图什卡（Константин Латушко）为神甫；第二代彼得·拉图什卡（О. Петр Латушко）

为司祭；第三代盖奥尔吉·拉图什卡（О. Георгий Латушко）和巴维尔·拉图什卡（О. Павел Латушко）为大司祭，尼基塔·拉图什卡（О. Никита Латушко）为司祭；第四代安德列·拉图什卡（О. Андрей Латушко）为神甫，季莫费·拉图什卡（Тимофей Латушко）为教士；女婿马科西姆·拉戈维诺夫（О. Максим Логвинов）为神甫；第五代阿尔谢尼·拉图什卡（Арсений Латушко）和米特罗叶朗·拉图什卡（Митроеран Латушко）为未成年教徒，其家族所有女性及外孙皆受正教洗礼。

东正教神甫Латушко家族

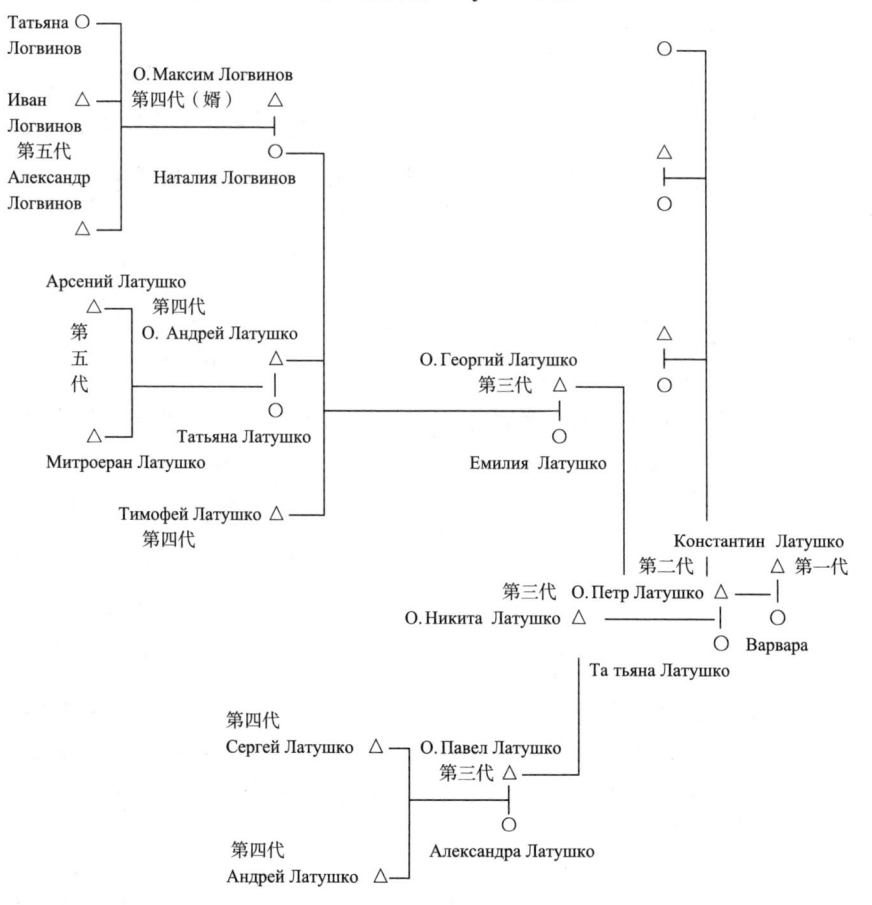

此图根据笔者于2007年7月在明斯克调查访谈绘制（表中○表示女性，△表示男性）。

三 俄罗斯与白俄罗斯东正教的平民与国民质性

由于神灵信仰和村社历史的家族性，东正教父经常的教谕是：家庭是小教堂，教堂是大家庭，因而罗斯人东正教具有平民与国民质性。

东正教整合民间地方神及多神信仰。东正教糅合地方神崇拜要义，使自然崇拜寓于节庆、家庭和文学艺术（传说故事、戏剧人物、工艺）而习俗化，正教节日成为全民节日，并吸纳帮工、短工习俗，使之获得正教色彩——帮助贫民和弱者。多神教被东正教化。各地的人们在崇奉各自的山神、水神、雷神、树神或兼奉诸自然神同时，均信奉东正教。

东正教延续家族伦理结构，具有民间法机制。东正教教义维护婚姻家庭，教徒婚约受到上帝保护，教堂典礼（Венчание）、政府登记（регистрация）、民间仪式（брак）并行；女子出嫁与丈夫同姓、同信仰；教士可成家，其后辈成为教职阶层的广泛基础。

东正教赋有艺术机能。东正教包含它的艺术体系，壁画、雕塑、和声、建筑基于《圣经》、圣像、圣歌、教堂；圣像、雕塑、壁画流派的扩展，使得宗教艺术成为俄罗斯与白俄罗斯历史的永叹；东正教堂、仪式、和声的美学色彩，使之较其他宗教之单调而别具美感，成为罗斯人空间、心灵和生活的组成。东正教"敬畏上帝"情愫形成其绘画创作的底蕴，使之如同俄罗斯文学，凝固悲怆的风格。俄罗斯与白俄罗斯的文学、音乐、艺术构成其哲学内涵，而这正源于经院哲学。俄罗斯人与白俄罗斯人阅读与识谱率极高，与《圣经》和圣歌的诵习紧密相连。

俄罗斯与白俄罗斯东正教赋有国民性。如同基督教，东正教认为宗教讲述的历史是真实的，与国家的历史并行，而东正教保护其信仰地域中的人们。白俄罗斯与俄罗斯相继由希腊和东罗马接受东正教，因而两者在都认同东正教的同时，也塑造着各自的国民性。然其国民性格和社会文化皆如东正教仪式，富有历史感、悲壮感、宁静感、艺术感。

教徒家族。俄罗斯与白俄罗斯民族历史上信奉多神教自然崇拜，中世纪后主要信仰东正教或天主教。信众入教途径大多因家庭关系而出生受洗，或因家族长辈信仰熏陶而信教。如明斯克巴尔霍特科夫（Борхотков）家族，祖父巴尔霍特科夫·瓦列拉·谢尔盖耶维奇（Борхотков Валера Сергеевич）、祖母巴尔霍特卡娃·斯维特拉娜·亚利山德罗夫纳（Борхоткова Светлана Александровна）、姑奶巴尔霍特卡娃·塔吉亚娜·谢尔盖耶夫娜（Борхоткова Татьяна Сергеевна）、伯伯巴尔霍特科夫·伊格尔·瓦列里耶维奇（Борхотков Игрь Валериевич）、姑姑巴尔霍特卡娃·卡捷琳娜·瓦列里耶夫娜（Борхоткова Катерина Валериевна）、父亲巴尔霍特科夫·伊戈尔·瓦列里耶维奇（Борхотков Игрь Валериевич）、母亲巴尔霍特卡娃·英娜·尼卡拉耶夫娜（Борхоткова Инна Николаевна）、兄弟巴尔霍特科夫·安东·伊戈列维奇（Борхотков Антон Игоревич）和巴尔霍特科夫·伊格尔·伊格列维奇（Борхотков Игрь Игоревич）都是东正教徒。又如明斯克什瓦拉兹基（Шваразкий）家族，外公什瓦拉兹基·克斯坦丁（Шваразкий Кстантин）、外婆什瓦拉兹卡雅·克拉夫季娅·谢娃（Шваразкая Клавдия Шего）、舅舅什瓦拉兹基·尼科拉伊·克斯坦丁诺维奇（Шваразкий Николой Кстантинович）为天主教徒，舅妈什瓦拉兹卡雅·丽吉娅（Шваразкая Лидия）、表哥什瓦拉兹基·谢尔盖·尼科拉叶维奇（Шваразкий Сергей Николаевич）、表姐什瓦拉兹卡雅·娜塔莉亚·尼科列维恰（Шваразкая Наталия НиколеВича）是东正教徒，母亲米库京娜·瓦利娅·克斯坦丁诺维恰（Микутина Валя Кстантиновича）、儿子米库京·阿列格·列奥涅达诺维奇（Микутин Олег леонеданович）随父亲米库京·列奥涅德（Микутин Леонед）亦是东正教徒。

东正教（православие）教徒 Борхотков 家族

Отец 父亲	Борхотков Игорь Валериевич	художник	православие
Мать 母亲	Борхоткова Инна Николаевна	поэт	православие
Сын 儿子	Борхотков Антон Игоревич	студент философии	православие
Сын 儿子	Борхотков Игрь Игоревич	студент художества	православие
Дедушка（по отцу）祖父	Борхотков Валера	Сергеевич музыкант	православие
Бабушка（по отцу）祖母	Борхоткова Светлана Александровна	врач	православие
Дядя（брат отца）叔伯	Борхотков Игрь Валериевич	на пенсию	православие
Тетя（сестра отца）姑姑	Борхоткова Катерина Валериевна	на пенсию	православие
Тетя отца（сестра дедушка）姑奶	Борхоткова Татьяна Сергеевна	на пенсию	православие

天主教（католичество）	→东正教信徒 Шваразкий 家族		
Бабушка（по мати）外公	Шваразкая Клавдия Шего	78л. На пенсия	католичество
Дедушка（по мати）外婆	Шваразкий Кстантин	（умер）	католичество
Дядя（брат мати）舅舅	Шваразкий Николой Кстантинович	51г. Строитель	католичество
Тетя（жена дяди）舅妈	Шваразкая Лидия	55л. Работника	православие
Брат（сын дяди）表哥	Шваразкий Сергей Николаевич	30л. Бизнез	православие
Сестра（дочи дяди）表姐	Шваразкая Наталия Николеыича	24г. Без работы（за мужем）	православие
Отец 父	Микутин Леонед	50л. каректор	православие
Мать 母	Микутина Валя Кстантиновича	55л. Каректор католичество→православие	
Сын 儿子	Микутин Олег леонеданович	22г. Учитель	православие

此二表整理自笔者于 2006~2007 年在明斯克的调查访谈。

四 俄罗斯与白俄罗斯东正教的社会组织机能[①]

  东正教会的学校及学前教育机制引发国家教育体制。近代前，教会是知识教育的殿堂，教会学校的学前、小学、中学、学院体制，是国家教育体制的雏形；文学的标准语言基于《圣经》的书面语言；讲演式的教学、演绎式的论证源于教堂的《圣经》宣讲、教理阐释。与中国相反，知识阶层及其子女普遍信教。教会与教堂都有教阶晋升、交流与社会再就业机制。俄罗斯与白俄罗斯主教、大主教均须出自修道院。教士、神甫、司祭多自修道院、神学院、神学研究所，各州、市、区、乡教士可轮流聘用，不固定教堂，晋升主要考核任期。教堂招收就业谋业者。

  东正教堂的社会保障机制——传递、流动的捐献。教会重要的制度是社会救济，多数教堂每月均有不等款额和医药以救济数十个孤困家庭。信徒捐助教堂的款、物，再由教堂赠助教徒，教堂于各礼拜仪式、节日馈赠信众食品，免费提供书刊，供餐给小学生，似礼物的流动。教会与其协会成员每月交予教堂经费，逢生日或节日时教堂则赠予其礼物。财物流出以礼物归还，连结的则是精神、心灵的信念。

[①] 三、四、五、六节部分内容，根据笔者于 2006~2007 年、2010 年在明斯克、莫斯科、彼得堡彼得－巴维尔等教堂的调查。

东正教堂设立专业和社会组织。教堂成立医学协会、音乐协会，青年协会等。建立教士每天轮流接待解答教众的值日制度、每周中老年座谈、青年座谈、星期日音乐和绘画学校。青年会每周两日协助教堂义务劳动，每月须帮助孤寡病残老人，每个季度都有各区的семинар（讲演会）。东正教会每半年（圣诞日和教堂诞辰日）组织教堂、教区的环行（хром ход），每年组织跨州长途步行（поход）。东正教堂研究化和信息化。教堂组织《圣经》研究学会和编译委员会，设立图书馆，出版期刊、报纸、书籍、圣歌集、唱片，建立网站和网络管理。

五 俄罗斯与白俄罗斯东正教的国民－民族建构

俄罗斯与白俄罗斯公民的正教信奉，以家庭为纽带，尤其是长辈、妇女的守时祭拜引导着子孙，相信灵魂永生、升华而生命永恒，使身心问题得以解惑。教堂用语成为社会用语，公民平静的心态，公众站立习惯，耐心、坚忍的性格，义务、感恩观念系缘于东正教教义，如教语：平静спокойно，长征хog、挺进поход，忍耐терпение，服务служить，感激、感恩благодар，奉献、贡献посвящение——均成为社会用语，教士即教育者。直至现代东正教信众主要为农民、工人、士兵，商人、学界信仰天主教者较多。近年东正教地位恢复重建，青年和知识界正教信仰者增加，不少天主教徒改信东正教。明斯克研究生认为，人意识到生存的价值，期望和相信精神永存。上帝在他所创造的世界包括自然界无处不在，上帝不会死亡。人赋有上帝的身心，灵魂则不会死亡。上帝有慈善的心灵，人类则拥有和走向善良。耶稣属于上帝身心，提醒人的互爱也给予犯罪的人。所有人心怀善意，社会不同而和谐。

Аспирант считал, что：（白俄国立大学哲学系）研究生认为：

Человек обладает сознанием, знает сам существует, и задается вопросом о цели своей сушествования. 人意识到自己的存在，思考存在的价值。

Он знает когда - нибудь умрет, и верит в бессмертие души. 相信精神永存。

Бог создал мир, мир содержит божественную сущность, т.е везде в природе есть Бог. 上帝在他所创造的世界包括自然界无处不在。

Бог не умирает. 上帝不会死亡。

Душа человека имеет божественную природу, значит душа не умирает. 人赋有上帝的身体心灵,灵魂则不会死亡。

Бог имеет добрую природу, значит человек имеет добрую душу, и стремится к добру. 上帝有慈善的心灵,人类则拥有和走向善良。

Иисус человек, который понял свою божественную природу, и часто напомнит людям лбить друг друга без корысти, значит человек может любить злых людей. 耶稣属于上帝身心,提醒人的互爱也给予犯罪的人。

Все люди имеют добрую душу, то, общество (в том чсле разныеобщины) является единством. 所有人心怀善意,社会不同而和谐。

俄罗斯与白俄罗斯东正教具民族性。天主教的信奉国度主要是意大利、德国、法国、西班牙诸中西欧国家,天主教会有较强经济实力;然而天主教奉拜大主教,不符合国家思想;东正教则不然,因此成为代表国民民族的宗教正统。即东正教系俄罗斯与白俄罗斯国民民族正统信仰。大主教、主教出自东正教(即教区管理归东正教),由教界选出,政府确认。东正教是国家认可的公民与政府的桥梁。白俄罗斯的军队神职系出东正教,神甫轮流选派,联结士兵教众与国家,大主教是军队的精神领袖。白俄罗斯总理的办公桌置圣母圣像,总统每年圣诞前往教堂敬拜;官员祝词上帝保佑(с Богом)!从而俄罗斯与白俄罗斯东正教赋有国民－社会－国家民族的建构功能,自公民、社会、民族形成理念——人类有上帝,代表人性法则。因而,圣灵信仰成为俄罗斯与白俄罗斯民族的文化根基。

六 个案:彼得－巴维尔教堂构形、仪式、组织、制度

在白俄罗斯首都明斯克,彼得－巴维尔教堂(习称黄教堂)的信众最多。它是东正教堂,也是明斯克最早的教堂,历史悠久于该城主教所主持的白教堂。它的空间构形突出,具有传统上人神沟通的神圣之感。

1. 内、中、外空间相通。外厅通向中厅（教徒礼拜堂）、中厅通向内厅（神职祭拜堂）有三个大门、六个小门；通往三个大门的三个通道即三个中型空间，而每个走道都是相通的，中部筑四大柱，故中厅即为九个相通的空间。东正教白教堂沿外厅入中厅两门两柱，不通内厅，只有三个空间。而明斯克天主教（红、白）教堂虽然外厅通向中厅有三个大门，但中厅通向内厅却只有一处台阶，没有通向内厅的门、柱，即只有中厅一个空间。

2. 上部与顶部空间相通。黄教堂中厅通内厅的门以上，并非全然封墙，而是只至2/3处，顶部1/3处是未隔的。礼拜时内门打开，内厅神职和中厅教徒即完全相通。而其他教堂由于不见内厅祭拜，中厅前部即为实墙，没有通灵之感。

3. 重心在教众。黄教堂宣讲台面积小而中厅空间大，宣礼台只占堂厅的1/5至1/6，即重心在中厅与教众中间；而其他教堂宣讲台占1/4或1/3，重心在宣礼者，形成了分层。

4. 讲台前无阻隔。黄教堂宣讲台及其栏杆低矮，正台阶前没有金属链阻禁；而其他教堂宣讲台和其栏杆较高，且有铁链禁行。

5. 门阶低。黄教堂的大门和正门台阶均极低，利于年老教徒——忠实的主体之行走，许多信徒跨区来此礼拜。

6. 材质纯朴。黄教堂的内门、隔墙、栏杆和圣像画全部是木质、木框，有质朴和通透感；而其他教堂的材质或为石砌或为金属框，缺少温暖和通透感。

7. 古典油画。黄教堂由300余幅圣像油画装饰，圣像画极少用玻璃镜罩；而其他教堂圣像画虽大却少，且非全是油画，多有玻璃镜罩或画于墙上或数码扫描，缺乏古典质感。

8. 经典、严整、壮美的仪式。黄教堂的仪式最完整而贴近信众。如忏悔和祷告仪式，它的祭奠礼拜非在宣讲台主持，而是教父在中厅中间甚至于入门处主持和布经，再至内厅祭拜，并返回教众中间，宣读每一个敬香者的祝语和名字，不论多少和多长时间，之后大司祭（教父）播圣香于每一处教徒间；重复仪式，继续宣读敬香者名字和寄语，由神甫播圣香于每一处教徒间；第三次仪式后，由教士播圣香于每一处教徒。持续三小时。

教士服装：上帝、耶稣纪念日－白色，圣徒圣物日－蓝色，圣母日－绿色，大主教日－黄色，礼拜天－粉色，殉道者祭日－红色，斋期－黑色。

9. 黄教堂组织与制度。教堂有两个兄弟会（医学、青年会）和星期天学校（音乐和绘画学校）。每周青年会有两日帮助教堂义务劳动，每月兄弟会帮助孤寡病残老人一次，每个季度都参与组织各区的讲习会（семинар）。黄教堂每半年（圣诞日和教堂诞辰日）组织、参与教堂、教区环行（хром ход），每年参与组织跨州长途步行（поход）。值日制度，教士轮流每天接待解答教众（每场礼拜前）；每场礼拜后，主持礼拜的神甫个别接待祈祷者，直到最后一个人；除仪式时间，教士、神甫随时随地解答教徒问题。每逢周四、周六都分别有中老年和青年座谈。复活节前斋月，明斯克有些教堂尚关闭，而黄教堂终年日日开堂，年节前则彻夜接待信众。黄教堂最重要的制度是社会救济。教堂每月以数万元白卢布（千元人民币）补贴50个家庭，以医药帮助80个家庭。每月兄弟会成员交予教堂5000白卢布（40元），节日和其生日时教堂赠予其礼物。即黄教堂保持着东正教的传统，吸引了众多的信徒。

10. 机构完整。黄教堂有藏量颇大的图书馆提供信徒免费借阅；出版诗集、圣歌集、报刊《教堂话语》和理论图书，建立网站和网络管理；组织白俄罗斯《圣经》翻译和编译委员会。黄教堂有自己的食品厂和职员食堂。每个仪式尤其是大礼拜，教堂制作大量糕点作为耶稣赠品馈赠教众、免费供餐给残疾教徒和小学生。职工食堂12小时服务，使各班教士、工作人员、老弱教徒无饮食之忧而有家的保障。黄教堂犹如一个家庭，始终有志愿者为教堂尽义务。

11. 大罗斯宗教认同。黄教堂的名称是彼得－巴维尔大教堂，即两个东方斯拉夫殉道者的结合，中心台祭祀二者即此象征。除了周六早班仪式用白俄罗斯语，其他皆用俄罗斯语，联结罗斯人东正教徒。

12. 教父及其家族。黄教堂教父毕业于圣彼得堡大学，与俄罗斯东正教组织保持联系，其负责的青年协会成员每年去彼得堡青年会交流，扩展了青年教徒。其家族是白俄罗斯著名的神职家族，自父辈至子、婿，兄弟及其子辈均任教职，在白俄罗斯各州颇具影响，联结了老年教徒与其家族。

由上，与白俄罗斯大主教兼明斯克主教主持的白教堂相比，黄教堂历史早（明斯克最古老的教堂），内外空间相通、神职与信徒相通，圣像壁画多而悠久，材质真而古典，香烛（свечки）、信众多，全年无休全天开放，礼拜日圣餐仪式赠面包与红酒。白教堂神职人员多，外部宏伟，内部全新，圣像照片大、新并且罩着玻璃，节日赠花，媒体部门摄像。故此，黄教堂系当地东正教传统力量所在，而白教堂则为政府扶持的新的正教中心。

与佛教、道教祭献祀神的贡品含义相反，东正教 - 基督教大礼拜的祭品（面包、红酒）意义是，耶稣的馈赠——肉和血，食之则归为一体。因此，信众永远感恩并属于上帝。由此，人类依上帝法则而不会无法无天，社会及人性遂为平和。

余论：宗教信仰或认知的历史影响国家的历史

人类学探讨文化如何形塑人性与社会，历史人类学关注信仰何以引导认知与过程。宗教的认知可以影响社会、民族的认知乃至国家意识，从而宗教的历史可以影响民族及国家的历史。俄罗斯与白俄罗斯东正教无疑建构了其国家民族的认同。在唯物史观下，宗教认知与国家意识、宗教历史与国家历史是分割的，然而实质上二者相互渗透而联结。

统治阶级上层尤其是皇室、贵族的宗教皈依和认知，形塑着国家及社会的主流意识。基督教"十字军东征"影响了欧亚大陆的历史。公元10世纪喀喇汗王朝副汗萨图克·布格拉，受到波斯萨曼王朝皇室成员阿布·纳塞尔影响，信奉伊斯兰教并取得汗位，使东部汗国皈依伊斯兰①，开创喀拉汗朝伊斯兰化的先河；其子木萨·布格拉汗定伊斯兰教为国教，确立了伊斯兰教法在汗国的统治地位，公元960年使20万帐突厥部族改宗伊斯兰。② 玉素甫·喀迪尔汗则借助中亚突厥人兵力征服于阗，使伊斯兰教扩据西南疆。③ 蒙元时东察合台汗国秃黑鲁·帖木儿成为新疆第一个改奉伊斯兰教的蒙古汗，使16万

---

① 《布格拉汗传》抄本，载耿世民《维吾尔古代文化与文献概论》，新疆人民出版社，1983，第41页。
② 〔俄〕Б. Б. 巴尔托里德：《中亚简史》，耿也民译，新疆人民出版社，1980，第22页。
③ 穆广文等编《维吾尔史料简编》上卷，民族出版社，1981，第41页。

人改宗伊斯兰。① 黑的儿火者汗亲自东征使吐鲁番地区伊斯兰化，其子马哈麻汗强制西域大多数蒙古部落信仰了伊斯兰。②

边域主体的信仰与认知在作为国家思想史的一部分影响当地当朝意识的同时，也形构了整体中国意识形态史。如耶律楚材对辽、金上层统治者尊奉佛、儒的影响，魏孝文帝汉仪礼制改革对中原化的推进。蒙古族于中亚、内地相继经历了伊斯兰化和佛教化，又因清朝满蒙联姻结盟而使后者上层信仰佛教。元世祖尊藏传佛教高僧八思巴为帝师和国师，信重汉僧刘秉忠建元大都，大筑佛教寺院和皇室家庙，如护国仁王寺、大都寺、高粱河寺、妙应白塔、西域双林寺等。明朝定都北京后续修元真觉寺、万寿寺等，建大觉寺、觉生寺等，大佛寺以佛掩祠则表明汉明道观以佛教为正统。而这种文化场域、空间、氛围正是内地与西域伊斯兰教进程整体延长的重要成因。

除了历史上和迄今政教合一的以及政、教、贵族三权鼎立的国家外，近代以来的政权大多仍以宗教的正统性赢得世俗的合法性。基督教的历史伴随着西方近代史的发展；在中国，晚清的太平天国则打破了儒教天下观，理教、白莲教、黄道教均以信仰维系的合法性之世俗化助解着王朝的一统。清末科学替代科举冲击儒教，亦是由认知体系溃解帝国制度。同样，共产主义的理念引导了国际共运史。

俄罗斯与白俄罗斯的东正教仪式严整而传统，且非如涂尔干等认为的宗教表征结构，而似特纳仪式"阈限"之反结构。东正教建构了俄罗斯与白俄罗斯的国民民族－国家认同，同时二者又以此结为文化认同，并均与希腊东正教拥有信仰认同——重构了信众权威；亦如利奇"文化与社会制度（结构）并非合一"之动态平衡，从而对国家认同构成张力。

---

① 米尔咱·马黑麻·海答尔：《拉失德史》，中译《中亚蒙兀儿史》第一编，新疆人民出版社，1985，第 165 页。
② 《中亚蒙兀儿史——拉失德史》第一编，第 225 页。

早期中西丝路"鬼市"交易透视

赵 贞[*]

摘 要：杜环《经行记》中的"鬼市"，也称"哑交易""沉默交易"或"默契交易"，是交易双方在"不相见"、不交谈的情况下各自放置货物以换取所需物品的经济活动，这在世界各地经济文化相较落后的许多民族中都有反映。交易双方因彼此缺乏了解而引发的恐惧与猜忌、客观上的语言隔阂和障碍以及原始部民诚信淳朴的品质，导致了"鬼市"交易的形成。西方学者对"赛里斯人"有关"鬼市"的描述，应是丝路早期古代中国与罗马帝国之间贸易往来的反映。

关键词：丝路 鬼市 默契交易 赛里斯 原始经济

提起"鬼市"，通常会想到鬼怪群聚之处[①]，或会想到"半夜而合，鸡鸣而散，人从之多得异物"[②]的夜市。但在丝路交易中，还有一种特殊的"鬼市"，

---

[*] 赵贞：历史学博士，北京师范大学历史学院副教授，主要研究方向为隋唐史、敦煌吐鲁番学、社会天文学。

[①] 鬼市为鬼怪群聚之处，唐长安城务本坊内即有一处鬼市。唐无名氏《辇下岁时记》载："俗说务本坊西门是鬼市，或风雨曛晦，皆闻其喧聚之声。秋冬夜多闻卖乾柴，云是枯柴精也。又或月夜闻鬼吟：'六街鼓绝行人歇，九衢茫茫空有月。'有和者云：'九衢生人何劳劳，长安土尽槐根高'。"参见李健超《增订唐两京城坊考》（修订版），三秦出版社，2006，第56页。

[②] 郑熊《番禺杂记》称："海边时有鬼市，半夜而合，鸡鸣而散，人从之多得异物。"孟元老《东京梦华录》卷二"潘楼东街巷"载："茶坊每五更点灯，博易买卖衣物、图画、花环、领抹之类，至晓即散，谓之'鬼市子'。"参见陶宗仪《说郛》卷四，中国书店，1986年影印本，第5页；孟元老撰《东京梦华录校注》，邓之诚注，中华书局，1982年，第70页。

所谓"贸易不相见,置直物旁"①。这种无人售货的集市,学界多有论述。② 本文在梳理"鬼市"材料的基础上,拟对这种买卖双方"不相见"的"鬼市"交易进行论述,并就"鬼市"流行的区域及原因略作说明。

一

"鬼市"的描述,最早见于唐旅行家杜环的游历见闻《经行记》,此书记录"拂菻国"说:"拂菻国在苫国西,隔山数千里,亦曰大秦。……西枕西海,南枕南海,北接可萨突厥。西海中有市,客主同和,我往则彼去,彼来则我归。卖者陈之于前,买者酬之于后,皆以其直置诸物傍,待领直然后收物,名曰鬼市。"③按照杜环"拂菻亦曰大秦"的说法,拂菻即东罗马帝国(拜占庭帝国),"苫国"即叙利亚,阿拉伯人称之为 Scham,音译为苫也④;"西海"指地中海,"南海"为埃及与小亚细亚之间的地中海部分⑤。据杜环所述,在西海之中的交易市场上,交易的双方互不相见,"我往则彼去,彼来则我归"。大体来说,先是卖主将货物摆在市场中然后离开,接着买主挑选货物,并将等价值的钱币放置在货物旁边,以充报酬,待卖主将钱币和剩余货物悉数收纳后,买卖交易就算完成了。《新唐书·拂菻传》谓:"西海有市,贸易不相见,置直物旁,名鬼市"⑥,即是此种交易方式的反映。

杜环《经行记》所见的"鬼市"交易,西方学者多有描述。德国学者夏德(Friedrich Hirth)在《大秦国全录》中说:

这种未开化民族深厌和文明生活发生任何的接触。当他们需要为他们

---

① (北宋)欧阳修:《新唐书》卷二二一下"拂菻传",中华书局,1975,第6261页。
② 莫任南:《"丝路"上的哑市交易》,《民俗研究》1993年第4期;侯丕勋:《西北史地探赜》,甘肃人民出版社,1995,第133~137页;侯丕勋:《"哑交易"遗风》,《文史知识》1997年第6期;石峰:《试析"默契交易"的成因》,《中央民族大学学报》1999年第6期;陈庆德:《民族经济交往关系与结构的分析》,《民族研究》2000年第4期;许永璋:《中外史籍中的"鬼市"》,《寻根》2002年第6期。
③ (唐)杜佑:《通典》卷一九三"边防九·大秦",中华书局,1988,第5266页。
④ 张星烺编《中西交通史料汇编》第一册,中华书局,1977,第101页。
⑤ 丁克家:《〈经行记〉考论》,《回族研究》创刊号,1991年第1期。
⑥ (北宋)欧阳修:《新唐书》卷二二一下"拂菻传",第6261页。

的自然经济所必不可少的简单工具时，往往乘夜走到他们所需物品的数量和品种，如矢镞、手斧及布之类，先以相当量数的乾鹿肉或蜂蜜置于交易者的门外，然后悄然隐身于森林之中，过相当时候，又悄悄回原处携取对方所放而作为交换的制成品。①

夏德所说的"未开化民族"是生活在锡兰东部森林中的部族居民。为了获取日常所需的物品，他们选择在森林中进行实物交易。整个过程非常诡秘，比如"乘夜"放置物品，"悄然隐身""悄悄回原处"，这些细节暗合了此种物物交换"神不知鬼不觉"的隐秘性，颇有"鬼市"交易的味道。

如夏德所说，锡兰部民的生活习俗，在中外史籍中都有描述。以中土而言，东晋名僧法显《佛国记》"师子国概述"说："其国本无人民，正有鬼神及龙居之。诸国商人共市易，市易时鬼神不自现身，但出宝物，题其价直，商人则依价置直取物。"②这里"师子国"即斯里兰卡，旧称锡兰。其国俗尚鬼神，商人市场交易时，鬼神虽"不自现身"，但货物价值则由鬼神标记，而商人则依鬼神所定价格"置直取物"。此种市易活动，由于鬼神"题其价直"的渗透，故而呈现"鬼市"交易的性质。

文化人类学者认为，在原始的经济活动中，存在着一种"无言的交易"（silent trade）：两方的人不互相接近，一方先把货物拿出来放在一个中间地方便即退去原处等待，以后另一方出来收起那些货物，"并将自己的放在其处以为偿品便即离开"，前一方再来收取换得的物。自始至终两方不交流一句话。③美国学者霍贝尔（Hoebel）注意到，在某些原始人中存在着一种"沉默的物物交换""无言交易"现象。比如，"马来亚俾格米塞芒人用森林产品交换他们的敌人萨凯人提供的物品。交换中两个群体都相互不见面。塞芒人把他们的物品放在一个习惯的地方，然后退走。萨凯人发现这些物品时，便把它收起来，重新放上他们愿意交换的东西。不久，塞芒人在退回丛林要塞前，回来拾起所交换的物品。用同样方式，斯里兰卡山地维达人和僧伽罗人的铁匠

---

① 〔德〕夏德：《大秦国全录》，朱杰勤译，商务印书馆，1964，第124页。
② （东晋）法显：《法显传校注》，章巽校注，中华书局，2008，第125页。
③ 林惠祥：《文化人类学》，商务印书馆，1996，第205页。

交易铁箭头。他们在晚上把交换物放在铁匠的小屋前,第二天晚上来取回换物"①。显然,交换的两个群体在习惯的地方"放上他们愿意交换的东西",但是"相互不见面",然后在不同的时间取走各自所需的货物。这种经济活动的正常进行,有赖于双方彼此长期以来达成的某种"默契"或"共识",是原始人诚信淳朴品质的体现,故人类学者又称为"默契交易"②,其实质仍是"贸易不相见"的鬼市交易。

古希腊作家希罗多德(Herodotus)在《历史》中叙述了伽太基人和北非利比亚人进行交易的情况:"利比亚有这样一个地方,那里的人是住在海拉克列斯柱的外面的,他们(伽太基人)到达了这个地方并卸下了他们的货物;而在他们沿着海岸把货物陈列停妥之后,便登上了船,点起了有烟的火。当地的人民看到了烟便到海边来,他们放下了换取货物的黄金,然后从停货的地方退开。于是伽太基人便下船,检查黄金。"③ 在烟火的引导下,伽太基人用货物换回了等价值的黄金,当地的利比亚人也取走了所需的货物。整个等价交易中,双方互不相见,彼此的交流也仅限于烟火的提示,因而也是一种沉默的"无言交易"。

事实上,人类学者提到的"沉默交易"或"默契交易"散见于世界各地的许多民族中。美国人类学者哈维兰说:"沉默交易是物物交换的一种特殊化形式,在沉默交易中双方既不进行面对面接触,也不进行口头交谈,早期许多居住在森林的民众就是这样交换物品的。"最为典型的是卡尔顿·库恩的详细描述:

> 这些森林居民蹑手蹑脚地穿过荆棘丛生的小路来到做交易的地方,在那里,他们留下整整齐齐的一堆森林物产,如蜂蜡、樟脑、猴胆球、燕窝。他们又蹑手蹑脚地走回一段距离,在一个安全的地方等待。交易的伙伴通

---

① 〔美〕E·A·霍贝尔:《礼物和交易》,韦兰春译,《世界民族》1987年第3期。
② 日本人类学家栗本慎一郎指出,"默契交易是指两个既不能相互接近或接触、又不能互通信息的共同体之间进行的交易","默契交易的真正特征并不是'沉默',在很大程度上可以说是'避讳'交易双方的自然接触",也就是说,"避讳接触是默契交易的一个首要的、共通的特征"。参见〔日〕栗本慎一郎《经济人类学》,王名等译,商务印书馆,1997,第75~78页。
③ 〔古希腊〕希罗多德:《历史》,王以铸译,商务印书馆,1997,第341页。

常是农民，他们有更精美更大量的物质财产，但当有别人为他们追去蜂蜡时，他们不愿为此去迷途森林，当这些农民发现了一小堆东西时，就在这堆东西旁边放上一些他们认为是等价的金属切刀、便宜的布匹、香蕉等。他们也谨小慎微地离开了。那害羞的老乡重新出现，他审视一下两堆东西，如果他满意，就把第二堆拿走了。然后对方一伙人回来把第一堆拿走，交换就完成了。如果森林居民不满意，他们就会又一次离开此地，而且如果另一些人愿意增加他们的出价，他们就会一次又一次来回，直到每个人都很满意，才达成交易。①

尽管森林居民的交易在白天进行，但始终弥漫着一种神秘、静谧而又祥和、虔诚的氛围。即使双方的讨价还价，也是在"蹑手蹑脚""谨小慎微"的情境中默默进行，显示出为保持和平关系而彼此控制潜在障碍的默契。表面看来，森林居民对于交易物品相对价值的计算，似乎毫不在乎，但实际上在默契交易中，彼此双方都要相互揣摩对方对交易的关心程度，权衡交易的可能，维护交易的方式，并尽可能在长期以来约定俗成的"默契"中完成相对互惠互利的物品交换。此外，西非黑人与布兰科角附近的黑人之间，北德意志商人与利沃尼亚居民之间，危地马拉的高山民族相互之间，马里的黑人同来自尼日尔的黑人之间，甚至在东亚、南亚地区也广泛存在这种"默契交易"的习惯。根据《日本书纪》的记载，公元660年日本国的阿倍臣将军率领水师与肃慎国的船队作战，而在开战前，阿倍臣的军队还与肃慎人进行了"一次不成功的默契交易"。同样，新井白石撰述的《虾夷志》（1721）中，还记载了北海道的阿伊努人与千岛海边的村民进行"默契交易"的情况：从北海道航海去千岛的阿伊努人，把船停泊在海上，趁村民隐循山林之际把商品放在海边，然后返回船上。村民们随后过去放下等价物，取走商品。最后，北海道阿伊努人再到海边去取等价物。这种在海边进行的交易，酷似于希罗多德所记载的默契交易。②

---

① 〔美〕威廉·A. 哈维兰：《当代人类学》，王铭铭等译，上海人民出版社，1987，第456~457页。

② 〔日〕栗本慎一郎：《经济人类学》，第74~83页。

二

在西方人的眼中，古代中国也曾出现过这种神秘的"鬼市"交易。东汉光武帝时，罗马史家梅拉（MeLa）记："中国人善经商，唯交易时，不以面相视，遗货于沙碛中，以背相对"①。英国学者亨利·玉尔（Henry Yule）在《古代中国闻见录》说："赛里斯国即居界居二山之间，其人诚实，世界无比。善于经商，可以不面对面贸易，遗货于沙碛中。"② 我们知道，在古代希腊罗马文献中，通常将中国称为"赛里斯"（Seres），意为"丝国"，即产丝之国。由此看来，在古代中国，这种"以背相对""不面对面"的交易，曾在大漠沙碛中进行，或许正是早期丝路横越沙漠、沿途艰险的反映。

再看罗马作家普林尼（Pliny）在《博物志》的描述："赛里斯人居爱摩都斯山（Emodus）之外，以通商见知于吾人。岛中人有亲见之者。拉切斯之父尝至其国。使人途中旅行时，亦尝见赛里斯人。据云，其人身体高大，过于常人，红发碧眼，声音洪亮，惜言语不通，不能与之交谈。其余所言者，亦皆与吾国商人所述相同。货物皆运至某河之东岸，置于赛里斯人货物之旁，与之议定价钱后，即取之他往。"③ 普林尼是一位学识渊博的博物学家，但受地理条件的限制，他对古代东方极远之地——"赛里斯"的了解，主要依靠自锡兰（今斯里兰卡）赴罗马的使节们沿途探听到的消息。根据使节拉齐阿斯（Rachias）的描述，当时的中国与罗马之间有着通商贸易关系，而在锡兰附近的河岸某侧，中国商人与当地的锡兰人遵循着一种"不相见"的物物等价交易。尽管法国学者布尔努瓦（Boulnois）认为使节打探到的消息（或传闻）或许是一些"危言耸听的轶事"④，但对赛里斯人的"鬼市"交易，他与普林尼等西方学者不约而同地予以承认。

---

① 张星烺编《中西交通史料汇编》第一册，中华书局，1977，第102页。
② 张星烺编《中西交通史料汇编》第一册，第20页。"亨利·玉尔"或译作"亨利·裕尔"，《古代中国闻见录》，或译作《东域纪程录丛》。
③ "普林尼"，张星烺译作"白里内"，参见张星烺编《中西交通史料汇编》第一册，第20~21页。
④ 〔法〕布尔努瓦：《丝绸之路》，耿昇译，新疆人民出版社，1982，第39页。

"鬼市"交易的学术观点综述

学者	赛里斯人"鬼市"描述	出　　处
梅拉	赛里斯人是一个充满正义的民族，由于其贸易方式奇特而十分出名，这种方式就是将商品放在一个偏僻的地方，买客于他们不在场时才来取货	〔法〕戈岱司编《希腊拉丁作家远东古文献辑录》，耿昇译，中华书局，1987，第9页
普林尼	使人途中旅行时，亦尝见赛里斯人。据云，其人身体高大，过于常人，红发碧眼，声音洪亮，惜言语不通，不能与之交谈。其余所言者，亦皆与吾国商人所述相同。货物皆运至某河之东岸，置于赛里斯人货物之旁，与之议定价钱后，即取之他往	张星烺编《中西交通史料汇编》第一册，中华书局，1977，第21页；〔英〕H·裕尔：《东域纪程录丛》，张绪山译，云南人民出版社，2002，第164页
布尔努瓦	赛里斯人的体材超过了普通凡人，红头发、蓝眼睛，嗓门粗糙，没有互相交流思想的语言。（锡兰的）商品堆放在靠赛里斯国一边的河岸上。如果这些商品迎合赛里斯人口味的话，那么他们便自动取走货物而又如数留下贷款	〔法〕布尔努瓦：《丝绸之路》，耿昇译，山东画报出版社，2001，第39页
赫德森	使者们在旅途中见过赛里斯人。他们描述道，这些人身材超过常人，红发、碧眼，嗓音粗哑，然无通用语言与之交谈，其余所言则与我国（罗马）商人之说相同。运抵那里的货物堆放在某河的另一侧，置于赛里斯人所售货物之旁，后者若愿意与之进行交易，即取物离去	〔英〕赫德森：《丝绸贸易》，《中外关系史译丛》第3辑，章巽等译，上海译文出版社，1986，第286页
让－诺埃尔·罗伯特	塞尔人身材平常，红头发，蓝眼睛，嗓音吓人，不和外人讲话。其他情况与我们的商人带回来的资料相符：对岸的河边上，新到的货物与已有的商品堆积在一起等待交易	〔法〕让－诺埃尔·罗伯特：《从罗马到中国——恺撒大帝时代的丝绸之路》，马军等译，广西师范大学出版社，2005，第47页
马赛里奴斯	赛里斯人习惯简朴，喜安静读书以度日，不喜多与人交游。外国人渡边境大河，往买丝及他货者，皆仅以目相视，议定价值，不交谈也。其地物产丰富，无求于他人。虽随时愿将货物售于他人，然绝不自他人有所购买也	张星烺编《中西交通史料汇编》第一册，第48页

以上西方学者的描述中，希腊史家马赛里奴斯（Marcellinus）的说法略有不同。其一，赛里斯人交易的货物以丝织品（包括丝线、丝绸）为主；其二，交

易中双方似可相见，但不交谈，"仅以目光议定价格"①。正如法国学者诺埃尔·罗伯特（Noel Robert）所言："如果有外国人渡河来买丝线或其他商品，他们就用眼睛估算一下商品的价值而不交流一句话。"② 由于交易的双方互不交流，而彼此仅"以目视价"，所以张星烺先生形象地称为"哑交易"。但他同时认为，此种交易风俗，"中国及罗马古代皆无之也"③，《新唐书·拂菻传》所见鬼市"盖传闻之辞也"④。

不过，根据西方学者查尔斯沃思的叙述，古代中国与罗马之间的丝路交易中就有"鬼市"的存在："在塔什霍尔罕（Tashkurgan）境外，中国商人等候西方之经纪，河岸之上，满布生丝、丝线及丝服，用以交换罗马生产之宝石、琥珀、珊瑚之类。相传谓彼等交易十分公道，一俟购者选择既完之后，方可引退，而交易中彼此不交一眼。"⑤ 在彼此不交谈的"鬼市"交易中，中国商人用大宗的丝织品从罗马人的手中换来等价值的宝石、琥珀等物，如果联系到公元前后罗马帝国对于中国丝绸的百般追逐与推崇⑥，那么查尔斯的描述，应是丝路早期古代中国与罗马帝国之间贸易往来的反映。

三

"鬼市"交易是如何形成的呢？夏德指出这是"未开化民族深厌和文明生活发生任何的接触"的结果，并说中国和罗马之间的"鬼市"交易，"乃因岛上土著民族怕羞的缘故，上古及较晚时代都可见到"⑦。亨利·玉尔强调，"就所

---

① 〔英〕H.裕尔，《东域纪程录丛》，张绪山译，云南人民出版社，2002，第170页。
② 〔法〕让-诺埃尔·罗伯特《从罗马到中国——恺撒大帝时代的丝绸之路》，马军等译，广西师范大学出版社，2005，第49页。
③ 张星烺编《中西交通史料汇编》第一册，第48页。
④ 张星烺编《中西交通史料汇编》第一册，第102页。
⑤ 〔英〕M. P. 查尔斯沃思：《古代罗马与中国印度陆路通商考》，收入《中外关系史译丛》第1辑，章巽等译，上海译文出版社，1984，第9页。
⑥ 法国学者布尔努瓦说："数年之后，罗马人便开始以使用丝绸为时髦，以至于在公元十四年，即在奥古斯都（Auguste，屋大维）临死之前数月的时候，古罗马元老院只好诏令禁止男性臣民穿戴丝绸服装，说丝绸'毁坏'了他们的名誉；不仅如此，而且对妇女们使用丝绸也做了一定的限制。这说明，在卡尔莱战后还不到五十年的时间内，丝绸这种新颖的和异国的产品就大量渗透人民的风俗习惯中了。"参见〔法〕布尔努瓦：《丝绸之路》，第3页。
⑦ 〔德〕夏德：《大秦国全录》，朱杰勤译，商务印书馆，1964，第123~124页。

知的其他事例论，哑市贸易只存在于参加贸易的一方文明程度极低的情况下"①。日本学者栗本慎一郎也认为，"默契交易总是发生在这样一种社会背景下：在交易当事人中至少有一方处于原始经济"，"有时参与交易的两个共同体都是原始经济"，"另外一种形式是：交易的一方是较为发达的社会，另一方是原始经济。这种形式也很常见。比如，一方是阿拉伯人、马来人或中国人，另一方是苏门答腊岛上的库布人或斯里兰卡的威鞑人"②。这说明"默契交易"或"鬼市"多发生于经济文化相较落后的原始部落或土著居民中③。诸如塞芒人与萨凯人的沉默式交换，伽太基人与利比亚人的"无言交易"，就是上古社会"未开化民族"互通有无、交换物品的一种特殊形式。

不论"默契交易"还是"鬼市"，由于双方"不相见"，互不接触，所以栗本慎一郎认为是一种避讳接近或接触的交易。较为典型的事例是，在费尔南多波，参加交易的岛民要在相互间的沙滩上划一条线，线的一侧摆上薯蓣等物品，另一侧摆上念珠或香烟。如果对对方的物品满意，就越过这条线取回物品，并让对方取走自己的物品。这种划线方式，可以说是保持对接近"避讳"或"沉默"的一种象征性形式④。按照栗本慎一郎的理解，"对接触的避讳，对包括交谈在内的信息交流的避讳，都是基于从人类心理的深层发出的自然之命"，"它的背后则是原始人对'异人'的恐惧"⑤。比如在神话传说中，妖、魔、鬼、怪、野狐、仙人、天女等，大都用来象征性地表现外来的"异人"。简言之，由于对共同体之外的"异人"（陌生人、异族人、外来者等）缺乏了解，因而在观念或潜意识中导致了对"异人"的一种本能的恐惧与猜疑，反映在经济活动中便是与"异人"的交换行为颇有"鬼市"的味道，交易双方忌讳直面接触，

---

① 〔英〕H·裕尔：《东域纪程录丛》，第167页。
② 〔日〕栗本慎一郎：《经济人类学》，第74页。
③ 英国学者赫德逊（Hudson）指出，"哑子式的以货易货的交易，也适合于原始的山民，但绝不适合于任何文明民族"。当然也有例外，比如20世纪30年代，在美国阿肯色州欧扎克山地乡村有一种沉默的物物交换的变种。这里"走私的酒"谷物威士忌能像"树头液体"一样购买。作为逃避税务工作人员的一种方式，采取放一美元在大家都知道的树头上的原则。晚上，一加仑谷物威士忌换走了这一美元，购买者早晨来取。走私酒的人不可能使自己暴露而被捕。参见〔英〕G.F.赫德逊：《欧洲与中国》，王遵仲等译，中华书局，1995，第54页；〔美〕E·A.霍贝尔：《礼物和交易》，《世界民族》1987年第3期。
④ 〔日〕栗本慎一郎：《经济人类学》，第75~76页。
⑤ 〔日〕栗本慎一郎：《经济人类学》，第77~78页。

故而隐身不见。正如林惠祥所言，实行这种无言交易风俗的"必是不相熟识而互相猜忌的两民族"①。

众所周知，在上古时代，由于受自然环境和地理条件（高山险隘、沙漠戈壁）的制约，世界范围内的诸多民族部落大多在封闭隔绝的环境中生活，他们保持着相对的独立性，与外界的联系和交往较少。有时各部族之间因抢劫或争夺财物而大打出手，兵戎相见。"当交换发生在两个群体之间时，至少就有潜在敌对和竞争的倾向。"② 于是避免彼此接触的"鬼市"交易便成为敌对双方沟通有无的重要方式。比如，加拿大极地的爱斯基摩人和他们南面的邻居阿塔巴斯卡人（Athabascan）通常互有敌意，故各自在习惯的贸易地点放置货物进行交易，以尽量避免实在的接触。至于西非尼日尔河盆地民族，他们交易的货物主要是黄金，在与外族的"无声贸易"（silent trade）中，始终保持着警惕状态，以防止金矿的秘密外泄③。

美国学者哈维兰说，"沉默交易的原因只能假定，但在某些情况下，沉默交易可能是因为缺少一种共同语言。它更经常的是为保持和平关系控制互相的敌意"④。因此，除了敌对和戒备因素之外，语言的隔阂和障碍无疑是导致"鬼市"形成的重要原因。《后汉书·西域传》载："其王（大秦）常欲通使于汉，而安息欲以汉缯彩与之交市，故遮阂不得自达。"⑤尽管大秦王有遣使通好的打算，但由于安息的阻隔和干扰，加之"赛里斯人习惯简朴，喜安静读书以度日，不喜多与人交游"，由此使得大秦国与东汉"遮阂"，不能直接沟通交好。自然双方"没有互相交流思想的语言"，或没有"通用语言与之交谈"，在语言不通因素的制约下，为促成中国与罗马之间的商品交易，彼此双方只能以目示意，"用眼睛估算一下商品的价值"⑥，据此交换物品。以后，随着双方交易的加深，出现了用手指或简易符号议定价格的现象。比如中古时代，阿

---

① 林惠祥：《文化人类学》，第 205 页。
② 〔美〕威廉·A. 哈维兰：《当代人类学》，第 456 页。
③ 〔美〕罗伯特·F. 墨菲：《文化与社会人类学引论》，王卓君等译，商务印书馆，1991，第 167~168。需要说明的是，墨菲所说的"无声贸易"，寓意等同于"无言的交易""哑交易""沉默交易""默契交易"，其实都是"鬼市"交易的不同表述。
④ 〔美〕威廉·A. 哈维兰：《当代人类学》，第 457 页。
⑤ （南朝宋）范晔：《后汉书》卷八十八"西域传·大秦国"，中华书局，1965，第 2919~2920 页。
⑥ 〔法〕让－诺埃尔·罗伯特：《从罗马到中国——恺撒大帝时代的丝绸之路》，第 49 页。

拉伯商船赴中国途中，"沿锡兰（Ceylon）之南岸而行，沿海一带贸易，直到尼古巴（Nicobar）群岛始已。此地所交易者，皆为无衣无褐之土著居民，因其不识阿剌伯语，则以手号及种种简易之法代之"①。由于双方无法交谈，故从实质上说，仍然是名副其实的"哑交易"。亨利·玉尔说："亚洲大多数国家包括蒙古，可能还有中国，都确曾或多或少地盛行过哑市贸易"，"买卖双方的交易方式是，围巾下彼此拉拉指头而一言不发"②。通过互捏手指而议定物品价钱的方式，在现今甘肃农村集市的牲口交易中，仍能看到这种"哑交易"的遗风。③

不能忽视，诚信纯朴的品质也是促成"鬼市"交易的因素。古今中外，人类的社会经济活动中，无论是原始的物物交换，还是现代市场经济，都需要诚实守信的品质来维系经济秩序的运行。尤其在原始的"鬼市"交易中，由于双方不能相见，也不交谈，只能"以目议价"，加之没有"中人"或"牙人"的接洽，因而为保证货物价格公平，乃至"彼等交易十分公道"，客观上需要交易双方具有诚实守信的品质，彼此互不欺骗，乃至达成某种约定俗成的共识，最终促成"默契交易"。否则，买卖双方中，无论哪一方出现欺骗和有违公平的行为，所谓"客主同和""贸易不相见"的"鬼市"交易都很难持续下去。《梁书·师子国传》载："诸国商估（贾）来共市易，鬼神不见其形，但出珍宝，显其所堪价，商人依价取之。"④ 这里"依价取之"，《佛国记》作"依价置直取物"，表明在师子国（今斯里兰卡）的"鬼市"交易中，商人对鬼神标记的价格笃信不疑，透露出鬼神信仰在约束和维系商贾的诚信品质中起着十分重要的作用。

史载，大秦国"其人质直，市无二价"⑤，说明大秦国（古罗马）不仅民风质朴，正直守信，而且市场物价统一，买卖公道。在这种社会氛围的浸染下，拂菻国（大秦）中的"鬼市"交易呈现"卖者陈之于前，买者酬之于后"的景

---

① 〔英〕M·布隆荷尔：《中国与阿拉伯人关系之研究》，收入《中外关系史译丛》第1辑，朱杰勤译，第14页。
② 〔英〕H·裕尔：《东域纪程录丛》，第167页。
③ 侯丕勋：《"哑交易"遗风》，《文史知识》1997年6期。
④ （唐）姚思廉：《梁书》卷五四"诸夷传·师子国"，中华书局，1973，第800页。
⑤ （南朝宋）范晔：《后汉书》卷八八"西域传·大秦国"，第2919页。

象。这种"置直物旁""领直收物"的交易方式，颇有些许"货到付款"的意味，在伽太基人用货物从利比亚人手中换回黄金的交易中表现得尤为淋漓尽致："如果他们（伽太基人）觉得黄金的数量对他们的货物来说价格公平的话，他们便收下黄金，走他们的道路；如果觉得不公平的话，他们便再到船上去等着，而那里的人们便回来把更多的黄金加上去直到船上的人满意时为止。据说在这件事上双方是互不欺骗的。伽太基直到黄金和他们的货物价值相等时才去取黄金，而那里的人也只有在船上的人取走了黄金的时候才去动货物。"[1] 无疑，这次成功的公平交易，是在长时间的坚守和等待中完成的，这需要双方"互不欺骗"，且要表现出足够的诚意、耐心和信用。从某种意义上说，这种原始的诚信质朴品格，促成了"鬼市"交易的顺利进行。

---

[1] 〔古希腊〕希罗多德：《历史》，第341页。

九鼎、传国玺与中国古代政治传承意识*

彭丰文**

摘　要：在中国历史上，九鼎与传国玺曾经长期被视为王权的象征、天命的标志，被描述、塑造成历代中原王朝的传国重器，受到中原统治者的高度重视乃至顶礼膜拜。这种历史现象体现了鲜明的政治传承意识。虽然历史上的九鼎与传国玺真伪难辨，但是借助有关九鼎与传国玺的历史传说和政治想象，中国历代统治者把中原地区的政治与历史建构成一部单线传承的政治史，历史上所有中原政权由此形成了一脉相承的历史关联性和政治继承性。政治传承意识塑造和维护了中国古代统一多民族国家在精神上的连续性和整体性，是中国传统文明绵延数千年而不曾中断的重要原因之一。本文在前贤研究基础上，尝试从政治心理的视角，着重考察九鼎、传国玺崇拜现象所蕴含的政治传承意识，探讨中国古代统一多民族国家赖以形成发展的原因和动力。

关键词：九鼎　传国玺　政治传承意识　五德终始学说　正统观

在中国历史上，九鼎与传国玺长期被视为传国重器，备受统治者关注与尊崇，围绕九鼎与传国玺衍生了不少神秘的传说，发生了多次争夺风波，九鼎与

---

* 本文为国家社会科学基金 2012 年度重大招标项目《中国古代民族志文献整理与研究》的阶段性成果。项目批准号：12&ZD136。

* 彭丰文：中国社会科学院民族学与人类学研究所副研究员，主要研究方向为中国古代边疆史、民族史、思想史。

传国玺的流转传承线索也是时隐时现,扑朔迷离,最后竟不知所终。对九鼎、传国玺的关注与尊崇,以及笼罩在它们身上的神秘色彩,是中国历史上一个值得关注的政治文化现象。目前,学术界在考证九鼎、传国玺实物形态、艺术特色及其流传轨迹的同时,也注意探讨其背后的政治文化意义。学界前贤指出,九鼎、传国玺是中国古代王权的象征,集中反映了天命观和国家统一观念对中国传统政治文化中的影响,同时其影响力有一个从兴起到逐渐消亡的过程。① 这些研究为解读九鼎、传国玺崇拜现象奠定了重要学术基础,不过从中也可以看到,关于九鼎、传国玺的研究在深度和广度上都还有拓展的空间,特别是其中包含的政治传承意识尚未引起充分的注意,关于这方面的研究几乎处于空白状态。本文在前贤研究基础上,尝试从政治心理的视角,着重考察九鼎、传国玺崇拜现象所蕴含的政治传承意识,探讨中国古代统一多民族国家赖以形成发展的原因和动力。

一 九鼎的历史传说及其政治传承意识

九鼎自春秋战国时期开始备受时人瞩目,其政治地位和影响直到西汉时期才逐渐衰微,占据历史舞台长达五百余年。"鼎"的初始含义是指用作烹煮食物的容器。许慎《说文解字》曰:"鼎,三足两耳,和五味之宝器也。"② 商周时期,鼎出现在祭祀礼仪中,兼有炊器、礼器的功能。作为祭祀礼仪之用的鼎,其数量、规格与爵位相匹配,天子享有九鼎,其他爵位者规格依次降低。东汉何休追述周代礼制曰:"礼,祭,天子九鼎,诸侯七,卿大夫五,元士三也。"③ 因此在先秦时期,鼎的政治文化含义远远超过其初始本义,成为政治身份地位的象征。先秦两汉时期典籍中的"九鼎"特指传说中由大禹或启组织铸造的九

---

① 参见刘浦江《"五德终始"说之终结——兼论宋代以降传统政治文化的嬗变》,《中国社会科学》2006年第2期;〔美〕巫鸿:《九鼎传说与中国古代的"纪念碑性"》,巫鸿、孙庆伟译,《美术研究》2002年第1期;萧高洪:《传国玺与君权神授的观念》,《江西社会科学》1989年第2期。陈晔:《玉玺呈瑞:宋哲宗朝传国玺事件剖析》,《史学月刊》2008年第12期。
② (汉)应劭:《风俗通义校注》(上册)卷一"皇霸"注释,王利器校注,中华书局,1981,第26页。
③ (汉)何休解诂、(唐)徐彦疏、刁小龙整理《春秋公羊传注疏·桓公二年》,上海古籍出版社,2014,第127页。

个大鼎，此即本文所讨论的"九鼎"。由于在传说中九鼎为周王朝所继承，九鼎在文献中也被称作"周鼎"。

"九鼎"之名最早出现于春秋战国时期。《左传》《墨子》都有关于九鼎的记载。《左传》记载臧哀伯曰："武王克商，迁九鼎于雒邑，义士犹或非之。"①由此可见，时人认为周王朝的九鼎源自商王朝，是武王克商的战利品，被武王迁徙安置于东都雒邑周室宗庙中。《左传》还记载了著名的"楚庄王问鼎"事件。楚庄王北击陆浑之戎，耀兵于周王之疆，并挑衅性地向周王使者王孙满询问九鼎之大小轻重。王孙满答曰：

> 在德不在鼎。昔夏之方有德也，远方图物，贡金九牧，铸鼎象物，百物而为之备。使民知神奸。故民入川泽山林，不逢不若，螭魅罔两，莫能逢之。用能协于上下，以承天休。桀有昏德，鼎迁于商，载祀六百。商纣暴虐，鼎迁于周。德之休明，虽小，重也。其奸回昏乱，虽大，轻也。天祚明德，有所底止。成王定鼎于郏鄏，卜世三十，卜年七百，天所命也。周德虽衰，天命未改。鼎之轻重，未可问也。②

以上引文反映了春秋战国时期人们对九鼎的基本认识。在这段资料中，九鼎被认为是天命的标志，最初由夏王朝统治者所铸，先后在夏、商、周三个王朝之间迁徙传承。决定传承路径的主要因素，是王朝统治者的"德"，唯独"有德"者才有资格承受天命。天命也被认为是唯一的，统治者一旦昏聩失德，九鼎就必须移交给下一位"有德"者。自然，天命也被认为是具有流动性、传承性的，因而九鼎才会在不同王朝之间迁徙。

在《墨子》一书中，也记载了关于九鼎传承的传说。书中记载了墨子与马子两位先贤的一段对话。墨子认为九鼎是神异之物，象征天命，并特别指出九鼎在夏、商、周三代之间传承。墨子曰：

> 昔者夏后开使蜚廉折金于山川，而陶铸之于昆吾；是使翁难雉乙卜于

---

① 杨伯峻编著《春秋左传注·桓公二年》，中华书局，1981，第89页。
② 杨伯峻编著《春秋左传注·宣公三年》，第669~671页。

白若之龟，曰："鼎成三足而方，不炊而自烹，不举而自臧，不迁而自行，以祭于昆吾之虚，上乡"！乙又言兆之由曰："饗矣！逢逢白云，一南一北，一西一东，九鼎既成，迁于三国。"夏后氏失之，殷人受之；殷人失之，周人受之。夏后、殷、周之相受也，数百岁矣。①

由此可见，墨子认为九鼎铸造于夏启时期，在夏、商、周三个王朝之间流转，象征着天命在这三个王朝之间传承相袭。在墨子的描述中，九鼎神出鬼没，具备诸多不可思议的灵异功能，明显有别于普通器物，其中蕴含着将九鼎视为天命象征的思想认识。

正是由于九鼎被赋予了丰富的政治文化涵义，特别是与天命的话题紧密相连，因此拥有九鼎成为当时统治者的共同愿望。自春秋战国至西汉时期，围绕九鼎发生了多次激烈争夺，导致一系列政治风波，甚至屡次差点引发诸侯国之间的战争。除上文提到的春秋前期楚庄王问鼎事件之外，战国后期还发生秦、齐、楚等诸侯国争夺九鼎的事件。周显王在位时，秦齐两国争相向周王求取九鼎，为此甚至出兵相逼，周王依靠颜率的智慧与口才，才得以既退两国之兵又保住了九鼎。②《史记·楚世家》记载了周赧王时期楚顷襄王欲出兵灭周以迁徙九鼎的事件，周赧王借助武公的雄辩口才得以解围。③ 为了争夺九鼎，诸侯国不惜兴兵发难，制造政治风波。正如武公所言："然而好事之君，喜攻之臣，发号用兵，未尝不以周为终始。是何也？见祭器在焉，欲器之至而忘弑君之乱。"④ 辩士张仪直截了当地挑明了争夺九鼎与成就"王业"之间的内在关系。据《战国策》记载，张仪与司马错在秦惠王前争论是伐秦还是伐韩，张仪主张伐韩，理由是伐韩可以"据九鼎，案图籍，挟天子以令天下，天下莫敢不听，此王业也"。⑤ 可见春秋战国时期争夺九鼎的政治风波，其发生的根本原因是各个诸侯国冀图借助九鼎来证明自己有资格承受天命，统一中国，传承夏商周三代王朝

---

① 《墨子·耕柱》，方勇译注，中华书局，2011，第394页。引文中"夏后开"实为"夏后启"，汉代避景帝刘启之讳，改"启"为"开"。
② 《战国策》卷一"东周策·秦兴师临周而求九鼎"，缪文远等译注，中华书局，2012，第1～3页。
③ （汉）司马迁：《史记》卷四十"楚世家"，中华书局，1959，第1734页。
④ 《史记》卷四十"楚世家"，第1734页。
⑤ 《战国策》卷三"秦策一·司马错与张仪争论于秦惠王前"，第87页。

的政治统绪，恢复想象中的夏、商、周三代天下一统的"王业"。

春秋战国时期，人们一直确信九鼎被安放于雒邑之周室太庙，所有兴兵伐周、争夺九鼎的谋略均以此为前提和基础。然而周、秦换代之际，九鼎竟神秘失踪，下落不明。史籍关于九鼎下落的记载众说纷纭，莫衷一是，有入秦说、沉于泗水说，后世甚至衍生出周王自行销毁说、项羽销毁说等。九鼎的神秘失踪，并没有引发时人对九鼎真实性的怀疑。秦汉时期，人们对九鼎的关注与尊崇有所减弱，但九鼎在政治生活层面依然保持了一定的影响。秦始皇东巡时，曾遣人于泗水打捞九鼎①，汉文帝也曾听信术士之言，立庙于汾水之南，以祈求周鼎出水，均无果而终。② 至此九鼎已完成历史使命，逐渐淡出中国古人的政治视野。此后，虽然武则天和宋徽宗都有过仿造九鼎的举动，但都不过是先秦两汉时期九鼎文化遥远的历史回音，其政治功能与影响已经远远不能与先秦两汉时期相提并论。

不过，现存古典文献对九鼎的记载存在相互抵牾之处，而九鼎又被赋予出神入化的神秘形象，以至于后世对九鼎的实物形态、铸造年代、铸造的组织者乃至九鼎是否真实存在等问题存在争议，有的学者认为九鼎可能是纯属虚构出来的器物。③ 本文的主旨不是讨论作为实物的九鼎是否真实存在，而是关注九鼎在中国古人心目中的形象和分量。尽管关于九鼎的记载内容自相抵牾，后世学者对于其是否真实存在也争议不断，毫无疑问的是，九鼎在春秋至西汉时期的政治生活中占据了显耀位置，当时的人们毫不怀疑九鼎的存在与九鼎的重要价值，对九鼎顶礼膜拜。

纵观春秋至西汉时期的历史，九鼎崇拜现象与中国古代国家观念紧密相连。九鼎倍受尊崇，主要是因为被视为天命的象征，而天命是当时王权合法性的唯一来源，因此九鼎同时被视为王权的标志、国家的化身。借助九鼎的形象，华夏上古历史被想象为一部以夏、商、周为主轴的单线传承的政治史，王权源自天命，随"德"转移，由于天命具有唯一性，因此统治天下的王权也是唯一的，整个人类的历史被认为是一部根据天命的转移而按照时间顺序呈线状整体推移、

---

① 参见《史记》卷六"秦始皇本纪"，第248页。
② 参见《史记》卷十"孝文帝本纪"，第430页；卷二十八"封禅书"，第1383页。
③ 参见〔美〕巫鸿：《九鼎传说与中国古代的"纪念碑性"》，孙庆伟、巫鸿译，《美术研究》2002年第1期；胡世强：《九鼎考论》，《宝鸡文理学院学报》（社会科学版）2011年第5期。

前后相承的历史。这种政治与历史的想象，蕴含着对夏、商、周三代王朝的政治认同和历史文化认同，体现了鲜明的统一国家观念和政治传承意识，同时也包含了历史文化传承意识。

二 传国玺的流转历程、真假辨析及其政治传承意识

九鼎逐渐淡出统治者的视野之际，传国玺隆重登上政治舞台。所谓"传国玺"，在历史上特指传说中由秦始皇下令制造并专供皇帝使用的传国玉玺，亦称"秦玺"。与九鼎的情形相似的是，传国玺也充满神秘色彩，传国玺的创制、保管、发现及传承交接，无不蒙上神圣庄严、神秘莫测的面纱。而随着时间的推移，记载传国玺的典籍逐渐增加，对于传国玺的描述也不断丰富，并逐渐出现分歧，其中关于制造传国玺所用的材质就有蓝田玉说、和氏璧说，传国玺所刻写的文字内容也出现不同版本。

虽然在历史传说中，传国玺由秦始皇创制，然而在最早记载秦汉历史的《史记》一书中，并没有直接提到"传国玺"之名。《史记》所载李斯《谏逐客书》一文中，有言曰："今陛下致昆山之玉，有随、和之宝。"[①]后世一般把"随、和之宝"解释为随侯珠、和氏璧，并以此作为传国玺乃由和氏璧所造的依据。其实从这段史料中，看不出和氏璧与传国玺之间有关系。在《史记·秦始皇本纪》中，也没有关于秦始皇制造传国玺的直接记载，只在叙述子婴投降刘邦过程中，间接、模糊地提到秦始皇的玉玺，其文曰："子婴即系颈以组，白马素车，奉天子玺符，降轵道旁。"[②] 在《史记》另一处对同一历史事件的叙述中，文字基本相同，只是将"天子玺符"改为"皇帝玺符节"。[③]

东汉时期是传国玺历史形象的形成关键时期。传国玺的重要性、神秘性在这个时期已有充分体现。"传国玺"的名称直到东汉以后才正式见诸文献。光武帝在位时期，学者卫宏在其所著《汉旧仪》中记述了传国玺的相关内容，此为"传国玺"之名首次见于典籍，其文曰："秦以前以金、玉、银为方寸玺。秦以

---

① 《史记》卷八十七"李斯传"，第 2543 页。
② 《史记》卷六"秦始皇本纪"，第 275 页。
③ 《史记》卷八"高祖纪"，第 362 页。

来天子独称玺,又以玉,群下莫得用。其玉出蓝田山,题是李斯书,其文曰'受命于天,既寿永昌',号曰传国玺。"① 可见,卫宏率先提出传国玺为蓝田玉、其文为"受命于天,既寿永昌"的说法。稍晚成书的《汉书》也出现了有关传国玺的记载,其文曰:"初,汉高祖入咸阳至霸上,秦王子婴降于轵道,奉上始皇玺。及高祖诛项籍,即天子位,因御服其玺,世世传受,号曰汉传国玺。"②《汉书》同时记载,王莽称帝后,遣人向汉元后索要传国玺,汉元后被逼无奈,悲愤地交出传国玺,王莽则因得到传国玺而大喜过望。东汉末年,应劭著《汉官仪》一书,叙述汉代职官制度与掌故。根据应劭的记述,"侍中"之职,在西汉时期侍中尚无掌管传国玺的职责,到了东汉时期,出现了由侍中负责传国玺、斩蛇剑两件宝物的宫廷管理制度,"至东京时,属少府,亦无员。驾出,则一人负传国玺,操斩蛇剑,参乘。与中官俱止禁中"③ 由此可见,传国玺在东汉时期得到了统治者的高度重视。同时,传国玺与斩蛇剑一同放置和管理,一定程度上反映了传国玺在统治者心目中的地位和属性,即其作为天命之象征和镇国之宝,昭示东汉皇权的合法性地位。斩蛇剑源于刘邦斩白蛇起义的神话故事,因此斩蛇剑的真实性不禁令人生疑。由此及彼,则令人难免对传国玺的真实性也心存疑惑。不过其在秦汉诸帝之间传承有序,传承路径一目了然。

三国两晋十六国时期,中原地区战乱不止,政权林立,传国玺成为当时各个政权统治者共同尊崇、激烈争夺的对象,导致传国玺的下落扑朔迷离、真假难辨,神秘色彩更加突出。据三国时期孙吴官修史书《吴书》记载,东汉末年,传国玺为孙坚所得。"汉室之乱,天子北诣河上,六玺不自随,掌玺者投井中。孙坚北讨董卓,屯军城南,官署有井,每旦有五色气从井出。坚使人浚得传国玺。其文曰'受命于天,既寿永昌'。方围四寸,上有纽文盘五龙,瑨七寸管,龙上一角缺。"④ 这则记述漏洞百出,令人生疑。首先是发现的地点十分可疑。传国玺为传国重器,掌玺者即使慌乱逃离,也不至于将之丢弃在宫外井中,既

---

① (南朝宋)范晔:《后汉书》卷四十八"徐璆传",(唐)李贤注引(汉)卫宏《汉旧仪》,中华书局,1965,第1621页。
② (汉)班固:《汉书》卷九十八"元后传",中华书局,1962,第4032页。
③ 《后汉书》卷九"献帝纪"注引《汉官仪》,第367页。
④ 《后汉书》卷一百二十"舆服志下"注引《吴书》,第3672页。

然已经携至宫外,自当仍旧随身携带,以待来日。传国玺的发现过程也很可疑。"每旦有五色气从井出",从唯物主义的角度很难解释。即使理解为传国玺材质乃稀世玉材,也很难解释这一现象,更多的可能是基于神秘主义的附会和渲染。可能正是这些原因,陈寿《三国志·吴书》中并没有采用这一条材料。但是南朝裴松之为《三国志》作注、唐朝李贤为《后汉书》作注时,都以注释的形式补充了这一条材料,故而孙吴官修《吴书》虽在后世佚亡,而这条史料却由于夹注的原因流传下来,影响了后世对传国玺的认识。特别是其中提到的传国玺大小、图案成为后世辨识传国玺真假的重要依据之一。根据《晋书》的记载,西晋灭吴后,传国玺被呈送晋武帝。此后,北方地区经历了西晋、前赵、后赵、冉闵政权的更迭,传国玺在这些政权统治者之间传承有序,直到冉闵政权崩溃后,传国玺传入东晋。对传国玺的追求以及假造传国玺的现象,反映了传国玺在当时政治生活中的重要意义。关于这一点,从晋穆帝的经历得到印证。晋穆帝即位后,很长时期因为没有传国玺而被北方胡人讥称为"白板天子"①。故辗转从北方得到传国玺后,东晋君臣皆欢,"百僚毕贺"。同时《晋书》也以肯定的口吻,记载了前燕统治者慕容俊制造假传国玺的事件,"先是,蒋干以传国玺送于建邺,俊欲神其事业,言历运在己,乃诈云闵妻得之以献,赐号曰'奉玺君',因以永和八年僭即皇帝位,大赦境内,建元曰元玺,署置百官"②。慕容俊假造传国玺的事件,也充分反映了传国玺对于王朝统治的重要性。慕容俊造假的动机很明确,就是为了宣扬"历运在己",以便名正言顺地称帝。由此亦可得知,在时人心目中,称帝者是胡、汉哪种民族身份并不是首要的,是否拥有传国玺以证明拥有"历运",即是否拥有天命才是最为重要的因素。后秦灭前秦,姚苌向前秦亡国之君苻坚求索传国玺,被苻坚严词拒绝,他拒绝的理由也与天命有关。史载苻坚曰:"小羌乃敢干逼天子,岂以传国玺授汝羌也。图纬符命,何所依据?五胡次序,无汝羌名。违天不祥,其能久乎。玺已送晋,不可得也。"③

不过东晋时期的文献对传国玺的描述,却与此前文献略有区别。东晋孙盛

---

① (梁)萧子显编撰《南齐书》卷十七"舆服志",中华书局,1972,第343页。
② (唐)房玄龄编撰《晋书》卷一百一十"慕容俊载记",中华书局,1974,第2834页。
③ 《晋书》卷一百一十四"苻坚载记",第2928页。

所撰《晋阳秋》曰:"冉闵大将军蒋干以传国玺付河南太守戴施,施献之,百僚皆贺。玺光照洞彻,上蟠螭文隐起,书曰'昊天之命,皇帝寿昌'。秦旧玺也。"而东晋徐广所著《晋纪》则曰:"传国玺文曰'受天之命,皇帝寿昌'。"① 这与东汉、孙吴时期文献所记述的传国玺铭文内容"受命于天,既寿永昌"有细小的区别。区别虽然细小,却足以令人怀疑这一时期的传国玺的真伪。唐代房玄龄所著《晋书》叙述此事时,显然结合了上述两条说法,而在记载传国玺所刻文字时则选用了徐广的版本。其文曰:"冉闵子智以邺降,督护戴施获其传国玺,送之,文曰'受天之命,皇帝寿昌',百僚毕贺。"② 东晋以后,传国玺历经南朝诸帝,在侯景之乱后流入北方,为北齐开国皇帝高洋所获。史曰:"获传国玺送邺,文宣以玺告于太庙。此玺即秦所制,方四寸,上纽交盘龙,其文曰:'受命于天,既寿永昌。'二汉相传,又传魏、晋。怀帝败,没于刘聪。聪败,没于石氏。石氏败,晋穆帝永和中,濮阳太守戴僧施得之,遣督护何融送于建邺。历宋、齐、梁,梁败,侯景得之。景败,侍中赵思贤以玺投景南兖州刺史郭元建,送于术,故术以进焉。"③ 此后传国玺在北齐、北周、隋唐等历代王朝中有序传承。而传国玺在南朝传承之际,北魏太平真君七年(446),北魏人在邺城毁佛过程中发现了两枚一模一样的传国玺,其上所刻文字与东汉、孙吴文献对传国玺的记载吻合。史曰:"戊子,邺城毁五层佛图,于泥像中得玉玺二,其文皆曰'受命于天,既寿永昌',其一刻其旁曰'魏所受汉传国玺'。"④

后唐至明清时期,传国玺的政治影响与地位逐渐衰退。五代十国时期,中原再度分裂,历经五十余年之后才重新实现局部统一。也就是在这一时期,传国玺因后唐末帝李从珂的自焚而神秘失踪,下落不明。时人推测后唐末帝李从珂携传国玺自焚,导致传国玺从此不存于世。⑤ 此后传国玺的踪迹时隐时现,十分神秘。宋、元、明、清时期,屡有献玺事件发生,但所献之玺的真实性通常遭到质疑。同时,无论统治者还是社会精英阶层,对传国玺的重视程度皆有明

---

① 《后汉书》卷一百二十"舆服志下"注引《晋阳秋》《晋纪》,第3672~3673页。
② 《晋书》卷八"穆帝纪",第198页。
③ (唐)李百药编撰《北齐书》卷三十八"辛术传",中华书局,1972,第502页。
④ (北齐)魏收:《魏书》卷四"世祖纪下",中华书局,1974,第101页。
⑤ 参见(宋)薛居正等编撰《旧五代史》卷八十五"晋书·少帝纪",中华书局,1976,第1125页。

显减弱。刘浦江先生指出，宋代以降，"在德不在宝"的人文政治思想日渐影响、冲击秦汉以来的传统天命观，导致传国玺日益受到人们的冷落，其政治作用与影响呈现逐渐没落的总体趋势。① 至清代乾隆时期，传国玺作为传国重器的价值与功能已经基本不为主流社会政治舆论所看重了。

从以上史料来看，三国两晋南北朝时期流传于各个政权的传国玺真假难辨。而由于这个历史时期所传承的传国玺真假难辨，则此后在历代统治者中流传的传国玺的真伪，即是否为真正的"秦玺"就更值得怀疑了。然而，笔者认为，后世流传的传国玺的真伪并不重要，重要的是历史上的中原帝王都极力追求获取传国玺，或者声称自己获得了真正的传国玺，并倍加珍藏，广为宣扬，由此来宣称本朝获得天命。在东汉至后唐时期，这一点尤为突出。在当时人看来，传国玺的传承路径虽然迂回曲折，却仍然具有比较清晰的来龙去脉，其真实性、神圣性不容怀疑。纵观传国玺的流转历程，在秦汉至后唐长达一千余年的漫长历史进程中，传国玺作为传国重器的神圣地位始终没有动摇，作为王权象征、天命标志的政治价值与功能也是始终如一。同时传国玺被赋予国家传承的重大政治意义，其基本的政治功能正是"传国"。透过传国玺在这一时期的流转传承路径可知，当时的人们认为，历史上的中原政权之间存在密不可分的前后传承关系，后一王朝是前一王朝的继承者，而传国玺正是这种政治继承关系的见证者。传国玺以实物的形态，承载了中国古人对国家形态的历史想象，将一千余年中所有中原王朝想象、凝聚为一个政治、历史、文化等各方面一脉相承的整体。宋代以后，传国玺的政治地位虽有下降，但是其影响仍然不容忽视。

三 政治传承意识与中华传统文明的延续

由上可知，九鼎和传国玺在历史上长期处于传说与实际政治生活交错互动的状态，真假难辨、神秘莫测，在历史上长期吸引人们的关注和重视，在中原分裂或者政权交迭时期尤为明显。九鼎和传国玺的基本特点有二，一是象征王权，代表天意，具有权威性、神秘性；二是在不同王朝之间流转传承，具有可

---

① 参见刘浦江《"五德终始"说之终结——兼论宋代以降传统政治文化的嬗变》，《中国社会科学》2006 年第 2 期。

流传性、可继承性。九鼎和传国玺的历史传说与历史流转轨迹，既体现"大一统"的国家观念和天命政治观念，又体现了鲜明的政治传承意识。透过九鼎、传国玺所蕴含的政治传承意识，隐约可见中华传统文明绵延五千年不曾中断的内在原因。

中国传统文明饱含丰富的政治传承意识。五德终始说、天命观、正统论等传国政治思想观念都蕴含着政治传承意识的因素。五德终始说认为王权的归属乃听从天意，按照五德次序进行前后相承，周而复始，以致无穷。自周王朝建立以来，天命王权观念逐渐形成发展，"天命有常，惟德是辅"的观念在历代中原王朝统治阶层广为传播，深入人心。同时，五德终始说、天命观又相互交杂糅合，并与儒学充分结合，形成了中国历史上的正统观。在中国古代正统观的思想体系中，天下应该一统，王权应该独尊，历史上所有的中原王朝都可以按照正朔理论进行排序，各个中原王朝都具有前后相承的政治、历史关系。在崇拜九鼎和传国玺的现象中，集中体现了上述各种政治观念。九鼎和传国玺以一种想象的实物形态，充当了中国古代各种政治观念的物质载体，成为王权的象征、天命的标志，被描述、塑造为各个历史王朝间流转传承的传国重器，是中国古代政治传承意识的集中体现。在正统观的引导下，中国历代统治者努力从空间、时间两个维度建立"大一统"秩序。在空间维度上，要求建立和巩固统一国家实体；在时间维度上，将历代王朝汇聚、整理成时间轴上的单线、单向王朝谱系，建立历代王朝之间的前后相承关系，力图实现政治文化的传承。

九鼎和传国玺可以流转传承的特点显示，在中国古代主流社会舆论中，国家政权可以迁转，但中原地区的历代政权具有一脉相承的历史关联性和传承性，并由于这种紧密关系而形成一个政治、历史、文化共同体，这是中国古代国家观念迥然不同于其他文明的地方。宋元明清时期，虽然传国玺的政治价值与功能呈衰退趋势，但是政治传承意识却得到延续，只是其表现形式发生了变化，变成对统治者的"德"的评判，较之实物载体更为深刻，比简单地通过拥有实物形态的九鼎或者传国玺更具人文关怀，更加务实和灵活。在中国历史上，不论政治、文化，均重视历史传承性以及传承的合法性，特别是中原政权前后相承的政治观念，表明历代中原王朝统治者认为本朝是前朝的政治继承者，中原王朝之间代代相承，有一条坚韧且环环相扣的政治、历史纽带。这种观念的实质是将中原地区的历史政权视为一个整体，以此构建国家的历史记忆。中原地区主流社会不断加强的政治继承意识,促进了统一多民族国家共同心理的形成,增强了以华夏民族为核心的统一多民族国家的凝聚力,推动了中国古代统一多民族国家的形成发展。

在中国古代政治传承意识的形成发展过程中,先秦两汉时期因其处在中华文明的源头而倍显重要。这一时期的社会主流政治舆论表现出强烈的政治继承意识,开启了中国古代重视政治传承的传统,是中华传统文明形成连续性、稳定性特征的重要原因。政治传承意识塑造和维护了中国古代统一多民族国家在精神上的连续性和整体性,为保持中华传统文明的连续性和维护中国统一多民族国家的形成发展提供了重要的精神动力。在中国历史上,历代中原王朝均重视其政治权力的历史传承性以及传承的合法性,这是中华传统文明迥然不同于世界其他文明的地方,是中国统一多民族国家发展的心理基础,也是中华传统文明绵延数千年而不曾中断的重要原因之一。

维吾尔族宗教文化变迁模式与思考

阿布力克木·斯地克[*]

摘　要：本文利用人类学历史文献研究方法以漠北回鹘人为主研究其宗教信仰文化的变迁过程，讨论喀喇汗王朝时期的宗教文化变迁，尤其是维吾尔人文化历史从这一时期开始的宗教文化的变迁、当时居民对新皈依的伊斯兰教的态度、伊斯兰文化对当地居民的传统文化增加的新因素，居民作为新文化伊斯兰教的接受方式，如何对待传统与新文化伊斯兰教文化之间关系等方面。对维吾尔人而言，喀喇汗王朝时期接受伊斯兰教是成为维吾尔历史上的规模最大的第一次文化变迁时期。维吾尔人文化变迁模式可分为几个阶段，即信仰摩尼教时期，信仰佛教时期，信仰伊斯兰教时期，新中国成立后等。本文利用文化人类学文化变迁理论对每个阶段进行分析。

关键词：宗教文化　文化变迁　文化的整合与重构

一　维吾尔人信仰摩尼教时期的文化变迁模式

回鹘汗国（646～840）时期汗朝境内居民宗教生活的内容成分五花八门，回鹘人在信仰摩尼教之前信仰过萨满教。"萨满"一词最早出现于宋代《朝北盟会编》："冗室奸滑而杏才……一闻人号为珊蛮。珊蛮者，女真话巫妪也，以其通变如神"，韩儒林先生在《穹庐集》中提出，关于

---

[*] 阿布力克木·斯地克：中国社会科学院研究生院民族学系博士，主要研究方向为新疆民族与宗教问题。

"蛤嘎斯"（柯尔克孜族先祖）人的"巫"记载，要早于女真人的"珊蛮"。他说，学者过去多以为《三朝北盟会编》卷三所载之"册蛮"为其最占之对音，似未注意唐代已"呼巫为甘"也。Qam 一字意为"萨满"。① "突厥语民族称萨满为'喀木'（Kam）"。② 萨满教是在原始社会条件下形成的世界性宗教文化现象，有着广泛的群众性，流布地域广阔。其信仰体系主要是万物有灵论为基础的自然崇拜、祖先崇拜、图腾崇拜。众所周知，在萨满教的神灵观念中自然神灵系统包括天神、地神、日神、星神、雷神、电神、风神、火神、山神、水神等。动物神灵系统包括狼神、熊神、虎神、鹿神、狐神、野猪神、野驴神等兽类神灵系统。马神、羊神、犬神等家畜类神灵，还有鹰、天鹅、乌鸦、喜鹊、燕等禽类神灵。鱼类神包括鱼神、蛙、蛇等两栖软体动物神灵。萨满教将与回鹘人的生活密切相联系的一切事物都神化为崇拜的对象。我们从上面的神灵系统中可以看出，回鹘汗国时期的居民，为了保障自己的生存与自然界的各种自然现象、各种动植物都保持互惠友好的关系，时至今日，维吾尔族也认为"在这个世界上任何一个事物都有灵魂。如果我们给他们带来损害，他们将给我们带来更大的损害"。笔者在调查中发现，所有维吾尔族萨满对自然界的各个事物都持一种友好亲切的态度。萨满教是自然压迫的结果。维吾尔族先民在生产力极低的情况下，其生命的延续和种族的繁衍完全依赖于自然界，而自然界又是喜怒无常的，有时赐予，有时剥夺。先民希求得到更多、更大的赐予并减少对自己的剥夺，唯一的办法就是拜倒在自然的面前，将其神格化，可怜巴巴地祈求自己所创造的自然神灵。自然界的一切现象都成了他们祈求的对象——神灵。《旧唐书》记载，回鹘"皆喜曰：'初发本部来说，将巫师两人来'，说：'此行大安稳，然不参唐家兵马斗，见一大人即归。今日领兵见令公，令公不为疑……是不战斗见大人，巫师有征矣。'……首领等分缠头彩以赏巫师"③。回鹘汗国故都哈拉巴喇哈逊（Karabalghasun）遗址和鄂尔浑河流域、和硕柴达木

---

① 孟慧英：《尘封的偶像——萨满教观念研究》，北京出版社，2000，第39页。
② 麻赫木德·喀什噶尔：《突厥语大辞典》第一卷（维吾尔文），新疆人民出版社，第315页。
③ 《旧唐书》，卷一百九十五。

（Hoshotsaidam）湖边发现的《暾欲谷碑》《阙特勤碑》《毗伽可汗碑》①《九姓回鹘可汗碑》②等历史文献表明当时回鹘人的萨满教信仰。萨满教虽然在回鹘汗宫和民众中影响很大，但是萨满教没有具备真正作为宗教的条件，它既无专门经典，也没有宗教场所，他们尚未了解的，觉得困惑的现象就成为他们崇拜的神。另外，"随着回鹘社会的变迁与王权的形成，加强汗国统一的呼声开始高涨起来，在此情况下，萨满教就愈来愈显得无法与时代的发展相适应了，这一客观条件为波斯摩尼教步入回鹘社会提供了契机"。③ 于是，波斯人摩尼（Mani）公元3世纪创立摩尼教，遭到迫害后，约在6~7世纪起传入新疆，并从这里再传到当时居住在蒙古北部的回鹘人那里。762年，摩尼教曾被回鹘可汗尊为国教。④汗朝境内的居民接受摩尼教后，他们原有的思维方式和行为方式发生了较小的变更。也就是说，萨满教和摩尼教对话时，回鹘民众既不能全盘否定传统的萨满教文化，也不能全盘接受摩尼教文化。他们将萨满教信仰系统里对自己生存和健康有益的因素与摩尼教的观念融合在一起，形成了一种全新的回鹘化的摩尼教。回鹘人延续下去的萨满教因素为对治病有益的火神。火是萨满教信仰中最重要的崇拜物之一。火不仅给人类带来温暖和光明，同时也给人类带来巨大的灾难。火是具有特殊力量的神，火的来源有许多种解释，但最主要的看法是认为火来自天和石头。这是阿尔泰语系诸民族萨满教对火的思考。⑤ 水

---

① 1897年在距今蒙古人民共和国乌兰巴托60公里的巴颜楚克图地方发现暾欲谷碑。碑文刻在两块石碑上，共62行。与后面阙、毗二碑是在主人公死后建成不同，暾欲谷碑是在暾欲谷生前，即大约在毗伽可汗即位后的716年左右由他本人做成，死后立于其墓前。碑文主要谈暾欲谷本人的生平，可以说是他的自传，主要叙述暾欲谷一生协助领跌利可汗、默啜可汗、毗伽可汗建立武功的情况。它和阙特勤碑、毗伽可汗碑一起构成我们研究突厥汗国历史的主要史料。据研究，碑文可分为序言、正文、结语三部分。特别是序言和结语部分的韵文特点很明显。在整个文体上不像阙、毗二碑那样庄严，而多采用对话手法，叙述中常插入一些格言谚语、比喻等。语言和正字法上也有一些不同于后二者的特点。

② 又称保义可汗纪功碑，于1890年在哈巴刺哈逊发现．即一般所说的哈拉巴刺哈逊碑。该碑用古代突厥文、汉字汉语、粟特语三种文字和语言写成的碑文概括了回鹘汗国建国以来一直到第八代可汗保义的历代可汗的事迹，特别是详细记述了摩尼教传入回鹘的情况，给我们提供了不少新的历史材料。

③ 杨富学：《回鹘宗教史上的萨满巫术》，《世界宗教研究》2004年第3期。

④ 耿世民：《新疆文史论文集》，中央民族大学出版社，2001，第56页。

⑤ 迪木拉提·奥玛尔：《阿尔泰语系萨满教研究》，新疆人民出版社，1995，第65页。

神①、树神②、麦神③、玉米神④、骆驼逢草⑤、沙枣树神⑥等心灵系统与新接受的摩尼教"二宗三际论",并有"三封、十诫"的教律。"二宗"指明暗二宗,此为世界发展的本始,亦即善和恶;"三际"指世界发展的三阶段论,即初际、中际和后际。"三封、十诫"的要点是:不吃酒肉、不拜偶像、不杀生、不贪欲、不偷盗、做善事等教义结合,而形成本土化的摩尼教。另外,文化变迁进行时,如果变迁获得权威人士的支持,它就会获得其他人的认同。时机也是十分重要的⑦,于是公元763年,牟羽可汗从唐朝携摩尼四僧返回漠北。随后,摩尼教在统治阶级扶持下迅速传播并在漠北战胜回鹘旧有宗教——萨满教,而成为回鹘的国教。可见,回鹘民众宗教生活中发生的这些重大变迁对回鹘汗国居民的生活带来了进化性的变化(evoltionary changes),《旧唐书》记载"五月、回鹘宰相、都督、公主、摩尼等五百七十三人入朝迎公主"⑧,《新唐书》记载"元和初,再朝献,始以摩尼至。其法日晏食,饮水茹荤,屏湩酪,可汗常与共国者也"⑨。可见,这时一些摩尼僧们取代以前的萨满巫师与汗国其他官员一起参与国政和其他政治、经济活动。回鹘西迁后,摩尼教又随之传播至西域。换言之,回鹘民众对摩尼教没有进行任何反抗性的行为,传统萨满教文化与摩尼教的积极因素融合一起,创造了对自身社会和思维发展有益的较为科学的变迁模式。

---

① 到目前为止维吾尔民众较为流行水里撒尿不吉祥的观念。
② 如果女人患了不生育病就要在萨满的指导下到比较大的孤树边杀生、献祭、甚至拥抱那棵树,这种习俗在比较偏僻的维吾尔的村庄里至今普遍存在。
③ 麦神在维吾尔民间,至今保留祭祀麦神的风俗,乞求和崇拜麦神的风俗习惯在维吾尔生活中是普遍存在的。
④ 倘若在维吾尔家庭里有人去世,在其安葬仪式结束以后,死者的亲戚们每次到麻扎儿上坟时应该带一些玉米,他们在自己亲戚的麻扎儿上念诵一些经文以后,将带来的玉米撒在死者的麻扎儿上。维吾尔人认为,如果在麻扎儿上面撒的这些玉米被各种鸟吃掉的话,就能减轻死者的罪过。
⑤ 维吾尔人每个星期三在路上拾到一些小柴,将这些小柴与羊脂和骆驼逢草放在一起点燃进行烟熏的习俗至今普遍存在。
⑥ 维吾尔人中保留着关于沙枣树的非常动人的传说。每年当沙枣树开花时,人们折一些沙枣树枝插扎在每一个房间的角落。据调查,这种文化现象也是以驱鬼避邪为目的的。
⑦ 周大鸣:《文化人类学概论》,中山大学出版社,2009,第76页。
⑧ 《旧唐书》,卷一百九十五。
⑨ 《新唐书》,卷二百一十七。

二　维吾尔人信仰佛教时期的文化变迁模式

　　回鹘人西迁之前在塔里木盆地西南缘地区也流行多种宗教，主要有祆教、佛教、摩尼教等等。祆教（Zoroasterism）于公元前六世纪由波斯人琐罗亚斯德（Zoroaster）创立。以前称波斯教或拜火教，今又称为琐罗亚斯德教。《阿维斯陀》（Avesta）是祆教的经典，"其教义是神学上的一神论和哲学上的二元论，所谓二元论是指自然界有光明和黑暗两种力量，前者崇拜众善神，后者崇拜各种恶灵。他们各自都有创造的力量，并组织了自己的阵营，之间进行长期的较量和斗争，光明终于战胜了黑暗"。①

　　祆教教义来源于雅利安人的原始信仰，据希腊史学家们的记载在亚历山大东征之前，中亚就有拜火的习俗，希罗多德说玛撒该塔伊人（又译塞人，Massagitae）"他们在诸神中间只崇拜太阳，他们献给太阳的牺牲是马。他们把马做牺牲来奉献的理由是：只有人间最快的马才能配得上诸神中间最快的太阳"②，祆教的这种拜太阳、拜火的习俗与萨满教传统和摩尼教的教义融合一起形成于更先进的宗教信仰系统。祆教的一些习俗以民间信仰的形式在近现代中亚各民族的生活中继续存在。《旧唐书》记载：疏勒国"俗事祆神，有胡书文字"③，和阗"俗多机巧，好事祆神，崇佛教"④。直到维吾尔民众伊斯兰教完全普及为止，祆教在维吾尔人居住区与佛教、摩尼教并存。

　　佛教是佛陀的言教，作为世界三大宗教之一，它有着悠久的历史。佛陀是佛宝，他的言教就是法宝，他所组建的教团就是僧宝，合在一起并称"三宝"。佛教创造者释迦牟尼，幼名乔达摩·悉达多，约生于公元前565年，正是我国春秋时代。他是当时迦毗罗卫国（古时属古印度，今尼泊尔王国南部）国王的长子。父亲名净饭，母亲叫摩耶。摩耶夫人生产前，根据当时风俗回到娘家去，

---

① 周菁葆、邱陵：《丝绸之路宗教文化》，新疆人民出版社，1998，第63页。
② 〔古希腊〕希罗多德：《历史》上卷，陕西师范大学出版社，2008年，第216页。
③ 《旧唐书》，卷一百九十八。
④ 《旧唐书》，卷一百九十八。

路过蓝毗尼花园在树下休息的时候，生下了悉达多王子。释迦牟尼是佛教教徒对他的尊号①，意思为"觉悟者"。佛教由佛、法、僧构成，一般称"三宝"，按照佛教的解释有了"三宝"就有了完整的佛教。在漫长的传教过程中，佛陀遇到了各式各样的个人或团体，也经历了好多文化背景和风俗语言相异的环境，为了适应不同的对象，便以不同的角度和方式宣说他的教法。然而，宣说的角度和方式虽有不同，却是为了同一个原则，站在同一个基础，那便是佛陀的根本教义。佛教认为，在世俗社会中，人生的一切，就其本质而言，都是痛苦的，这是佛教对社会和人生所做的价值判断。佛教认为人的一生，从出生到死亡，充满着各种痛苦和烦恼。这些痛苦和烦恼可以从多种角度、多层次地进行概括分析，佛教经典中有所谓二苦、三苦、五苦、八苦、十苦、五十五苦、甚至一百十苦等说法。二苦即内苦和外苦，由自己身心所引起的各种痛苦和烦恼，称为内苦；由客观外界各种因素而引起的痛苦，称外苦。《大智度论》卷十九中说："内苦名老病死等，外苦名刀杖寒热饥渴等，有此身故有是苦。"再进一步分析，内苦还可分为二：由各种疾病等引起的，使人在生理上承受的病苦，称为身苦；由忧愁、嫉妒等情绪方面的因素引起的，使人在心理上产生的冲击和烦恼，是为心苦。同样，外苦也可分为二种，一者是社会原因引起的，如遇盗贼逼迫，或因受战乱之害等而引起痛苦；二者是由自然原因，如风雨寒暑或其他自然灾害等原因造成的痛苦。② 佛教的这种观念对生存环境恶劣的回鹘人而言，带来一种心理承受能力，并与原来的传统宗教观念融为一体创造更强的宗教信仰系统。佛教传入西域后，在塔里木盆地西南缘地区和阗形成了佛教中心，法显记载：和阗"其国丰乐……尽皆佛法，以法乐相娱，众僧乃数万人，多大乘学，皆有众食"③，《大唐西域记》记载：和阗"崇尚佛法，伽蓝白有余所，僧徒五千余人，并多习学大乘法教"④，《旧唐书》记载：于阗"好事祆神，崇佛教"⑤，《高居诲使于阗记》记载：于阗"俗事鬼神而好佛"⑥，中国朝圣者玄

---

① 程刚：《佛教入门》，宗教文化出版社，1999，第2页。
② 赖永海：《中国佛教百科全书·教义》（人物卷），上海古籍出版社，2000，第5页。
③ 杨建新：《古西行记》，宁夏人民出版社，1987，第32页。
④ 《大唐西域记》，卷十二。
⑤ 《旧唐书》，卷一百九十八。
⑥ 杨建新：《古西行记》，第151页。

奘 7 世纪取道丝绸之路赴印度，之后原路返回。他对各处佛教中心都有极为有趣的记述，他谈到北线的喀什、乌什和库车，以及南线的莎车、和田等地的大寺院。近代的发掘证实了玄奘的记述，人们在当地发现许多有关这段丰富多彩的佛教史的物证（雕像、题铭、绘画、手稿等）①还有到现在遗存下来的"锡克沁千佛洞""克孜尔千佛洞""克孜尔尕哈千梯洞""库木吐喇千佛洞""柏孜克里克千佛洞""雅尔湖千佛洞"等遗址的存在意味着当时佛教文化的繁荣旺盛。但到了隋唐时期，和阗佛教开始衰弱。巴托尔德说："当玄奘离开当时佛教昌盛的东突厥斯坦，越过粟特南境到吐火罗后，他才发现佛教寺院。在粟特首府萨末鞬（今乌兹别克斯坦境内）还有两间空寺院。"② 由此可以看出西域的佛教到了隋唐时期开始衰落并被伊斯兰教代替。公元 10 世纪开始，塔里木盆地的维吾尔人全面接受了佛教。随着社会经济的发展，塔里木盆地周围各绿洲出现了高度发达的佛教文化。至今保存下来的吐鲁番克孜尔壁画和出土的许多文物，就是信仰佛教以后的维吾尔人创造的文化成就，也使得塔里木盆地成为佛教"第二故乡"。毫无疑问，塔里木盆地成为当时世界佛教文化的中心，维吾尔人起了重要作用。但是，这一地区为什么在后来伊斯兰化了呢？奇怪的是维吾尔人的精神生活又发生了一次信仰危机，使维吾尔人放弃了（这个过程虽然前后持续了 500 年左右）佛教，最后改信了伊斯兰教。

从以上论述中可以看出，西域民众从原始萨满教信仰到摩尼教，从摩尼教到佛教信仰这 1000 年左右的历史发展过程中，营造了多元的宗教文化。从人类学文化变迁理论来看，维吾尔人接受新文化现象的模式是将传统的积极因素与新文化的积极因素相结合的变迁模式。

三 维吾尔人信仰伊斯兰教时期的文化变迁模式

阿拉伯半岛是闪米特人的发源地。自古以来，沙漠迫使他的子孙相继离开，到远方去谋生。所以当地人确信，公元前 3000 年定居在美索不达米亚平原的闪米特人的祖先，应是阿拉伯半岛上的贝都因人。当时常有贝都因部落的氏族向

---

① 〔法〕阿尔冯：《佛教》，张以群译，商务印书馆，2000，第 100 页。
② 〔苏联〕巴托尔德：《突厥史十二讲》，罗致平译，中国社会科学出版社，1984，第 48 页。

外迁徙,首先是迁往"肥沃的新月"地区,即今地中海东岸的巴勒斯坦、叙利亚和黎巴嫩。他们在那里作为费拉赫①定居下来,其中一些人成了农民,另一些人进入了城市。后来许多人由于思念家乡又返回沙漠。据历史记载:"在公元三千年,贝都因人占领了苏美尔——阿卡德城邦,并建立了第一个巴比伦王朝。"②伊斯兰教之前的阿拉伯半岛在世界历史上所起的作用微不足道,它只是站在远处的一个旁观者。在那里占统治地位的是游牧部落的习俗和准则,居住在那里的人除了敬仰麦加——那里有一个多神教的圣地——再也没有什么共同的利益。他们四处流浪,处于混乱而无秩序的状态,不可能有什么政治组织,农民在一片片绿洲上耕种,骆商所经之地兴起了一些商埠。"各部落经常以传说中的祖先命名,以表示忠于自己的血统。他们还不曾意识到彼此同属于一个民族。"③先知穆罕默德诞生前,阿拉伯半岛就是波斯湾和地中海之间的贸易桥梁。贝都因部落劫持商队,充分暴露了他们掠夺的性格。他们部落的道德高于一切宗教信条,把袭劫和掠夺战利品看作理所当然的,是他们得到没有的东西的一种方式。沙漠中的生活使他们变得无拘无束。这些人的性格向两级发展:嗜杀与慈悲,吝啬与施舍,欺骗与诚实,鲁莽与谨慎。这些对立的方面竟能并存于一身。女性美使他们为之倾倒。可是在天气炎热、气候恶劣的条件下,美貌是不会持久的。母亲生下一个女孩,父亲就会感到万分不幸。这时父亲毫无怜悯之心,会立即把这个女婴活埋掉。如果一个女孩能够幸运地长大成人,父亲就迫不及待地把她卖给邻近某个氏族中愿意出彩礼的小伙子。宗教活动方面,"他们向原始立雕、树木或者石柱祈祷,视他们为神或者魔鬼,向他们敬献祭品以求得宽恕"。④另外,有些学者将阿拉伯半岛描述为"穆罕默德出生的世界",被随后的穆斯林用一个词来描述:无知。生命在沙漠的条件下从未安定过。人们对于自己部落之外的任何人,都没有什么义务可言。物质上的缺乏使得强盗集团成为地区性的机构和男子气概的证明。在公元6世纪,政治上的僵化以及首要城市麦加行政长官的消沉,使混乱的情势变本加厉。醉酒狂欢是常有的事,玩乐

---

① 阿拉伯语,意为耕地者。
② 〔德〕赫伯特·戈特沙尔克:《震撼世界的伊斯兰教》,阎瑞松译,陕西人民出版社,1987,第3页。
③ 〔德〕赫伯特·戈特沙尔克:《震撼世界的伊斯兰教》,第6页。
④ 〔德〕赫伯特·戈特沙尔克:《震撼世界的伊斯兰教》,第9页。

的冲动漫无节制。当时盛行的宗教只在一旁观看,完全不加以阻止。最恰当的描述是将之称为一种泛灵的多神教,在沙漠的废墟上繁衍了称为葬 jinn 或魔鬼的兽性的精灵。它们是沙漠恐怖幻象的人格化,所激发的情操既非高尚的也非道德的约束。这种情况最容易产生燃烧的暗流,会突然间爆发纷争和流血事件,有的会持续半个世纪之久。时代在呼唤着救助者①。可见,阿拉伯人的社会曾是一个四分五裂的野蛮社会。在这样一个社会背景下,公元 570 年先知穆罕默德诞生。青年时代的穆罕默德给麦加的富户做过雇佣,靠牧羊赚得微薄收入。当时牧羊是被人看不起的,只有妇女和孩子才能做这种事情。可是后来先知穆罕默德出了名,这一切都被神圣化了。牧羊成了安拉派遣的所有伟大先知的象征②,同时也是穆罕默德为安拉使者的明证。在伊斯兰教历史上流传过这样一个神话:"有一天穆罕默德正在田野里玩耍,大天使哲布勒伊莱走到他身边,打开他的胸腔把心脏掏出来,然后对他说,这部分是旦扎勒③大天使用麦加渗渗泉的圣水洗这颗心脏,而后又把它放回胸腔。"《古兰经》为这个神话提供了线索,即"难道我没有为你而开拓你的胸襟吗?我卸下了你的重任,而提高了你的声望"④。就在这样一个条件下,公元 7 世纪初,穆罕默德宣称他接受安拉的"默示":"你应当奉你的创造主的名义而宣读,他曾用血块创造人,你应当去选读,你的主是最尊严的,他曾教人用笔写字,他曾教人知道自己不知道的东西。"⑤这些话表明真主委派穆罕默德做先知去宣布启示。

伊斯兰教的经典有《古兰经》和圣训。《古兰经》是穆罕默德在传教中向信徒传达真主旨意的汇集。穆罕默德在世时,《古兰经》还没有定本,到了哈里发奥斯曼统治时期将书抄录成数份抄本。目前伊斯兰教各学派认同的《古兰经》仅有一定本。《古兰经》内容由 30 卷 114 章 6211 节组成,分为麦加章和麦地那章,其内容包括伊斯兰教教义、穆斯林行为准则、宗教仪式、法律规章、伦理道德等内容。"公元十世纪下半叶开始,源于阿拉伯半岛的伊斯兰教越过帕米尔高原,传入

---

① 〔美〕史密斯:《人的宗教》,刘安云译,海南出版社,2001,第 242 页。
② 世界宗教历史上的摩西、耶稣、易卜拉欣等先知也有牧羊的经历。
③ 所谓的"旦扎勒"指的是根据相关圣训,末日来临之前出现一个骗子,名叫旦扎勒,他迷惑信仰真主的人,让他们丧失信仰,成为叛教者。
④ 《古兰经》第九十四章,马坚译,中国社会科学出版社,1981,第 477 页。
⑤ 《古兰经》第九十六章,第 478 页。

了塔里木盆地。在被称为佛教'第二故乡'的西域，许多民族、部落改信了伊斯兰教。"①佛教仅在昆仑山以南居民的信仰中占一席之地。维吾尔人为什么要改变自己的信仰，放弃佛教而改信伊斯兰教？伊斯兰教和伊斯兰文化又是怎样传入我国西域地区的呢？这是一个非常复杂的历史过程。首先，回鹘人与吉尔吉斯人部落之间的战争中，回鹘失败并导致其从漠北迁徙西域，向西域迁徙的回鹘人分三路，一部分回鹘人迁徙天山南部，一部分迁徙天山东部，还有一部分人迁徙河西走廊。迁徙天山南部的回鹘人在喀什噶尔建立喀喇汗王朝，迁徙天山东部的回鹘人建立高昌汗国，迁徙河西走廊的回鹘人融入当地民众去。这次迁徙给他们的生活方式带来了巨大的变化，即他们宗教信仰、生计方式受到了极大的影响。这样一个社会背景下，伊斯兰教来到了他们的生活中。

在喀喇汗朝第一位信仰伊斯兰教的是萨图克·布格拉汗，是一位萨曼王朝的王子。在阿布·纳赛尔·萨曼尼的劝导下，萨图克皈依了伊斯兰教，并秘密发展自己的力量，要把伊斯兰教推行到可汗境内。他首先要排除奥古尔恰克大汗，于是萨图克第一次打起了"宗教"的旗帜，对自己的叔父发起了战争，并控制了汗朝的大权，某种意义来看萨图克的胜利是伊斯兰教对传统多神教宗教势力的胜利。萨图克·布格拉汗死后，到了阿尔斯兰汗时代，阿尔斯兰汗在汗朝范围内做了很多基础设施工作，于是汗朝的各项事业得到了繁荣发展。喀什噶尔成为全中亚地区重要的政治、经济、文化中心。据史料记载，"960年木萨汗宣布伊斯兰教为国教"。在"木萨汗统治时期，开始征服和田的'圣战'，但很快在971年去世。其子阿里继位，仍对和田进行'圣战'，并于998年在英吉沙尔的一次战斗中死去。和田的最后征服，是在11世纪初由玉素甫卡迪尔汗完成，这场'圣战'前后历时近40年"②。在40年的战争过程中，伊斯兰教信仰在社会上占据了统治地位。当地民众接受伊斯兰教时，以维持传统宗教文化的积极因素结合伊斯兰教的教义的方式接受。在这一时期出现的两名著名文人麻赫默德·喀什噶里和玉素甫·哈斯·哈吉甫（又译优素甫·哈斯·哈吉甫）的著作中明确表示我们的观点。比如麻赫默德·喀什噶里的《突厥语大词典》中明确记载："突厥语民族称萨满为

---

① 拓和提·莫扎提：《维吾尔历史文化研究》，民族出版社，1995，第135页。
② 余太山：《西域通史》，中州古籍出版社，2003，第273页。

'喀木'（Kam）"①，另外，他把"Jin qaplaxti"②诠释为精灵附在了人的身上。从中可以看出，作为皇家族的麻赫默德·喀什噶里对传统的萨满文化保持一种友好的态度。玉素甫·哈斯·哈吉甫的《福乐智慧》中记载："奶酒、乳浆、毛、脂、酸奶和干酪，使居室舒适的毡毯也来自他们。"③另外，玉素甫·哈斯·哈吉甫在五十三章专门探讨如何对待巫师，即：

4361	如今让我再说说巫师，	4362	这种人也应该与之交往，
	鬼怪作祟由他们医治。		鬼怪作祟他们会有用场。
4363	若想使他们对你有益无害，	4364	医生不相信巫师的语言，
	对他们亦应好好地相待。		巫师也常对医生翻脸。
4365	一个说：吃了药能消除病患，		
	一个说：符咒可使鬼怪逃散。④		

玉素甫·哈斯·哈吉甫在巴拉萨衮开始使用名笔撰写《福乐智慧》，1068年到喀什噶尔后继续写作，于1069年完成这部著作⑤。由上可见，当时居民开始信仰伊斯兰教时间与玉素甫·哈斯·哈吉甫写作《福乐智慧》的时间距离大概一百年，可以推断，当时的维吾尔人开始信仰伊斯兰教的一百年之后原始萨满教的残余因素照样存在。另外，当时的高级知识分子玉素甫·哈斯·哈吉甫也对"巫师"做出评价：对你有益无害，对他们亦应好好地相待。换言之，具有浓厚的伊斯兰教思想的玉素甫·哈斯·哈吉甫不仅没有反对萨满教，而且表示其无害可以接受的态度。总之，喀喇汗王朝时期维吾尔人宗教生活的变迁模式是传统中无害有益的因素与新的文化因素结合，从而形成一种新的文化模式。值得一提的是，在这一时期，如同前文所述，喀喇汗王朝居民在饮食、住宿、

---

① 麻赫穆德·喀什噶里：《突厥语大辞典》第三卷（维吾尔文），新疆人民出版社，第600页。
② 麻赫穆德·喀什噶里：《突厥语大辞典》，第197页。
③ 优素甫·哈斯·哈吉甫：《福乐智慧》，郝关中、张宏超、刘宾译，民族出版社，2003，第577页。
④ 优素甫·哈斯·哈吉甫：《福乐智慧》，第567页。
⑤ 〔土耳其〕阿·迪拉恰尔：《福乐智慧研究》，阿布力克木·斯地克译，伊斯坦堡大学出版社，1972，第23页。

服饰文化方面都受到了伊斯兰教的影响,特别是语言文字受到了深刻的影响。维吾尔词汇在发展的过程之中,受到不同民族语言的影响。如果我们就词的来源方面加以分析,就可以把词汇分为突厥语原有词和外来语借词两个部分。借词里又可以分为几种主要的民族语言借词,波斯语借词、阿拉伯语借词、汉语借词、蒙古语借词、现代国际语(包括俄语)借词等。在任何语言中,借词都是常见的现象,但是当借词长期使用以后,往往渗入原先语言中,而不易为人们察觉。有些词由于发生了语音变化,难以考查它的来源。因此我们所说的原有词与借词的划分只是一个一般的界限。20世纪以来,语言学的历史比较方法在突厥诸语言研究上的应用,以及突厥语和有关语言书面文献的发现和研究,都促进了突厥语词源学研究的进展,使我们有可能从来源方面对现代维吾尔语词汇进行大致的分类。在《维吾尔语详解词典》(缩印本)中的词源统计分析结果如下。

维吾尔语词语占 80.4%,阿拉伯语借词占 7.4%,波斯语借词占 4.1%,汉语借词占 1%,俄语借词占 6.6%,其他语种借词占 0.5%。

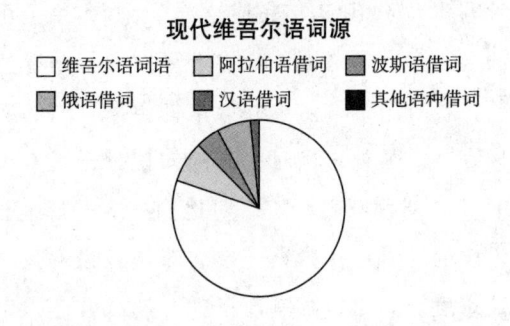

现代维吾尔语词源
□维吾尔语词语 □阿拉伯语借词 □波斯语借词
□俄语借词 □汉语借词 ■其他语种借词

四 维吾尔人在新中国成立后的文化变迁模式

新中国成立前的新疆维吾尔自治区的维吾尔族均在由各清真寺设立的"麦德里斯"① 学校接受教育,因"维吾尔人在皈依伊斯兰教之前,曾生活在萨满教、摩尼教、佛教、景教环境中,已具有高度发达的文化传统。对于如此深植于维吾

---

① "麦德里斯"指的是高等宗教学府,即高级经学院,专门培养伊斯兰教的高等教职人员和学者。

尔人物质生活各个领域的高度文化，仅用暴力是无法彻底清除的。伊斯兰教不仅作为一种上层建筑，而且作为一种新的生活方式深入维吾尔人的政治、经济和文化生活的各个领域，在伊斯兰精神下的维吾尔文明进入了一个新阶段——伊斯兰化阶段。其中起了很大作用的因素之一，就是伊斯兰教育"①。在麦德里斯不仅讲授各领域的知识，而且还讲授亚里士多德、苏格拉底、法拉比、伊本·西纳②和喀拉孜米③的哲学、逻辑学、物理学、化学、医学、地理学、政治、伦理学和家庭管理等传统学科，故伊斯兰教精神很快融入维吾尔文化的各领域。直至今日，伊斯兰教在新疆根深蒂固，仍有不少维吾尔族农民让自己的子女去接受一些麦德里斯教育，以了解伊斯兰教的基础知识。如今维吾尔人的各种人生礼仪仍要完全按伊斯兰教教义进行，人生礼仪中的重要阶段都有伊玛目参与，处处渗透了伊斯兰精神。

伊斯兰教对维吾尔族的影响是巨大的。封建王朝灭亡后建立了中华民国，这一时期的管制方式与制度方面较之前没有发生变化，宗教法庭管制与政府管制制度并存。1949 年 9 月，第一届全国政治协商会议通过的《中国人民政治协商会议共同纲领》第一章总纲第五条规定"中华人民共和国公民有思想、言论、出版、集会、结社、通信、人身、居住、迁徙、宗教信仰及示威游行的自由权利"④。第五十三条规定"各少数民族均有发展其语言文字、保持或改革其风俗习惯及宗教信仰自由。人民政府应帮助少数民族的人民大众发展其政治、经济、文化、教育的建设事业"⑤。1954 年 9 月，新中国第一部宪法第八十八条规定"中华人民共和国公民有宗教信仰的自由"⑥。这样，宗教信仰自由政策在宪法中得到了确认，成为所有政党、政治组织、社会团体和公民具有普遍约束力的法律，这也表明了中国共产党执行宗教信仰自由政策的坚定性。1952～1957 年开始的土地改革运动使宗教的影响发生了变化，土地改革前进行的减租反霸，

---

① 马明亮：《伊斯兰文化新论》，宁夏人民出版社，1997，第 33 页。
② 伊本·西拿（ibn-Sīna，980～1037）欧洲人称为阿维森纳（Avicenna），是塔吉克族著名的科学家、医学家、自然科学家、文学家，世界医学之父。
③ 当时中亚地区的著名哲学家。
④ 1949 年 9 月 29 日 14 点 15 分中国人民政治协商会议第一届全体会议通过。
⑤ 同上。
⑥ 全国人民代表大会 1954 年 9 月 20 日，《中华人民共和国宪法（1954 年版）》（新中国第一部宪法）1954 年 9 月 20 日公布施行。

以及 1953～1957 年进行的旨在消灭生产资料私有制的社会主义改造运动，削弱了宗教封建势力及其影响。

1956 年国务院下发的《关于伊斯兰教名称的通知》指出：伊斯兰教是一种国际性的宗教，伊斯兰教这个名称也是国际通用的名称……今后对于伊斯兰教一律不要使用'回教'这个名称，应该称为"伊斯兰教"。

"1952 年，中国知名穆斯林包尔汉、沙希迪、刘格平、赛福鼎·艾则孜、达浦生、马坚等人发起筹组中国伊斯兰教协会的提议，立即得到全国各地伊斯兰界人士和各族穆斯林的积极响应，并推荐各族代表 53 人。于 1952 年 7 月 27 日在北京开会，成立了中国伊斯兰教协会筹备委员会。包尔汉、沙希迪为主任，达浦生等为副主任，并选出 37 名委员。"① 伊斯兰教在国家政治生活中得到相应的地位。

"新疆最早于 1956 年就成立了自治区伊斯兰教协会。中国伊协及一些地方性伊协成立后，协助政府贯彻宗教信仰自由政策，积极与各地伊斯兰教界人士及民族、宗教部门联系，办理内部日常性的宗教事务工作。"② 宗教事务管理进入了正规化的时代。"在文化教育事业方面，1957 年 7 月古尔邦节，中国伊协主办的综合类刊物《中国穆斯林》在北京出版了试刊号。"③ 中国穆斯林杂志的出版对广大穆斯林来讲，成为学习伊斯兰知识的新途径。"1955 年 11 月 21 日，中国伊斯兰教经学院在北京成立。其办校方针是培养具有爱国主义思想和一定经文程度的阿訇。"④ 该校的成立意味着伊斯兰教为社会主义事业的发展而服务。"20 世纪 50 年代初期和中期，伊斯兰教经籍的出版和研究开始受到重视。中国伊斯兰教协会曾 3 次影印阿拉伯文原本《古兰经》和若干《古兰经》选本。"⑤ 这意味着党和国家支持穆斯林群众信仰自由。"1958 年秋天以后，随着'左'的思潮对伊斯兰教界的影响，关于伊斯兰教经典和教义及对中国穆斯林历史文化的研究和出版工作，沉寂了近 20 年，直到 1976 年'文化大革命'结束后。"⑥ "自 1958 年夏至 1960 年，在中央领导下，对伊斯兰教的一些宗教制度进行了民

---

① 米寿江、尤佳：《中国伊斯兰教》，五洲传播出版社，2004，第 115 页。
② 米寿江、尤佳：《中国伊斯兰教》，第 116 页。
③ 米寿江、尤佳：《中国伊斯兰教》，第 117 页。
④ 米寿江、尤佳：《中国伊斯兰教》，第 118 页。
⑤ 米寿江、尤佳：《中国伊斯兰教》，第 119 页。
⑥ 米寿江、尤佳：《中国伊斯兰教》，第 120 页。

主改革。根据当时实际情况和改革的原则,将伊斯兰教中的宗教制度分为三类:严重束缚生产力发展的为第一类,共 11 条,必须进行改革;妨碍不大的为第二类,共 5 条,可以不提出改革;没有妨碍的为第三类,肯定可以不改但应适当解决存在的问题。"① "伊斯兰教宗教制度的民主改革,顺应了时代潮流,对信仰伊斯兰教的少数民族地区政治、经济、文化的发展和社会的进步,产生了重大深远的影响。但是,由于受'左'的思想影响,也导致了执行政策时的失误,发生了一些干涉群众宗教信仰和正当宗教生活的过头做法。"② "1978 年,中共十一届三中全会召开席,中共中央、国务院及有关部门、有关地区的各级党委和政府,对'文化大革命'中在宗教问题上的极'左'路线及其造成的后果进行拨乱反正、对'文化大革命'以前历次政治运动中被错误批判和处理的伊斯兰教界人士和穆斯休群众,也分别进行了拨乱反正,恢复了受害人的名誉。对一些伊斯兰教代表人士作了适当的安排。"③ 同时,"恢复开放宗教活动场所是贯彻落实宗教信仰自由政策的重要一环。各地在陆续开放了清真寺和简易宗教活动场所后,政府还拨出了一定数量的专款资助维修著名古寺或其他伊斯兰教文物古迹"。④ 20 世纪 80 年代末"新疆经过恢复和重建,已有清真寺和活动点 2 万余处"。⑤ "中国伊斯兰教协会至今共召开过 7 次代表大会。第七次全国代表会议于 2000 年 1 月 27 日至 30 日在北京隆重召开,共有 324 位代表出席了会议。这次会议是中国伊斯兰教事业发展的一个里程碑。"⑥

新的历史时期,中国伊协要进一步明确自身定位,充分发挥自身优势,积极投身西部大开发的伟大事业,进一步推动和引导伊斯兰教与社会主义社会相适应,加强民族团结、大力提倡团结办教。坚决反对打着宗教旗号的民族分裂主义和宗教极端势力,为维护社会稳定和祖国统一做出应有贡献。换言之,这一时期伊斯兰教开始与社会主义制度的特征相适应。"目前中国有 30000 多座清真寺,遍布穆斯林居住的各个地方,'平均每 600 人左右就有 1 座清真寺。各地

---

① 米寿江、尤佳:《中国伊斯兰教》,第 121 页。
② 米寿江、尤佳:《中国伊斯兰教》,第 122 页。
③ 米寿江、尤佳:《中国伊斯兰教》,第 123 页。
④ 米寿江、尤佳:《中国伊斯兰教》,第 124 页。
⑤ 米寿江、尤佳:《中国伊斯兰教》,第 124 页。
⑥ 米寿江、尤佳:《中国伊斯兰教》,第 126 页。

区恢复开放清真寺后,成立了清真寺民主管理委员会。寺管会的成员经各方协商后选举产生。"① 可见,宗教事务进入科学化管理的时代。

结论与思考

文化变迁是指文化内容与文化结构的变化。前者是单个文化特质或文化丛的独自变化;后者则是文化整体或是大部分特质的变化②。从这个意义上看,从漠北回鹘人的萨满教信仰、摩尼教信仰、佛教信仰一直到伊斯兰教信仰,回鹘人不仅在宗教文化的内容上进行适当的变化,而且结构上也进行相应的变化,在此基础上得到民族文化可持续发展的机会。"文化模式是一种文化的各部分有机的整合状态,它有一种为全体成员认可的心理和行为趋向,有一套为全体成员遵循的行为规范与价值标准。文化模式相对稳定,它随着时代的大变革而发生变迁和转型。"③ 虽然维吾尔人的文化历史发生过几次突破性的变化,可是他们很快就适应新接受的文化现象,同时变成自己的行为准则和思维方式。相反,西域古代民族,即粟特、突厥、契丹、萨尔特人、吐火罗等民族接受新文化时要么全盘接受放弃既有传统,要么全盘否定新文化永不改变传统文化,因此这些民族的文化没有得到发展的空间,结果被其他民族同化在历史舞台上。可是,不管回鹘时代还是之后的维吾尔时代,维吾尔人都善于处理传统文化和新文化之间关系。著名人类学家安东尼·吉登斯说:"传统是必需的,而且总应该被坚持,因为它们给生活以连续性并形成生活。"④ 从这个意义上讲,维吾尔人从古代到现在能在传统和新的文化现象之间保持一种连续性,而创造新的习俗化的宗教文化。故我们可以推断,最近以来,在新疆出现的宗教原教旨主义是一种反维吾尔文化发展模式的、反社会、反人权的一种短暂现象。笔者确信违反文化发展规律的这种行为不能被接受广大维吾尔民众所接受。

---

① 米寿江、尤佳:《中国伊斯兰教》,第 128 页。
② 周大鸣:《文化人类学概论》,中山大学出版社,2009,第 75 页。
③ 何星亮:《文化人类学概论》讲稿版。
④ 〔英〕安东尼·吉登斯:《失控世界——全球化如何重塑我们的生活》,周红云译,江西人民出版社,2001,第 4 页。

台北故宫藏新疆《哈密图》流转路径史事考

王　耀[*]

摘　要：清代官绘本《哈密图》图幅宽大且为纸本彩绘，具有极高的史料价值，在历经时代嬗变和地域移转后，其流转路径渐已模糊。本文结合相关史实，借助藏图目录等，还原了其辗转迁移过程。《哈密图》应该为清代官员呈报政务而绘制的随折上奏材料，阅览后存于清内阁大库红本库，至清末为筹建京师图书馆而将其从清内阁大库转存入京师图书馆，迄至抗战时期被迫与北平图书馆珍藏一同南迁至南京，后于国共内战后期转入台湾，先存于台北中央图书馆，现存于台北故宫博物院图书文献处。

关键词：新疆　《哈密图》　古地图　台北故宫博物院

关于清代新疆古地图的留存状况，根据现有图录来看，中国第一历史档案馆藏清代新疆地图，因其为原清朝内务府造办处舆图房所藏舆图以及清朝地方官员进呈军机处奏折的附图，所以极为珍贵。中国国家图书馆藏清代新疆地图数量较为丰富，据《舆图要录》统计共计51幅；国内其他馆藏机构诸如北京大学图书馆、中科院图书馆等也藏有部分清代新疆地图；另外，海外部分机构诸如美国国会图书馆与台湾地区图书馆、台北故宫博物院等处也有部分馆藏。

---

[*] 王耀：史学博士，中国社科院民族所助理研究员，主要研究方向为清代西域史地。

上述藏图机构的大部分清代新疆地图通常仅披露图幅尺寸大小、简单图幅内容、质地等基本信息，未公开地图图像，因此学界关注和研究较少。拙作《台北"国家图书馆"藏清代〈新疆地舆总图〉研究》① 曾就《新疆地舆总图》的绘制内容、绘图时间、表现年代、史料价值等进行研究，指出其是反映乾隆中期新疆状况的可靠图像史料。目前，笔者发现一幅收藏于台北故宫博物院图书文献处的新疆《哈密图》②，虽然其图像并未公开，无法对其图幅信息等进行详细考证，但是发现其辗转流传路径涉及清代宫廷藏图机构、近代文物南迁等历史，通过梳理这一幅前人极少关注的新疆《哈密图》的流转路径，有助于知悉该图价值、清内阁大库档案散佚的历史及近代南迁文物的起伏命运。

目前《哈密图》的图像并未公开披露，其基本信息需依据1932年《国立北平图书馆藏清内阁大库舆图目录》注记，"哈密图一大轴，墨描、着青绿色、经纬线、满汉文、纸本、破。汉文地名以黄签贴记，据图背上端所记'哈密图二轴'字样，疑尚有一轴未见"③。另据《国立中央图书馆善本书目》注记"哈密图一幅，清代满汉文，纸本彩绘，150.5×383.5公分，北平"④。该图宽1.505米，长3.835米，图幅相当宽大且为纸本彩绘，应该为清代新疆地图的精品之作。

据查阅相关档案、目录等，推断《哈密图》最早应该为清内阁大库藏图。清内阁是清代掌管国家政务最高机关，初为内三院（内国史院、内秘书院、内弘文院），顺治十五年（1658）改名内阁，皇帝下达的诏令，由内阁宣示，呈报的臣工奏疏，由内阁进呈，权位甚隆。雍正以后，机要大政渐归军机处，但是有关大典礼与内外臣工例行题报事务，仍由内阁办理。清代内阁的地址，在故宫午门内东南隅。内阁之东有两个大库，分别为书籍表章库和红本库。京内外官员呈报办理政务的题本，皇帝阅后由阁臣用朱笔把意见写于本上，通称红本⑤。清内阁大库是清朝中央政府和宫廷存贮重要档案文献和书籍资料的库房之

---

① 王耀：《台北"国家图书馆"藏清代〈新疆地舆总图〉研究》，《中国典籍与文化》2014年第3期（总第90期）。
② 台北故宫博物院图书文献处，统一编号：平图021467。
③ 王庸：《国立北平图书馆藏清内阁大库舆图目录》，《国立北平图书馆馆刊》第6卷第4号，1932。
④ 《国立中央图书馆善本书目》史部舆图类，台北中央图书馆，1985，第337页。
⑤ 张德泽：《清内阁大库档案分散与变迁的情况》，《档案工作》1957年第3期。

一，所藏档案按照时代划分，可分为明档、盛京旧档、清档。明代档案是清初为修明史而征集的天启、崇祯年间题行稿等档案及旧存实录、诰敕等。盛京旧档是清入关前形成的后金天聪、崇德年间满文老档等，清初由盛京移来。清代档案是清入关后形成的题本等各种档案、图册、试卷等。上述档案按照性质可分为如下几类：一是内阁承宣或进呈的文件；二是记载皇帝言行和国家政务的文件；三是官修书籍及为修书而搜集的文件；四是内阁日常公文等。按照档案文种划分，包括红本（题本）、史书、实录、圣训、起居注、敕书、诏书、表章、各种档册、舆图、明档、满文老档等①。

清内阁大库档案在清末、民国初年曾经历过散佚民间和损毁的历史。宣统元年（1909），因内阁大库年久失修、档案潮湿霉烂等原因，张之洞以大学士、军机大臣管学部事，奏请以内阁大库所藏书籍设学部图书馆，其余档案经阁议建议将"无用旧档"焚毁。宣统二年六月大库修缮完毕，实录、圣训仍搬回大库，而档案与书籍，由于张之洞之请，没有送回。后来，罗振玉以学部参事被委派内阁接收书籍，发现大库内档案堆积如山，多是"近世史上最可宝贵的史料"，于是请示张之洞不予焚毁。获准后将全部档案交归学部，一部分移至国子监南学，一部分迁至学部大堂后楼暂存。1913年北洋政府教育部设立历史博物馆于国子监，接收上述档案，移至端门保存，后移至午门。1921年，历史博物馆因经费困难，将八千麻袋（计十五万斤）档案以四千元卖给了西单同懋增纸店，这就是中国档案史上有名的"八千麻袋事件"。纸店将这批档案运至定兴、唐山两地造纸，罗振玉得知后高价买回。后来这批流出档案又被多次转卖，现今散存于故宫博物院明清档案部、历史博物馆、台湾中研院史语所等处。这是关于清内阁大库档案散佚的为人熟知的历史，然而其中散佚出的部分舆图档案则较少受人关注。

清宣统二年（1910）为推行新政，张之洞等奏请设立京师图书馆（北平图书馆前身），以北京城内后海广化寺僧寮为馆址，属学部管辖，又称学部图书馆。民国四年至民国十七年（1915～1928）转到北京方家胡同国子监南学旧舍为馆址。筹备之初，即议定以翰林院、国子监以及内阁大库残本为基础典藏，其中特别从内阁大库红本中拣拾出明清旧本舆图一百余种，转交京师

---

① 李鹏年：《内阁大库——清代最重要的档案库》，《故宫博物院院刊》1980年第2期。

图书馆庋藏。这批明清旧本舆图自交拨之始,就因性质特殊而有统一的舆图编号①。1928年5月,南京国民政府大学院改京师图书馆为国立北平图书馆。

民国二十一年(1932),北平图书馆舆图部将这批明清旧本舆图编成《国立北平图书馆藏清内阁大库舆图目录》,共计184种、295件,其中就有《哈密图》。民国二十四年(1935),华北局势吃紧,北平图书馆奉命拣选库藏珍本、敦煌写经、明清古地图、金石拓片及重要典籍,运往上海租界及南京存放②。至1949年国共内战后期,又转运至台湾。关于北平图书馆藏图运往台湾的史实,在中国国家图书馆善本特藏部舆图组编《舆图要录》中亦有述及,"抗日战争爆发前夕,为防不测,馆藏清内阁大库舆图和逐年购得的特藏地图随大批文物运往南京。其后国民党政府撤离大陆时,将300余种计8大箱舆图运至台湾,存于台北中央图书馆"③。台北中央图书馆为民国政府的国立图书馆,1933年创建于南京,国共内战后期迁至台北,于1996年在台北更名为"国家图书馆"。在1985年出版的《国立中央图书馆善本书目》中著录有《哈密图》一幅,来源为"北平"。可见《哈密图》入台之初存于该处,后于1985年,该图连同北平图书馆善本图籍被台湾教育部门拨交台北故宫博物院图书文献处典藏,因为来源特殊,以"平图"进行编号,并著录图幅入藏来源为北平图书馆。

上文已述,清内阁大库红本库之红本,基本为各级官员上报办理政务的题本,在皇帝御览后由阁臣用朱笔将意见写于本上。据此推测,原藏于红本库的《哈密图》应该是清代官员呈报政务的随折上奏材料。至此可以得知,这幅随折上奏的官绘本《哈密图》应该是基于政务需要而绘制并呈报清中央政府,在阅览后留存于清内阁大库红本库。至清末为筹建京师图书馆(北平图书馆前身)而将其从清内阁大库转存入京师图书馆,迄至抗战时期被迫与北平图书馆珍藏一同南迁至南京,后于国共内战后期转入台湾,先存于台北中央图书馆,现存于台北故宫博物院图书文献处。

---

① 李孝聪:《国立故宫博物院图书文献处藏清代舆图的初步整理与认识》,《故宫学术季刊》第二十五卷,2007年第1期。
② 李孝聪:《国立故宫博物院图书文献处藏清代舆图的初步整理与认识》,第154页。
③ 北图善本特藏部舆图组:《舆图要录》,北京图书馆出版社,1997,前言。

述论女华侨林鹏侠的西北考察*

王　力　党潇楠**

摘　要：二十世纪30年代前后，伴随着民族危机的逐渐加深，西北民族地区因其重要的战略位置、丰富的资源、复杂的民族宗教问题及严重的灾荒成为国人关注的焦点。① 为了挽救民族危亡，诸多有识之士奔赴西北进行实地考察，为开发西北做准备。在此浪潮中，女华侨林鹏侠亦不畏艰险，只身一人深入西北各省区，广泛接触各民族、各阶层人民，对西北地区的地理、资源、文化、风俗、社会等进行详细的实地考察，为开发西北民族地区提供了有益的参考和建议。笔者拟在前人研究的基础之上，就林鹏侠西北行的背景和原因及其在考察过程中关注的主要问题作一介绍，力图较为全面地展示在民族危机、社会动荡的特殊时代里归国华侨林鹏侠女士这一壮举。

关键词：民族危机　林鹏侠　西北考察

---

* 本文为国家社科基金项目——"明末清初达赖喇嘛系统与蒙古诸部互动关系研究"（09CMZ005）、兰州大学西北少数民族研究中心重点研究基地专项项目"中央政府与历辈达赖喇嘛关系研究"、兰州大学中央高校项目"西部民族聚居区学校教育的价值取向研究——以张家川回族自治县为例"阶段性成果。

** 王力：兰州大学西北少数民族研究中心教授；党潇楠：兰州大学民族学研究院硕士研究生，主要研究方向为西北史地文化研究。

① 关于这一时期"西北"的概念问题，众说纷纭，莫衷一是。王荣华在其《抗战前的西北经济开发热潮》一文中就列举了29种之多。参见王荣华《抗战前的西北经济开发热潮》，载张克非、王劲主编《西北近代社会研究》，民族出版社，2008。笔者在此文中即按照林鹏侠在《西北行》中对"西北"的认识，将西北的范围暂定为以"陕、甘、绥、宁、青、新"六省为主。

一 开发西北的社会思潮

中国自古即是一个多民族的国家。西北地区既是我国的边疆地区,资源丰富,具有重要战略地位,更是在不同的历史时期聚集着汉、回、藏、蒙、维等诸多民族,民族宗教问题亦为复杂。因此,开发西北从一定意义上说,就是西北边疆民族地区的开发。

鸦片战争后,在内忧外患的形势下,即有龚自珍、魏源、左宗棠等一批官僚士大夫、爱国学者、维新派思想家,关注西部边疆民族地区的建设。孙中山先生也早认识到西部地区的重要性,在其《实业计划》中,详细阐述了他对西部建设的构想,提出了许多建设性的建议。

南京国民政府成立后,根据蒙藏等边疆民族地区的情况,部分继承了孙中山先生的"民族平等""五族共和"等民族思想,从政治、经济、文化、教育、宗教等方面制定了一系列政策。1928 年,国民政府对西部民族地区的行政建制进行调整,撤销了北洋军阀政府所设置的特别行政区,改建热河、察哈尔、绥远、青海、宁夏等省,实行统一的省县体制。1929 年 2 月,南京国民政府正式设立蒙藏委员会,处理蒙藏等民族地区的事务。同年 3 月,中国国民党第三次全国代表大会召开,提出在内蒙古、西藏及新疆实行三民主义,标志着三民主义之边疆民族政策的开始确立。①

"九·一八"事变、"一·二八"事变后,东北沦陷,华北和东南危机日益加剧,在挽救民族危亡的强烈号召下,西北边疆民族地区因其重要的战略地位、复杂的民族宗教问题以及严重的自然灾荒逐渐成为国人关注的焦点,开发西北也随之成为一股广泛的社会思潮。"西北开发呼声的高涨,实是既有为日后抗战建设收复失地与民族复兴根据地,又有加强西北国防,杜绝外人觊觎的意思。"②在此情势下,南京国民政府也不得不顺应这一思潮,认识到西北开发的重要性

---

① 李国栋:《民国时期的民族问题与民国政府的民族政策研究》,民族出版社,2009,第 135~136 页。
② 杨红伟、武永耿:《简论抗战时期西北开发思潮形成的表现》,《新疆社会科学》2007 年第 1 期。

和紧迫性，开始改变边疆民族政策，进行实地调查。

欲开发西北，首先就要对西北地区的气候、地理、物产、政治、经济、文化、社会、民族等情形有全方位的真实了解。于是，在西北开发思潮的引导下，社会各界人士包括政府官员、地质学家、考古学家、人类学家、社会学家、历史学家、新闻工作者等纷纷前往西北进行实地考察，掀起了一股到西北去的热潮。有学者统计，国民政府时期到西北的考察家共有100多人，著作有85种之多，涉及西北的政治、经济、文化艺术、民族宗教等方面的内容。① 女华侨林鹏侠即是其中之一。

林鹏侠，字霄冲，新加坡籍归国女华侨，祖籍福建莆田。其父为新加坡华侨，拥有橡胶产业，家境优越。其母知书达理，为"巾帼中须眉者流"，关心国事。林鹏侠少年时期曾就读于天津、上海等地，后又留学美英，分别攻读经济科和航空学院驾驶科。回到南洋后，她"在新加坡京京树胶园充任经理，后以他故，复入美，联络海外侨胞，研究开发中国物产办法，后复应上海航空协会之约，为该会设计委员。'九·一八'事变后，沪战发生，因感故国凌弱，乃纠合男女同胞多人，组织救护队，在战区循环往来，做救护工作"②。"一·二八"事变后林鹏侠应母亲召唤，由新加坡回国欲服务战地，但因《淞沪协定》已签订而未能实现。后在母亲的鼓励与支持下，她于1932年冬独自远赴西北进行考察，历时半年之久。东归两年后，她应四方亲友及南洋侨胞之请，将其考察日记整理，自费出版《西北行》一书，以"献于留外父老兄弟，冀能察其真实，共发自救救国之心，组合正式考察团体，前赴西北各省，为更精密之调查。倘以所见为不巫，则进而与政府求通力合作之实现……进可以收复失地，发扬民族光辉；退亦可以使侨胞得一生息之大本营"③。1938年1月，林鹏侠与其妹林荫民在家乡莆田创办《莆田新报》（后改名为《福建新报》），宣传抗战，揭露日寇暴行，抨击汉奸卖国贼。④ 1934年，林鹏侠曾以其冒险精神与宋美龄、何

---

① 尚季芳：《国民政府时期的西北考察家及其著作述评》，《中国边疆史地研究》2003年9月，第13卷第3期。
② 《女飞行家林鹏侠抵陕，对记者谈来西北任务》，《西安日报》，缩微胶卷，1932年12月4日，第3版，甘肃省图书馆藏。
③ 林鹏侠：《西北行》，王福成点校，甘肃人民出版社，2002，第218页。
④ 福建省情资料库：《福建省新闻志》，参见 http://www.fjsq.gov.cn/showtext.asp? ToBook = 155&index = 69。

香凝、倪桂珍等一起被《良友》画报评为当时的标准女性。①

在社会动荡、民族危机的背景之下，父母的期望及自身强烈的爱国情怀促使林鹏侠毅然放弃优渥舒适的都市生活，孤身远赴"气候严寒，交通梗塞，国人视为畏途绝域，相戒无前"②的西北之地进行考察。一为完成父母的心愿；二为打破国人畏难之心理，促使国人注意西北之重要及其面临的严重危机；三为海外侨胞提供一个归国服务的机会，为其谋一"生息之大本营"，与国人共同开发西北。当然，林鹏侠自身坚韧不拔、坚强勇敢的品质及良好的家庭环境和社会关系则为其西北行提供了有力的保障。林鹏侠无畏的品质和行为得到了当时诸多有识之士的鼓励与称赞，被誉为"今世之奇女子"。

二 林鹏侠的西北考察之行

林鹏侠奉母命，于1932年11月24日从上海出发，30日至西安，开始了她对西北陕、甘、青、宁各省的考察，途经咸阳、兰州、西宁、青海、酒泉，然后从酒泉返回，经张掖、兰州、宁夏和北平，于1933年夏返回上海，历时半年之久。原计划1933年冬还要去新疆，但因母病急归，"复与冯庸先生等作新疆之游，及抵包头，而新疆战事方烈，前路复梗，废然而归"③，终以足迹未及新疆而深感遗憾，但林鹏侠在西北考察之时从他人口中对新疆的情况也略微有些了解。

根据《西北行》中的记录，林鹏侠在考察途中对西北灾荒、鸦片烟毒、医药卫生、农林矿产资源、交通运输、工农商业、民族问题、妇女问题、教育问题等诸多问题给予关注，并拍摄有大量的照片。④ 这些内容在其日记中都有详细的记载，笔者不再一一赘述，在此仅就林鹏侠关注较多的灾荒、民族、妇女以及教育等问题略作介绍。

---

① 李继峰：《三十年代的标准女性》，《史海钩沉》2004年第3期。
② 林鹏侠：《西北行》，第3页。
③ 林鹏侠：《西北行》，自序二。
④ 林鹏侠于1936年在《西北行》中所作的自序二中曾说："所至尝摄取风景累千片，十之八九为友人携去散佚，时或见于《良友》诸杂志中。"而在笔者所参阅的《西北行》版本中并没有见到这些照片。

(一) 西北地区的灾荒状况

1927年以来,西北地区灾荒频发,而其中尤以陕、甘两省为最重。根据邓云特在《中国灾荒史》中的统计,自民九年至民二十二年,陕甘地区连遭严重旱灾,间有地震、水灾、霜雹、蝗虫、瘟疫等灾害。① 下表是根据民国二十二年申报年鉴上,关于西北灾荒的记载而绘制的陕甘两省灾情表②。

陕甘两省灾情

省别	年别	灾情种类	受灾县数(个)	灾民人数(人)
陕西	民十七年	旱蝗水疫雹风兵匪	85	5355264
	民十八年	旱兵匪雹蝗疫	63	5302086
	民十九年	旱水匪疫蝗鼠风雹	76	5584526
	民二十年	旱水蝗风雹霜疫鼠	59	未报
甘肃	民十七年	旱水蝗风雹霜疫鼠	65	2440840
	民十八年	旱兵匪地震	52	4399346
	民十九年	旱匪雹鼠狼	60	4750000
	民二十年	旱水雹霜	59	未据确报

林鹏侠在西行途中,每到一处都极为关注当地的灾荒情况,"无时忘情于灾民",或亲身去观察了解,或向当地有关部门询问,对西北贫苦之人民报以极大的同情与怜悯之心。在林鹏侠的记录中,陕甘地区的灾情最为严重。她在拜访西安赈务会康寄遥主席时,得知陕西全省自1928年以来荒旱、霜、雹、风、蝗、瘟、疠、兵匪等天灾人祸不绝,致使"千村万户,悉化丘墟,万里膏原,多成赤地,饿殍载道,谷罄粮绝,乃至树皮草根,剥食殆尽,拆房毁栋,难求一饱,卖妻鬻子,死别生离之惨状,无可形容"③,甘省灾情更甚之。在其日记

---

① 邓云特:《中国救荒史》,商务印书馆,2011,第40~43页。
② 申报年鉴社编《申报年鉴全编》第2册(民国二十二年年鉴),国家图书馆出版社,2010,第63页。
③ 林鹏侠:《西北行》,第15页。

中，林鹏侠详细地记录下了她目睹的甘省灾荒之严重，表达了对众多无望灾民的深切同情。

林鹏侠认为，西北地区灾荒如此之重，除了天灾之外，更有人祸。"我们中国的富源很多，地产很丰，年来的灾荒都是由于人事不修所致，并不是天所降的灾祸。"① 西北地区虽不如中、东部地区物产富饶，但也有关中、汉中、陇南谷地、河套、河西走廊、南疆等诸多丰腴之地，尚丰歉互调，肥瘠相济，即使偶有天灾，也不致酿成如此惨状。另外，她认为"不良军队之勒索，贪污官吏之暴敛"②，也是加剧灾荒的主要因素。为此，她提出政府必须加强军队训练、改善政治环境、廉洁自爱、爱民如子，方能减缓或消除自然灾荒的危害。

（二）西北地区的民族问题

西北地区是我国主要的民族聚居区，民族众多，宗教盛行。民族宗教问题因其特殊性与敏感性，也成为赴西北考察之人关注的重点。在当时西北地区诸多民族问题中，以回汉矛盾尤为突出。

清朝中后期，由于不堪汉族官僚及清政府的迫害凌辱，西北回民曾进行多次大规模的反清运动，终都被残酷镇压，后清政府恶意宣传，丑化回族人民，致使回汉矛盾长期难以化解。③ 西北回民起义期间清军的围剿杀戮及其"善后"措施，使西北回民经历了前所未有的浩劫，人口锐减，生活困难，社会地位急剧下降，成了边缘人群。④ 民国以来，随着马家军阀势力的崛起，西北回族的状况开始有所改善，回汉之间的民族关系有所缓和，但由于受统治者的丑化宣传及恶意挑唆，回汉冲突也时有发生。

在西行途中，林鹏侠与回族同胞多有接触，如在咸阳为其让出房间的回民老小、在平凉热情好客的回民店家夫妇、机警豪迈的国民军军官马仁山先生以及关心回汉纠纷的马吉诚先生。在林的眼中，回民并不像以前所闻的那样，"多

---

① 戴季陶：《救济西北与开发西北》（1929年11月25日），载秦孝仪《革命文献》第88辑，台北中央文物供应社，1981，第19页。
② 林鹏侠：《西北行》，第69页。
③ 王伏平、王永亮：《西北地区回族史纲》，宁夏人民出版社，2003，第63~80页。
④ 参见李健彪《近代西北回族社会变迁研究》，陕西师范大学，2011年博士学位论文。

猜忌而好乱",反而是"多豪侠仗义之人,济困扶危,为其风尚"、"对妇女颇知礼节,且富于公德心"①。同时,西北回民谨遵穆罕默德之教诲,严守教规,无虚妄骄诞之风。回民虽尚武,却是为了自强,并非好乱。林鹏侠认为正因为回民尚武且忠实勤俭,而汉人习于文弱,二者可相互补充,取长补短,以共同抵御外侮。

关于回汉矛盾的根源,时人马吉诚曾进行了详细的分析。他认为回汉之纠纷并不是民族问题,而是政治问题。自清以来,回人常受满、汉官僚之凌辱压迫,即使到了民国,虽号称"民族平等""五族共和",但对于西北边区回民同胞之真实苦况无甚关心,致使地方官吏长期以来擅自鱼肉回民,作威作福。回民本就尚武,不甘屈服,至忍无可忍之时即起而反抗。而当地政府采取武力镇压的手段,导致事态扩大,引起回汉之间的种种误会,相互仇杀,于是演化成回汉纠纷。林鹏侠因自己的所见所闻,也感同身受,认为回汉纠纷源于政治问题。

故此,林鹏侠认为欲开发西北,巩固国防,尤其要以解决当地回汉历史纠纷为当前之要务。加之西北回族与周边哈萨克斯坦、阿富汗等国之回民为同一民族,苏俄及英日等列强打着世界回族自治的旗帜,企图通过挑起回汉民族矛盾以达到分裂中国的目的。因此,林鹏侠认为解决回汉纠纷更显迫切和重要,"此朝野上下所当积极加意者。非故作危言也!"②

(三) 西北地区的妇女问题

作为一位个性独特、思想先进的留洋女性,林鹏侠在西北考察的途中,有意无意地都给予妇女问题较多的关注,广泛接触各地、各族妇女,上至政府职员,下至贫苦娼妓,以考察西北女同胞之真实状况。

经过考察,林鹏侠发现西北妇女的境遇极其悲惨。由于交通闭塞、文化教育落后,当时西北妇女地位极其低下,毫无独立自由可言,"买卖婚姻、早婚、缠足、童养媳、男尊女卑,等等恶习,相沿如故""教育不普及,无社交公开可

---

① 林鹏侠:《西北行》,第32页。
② 林鹏侠:《西北行》,第180页。

言,婚姻之权,悉操于父兄家长之手"①。且由于人才、经济均不足,西北地区妇女组织尚未成形。对此状况,林鹏侠不仅呼吁西北女同胞要敢于打破虚伪的礼教观念之束缚,争取自立自强和平等自由。同时在兰州时,林鹏侠积极倡导成立女子青年会,以此领导西北边区妇女问题的解决。

在考察中,林鹏侠尤其欣赏回民妇女,认为其自律、勤劳、朴素、整洁,"虽豪富官宦之家,其妇之操作一如常人,雇佣仆婢者甚少。精烹调、善女红、里家政、相夫教子,凡此皆回人妇女普通之家教,人人有贤妻良母之风"②。由此,林鹏侠疾呼女界奋斗自强,养成社会贤妻良母之风。她认为中国千年传统文化不可一概摒弃,在当时的社会政治制度下,有必要保持贤妻良母的风尚。但是新时代的贤妻良母应该施以新时代之教育,使其具有社会知识、世界眼光,"出之社会,与男子并驾齐驱,处之家庭,则尽其相夫教子之责"③。同时,她认为男女对于国家社会应共同负责,只是人的才能各有长短,因此男女之间要合理分工,"只宜论其才不才,不当论其性别"。林鹏侠在提倡男女平等自由的同时,对内地上层社会妇女骄奢淫逸之风尚大为批判,认为其既不能尽力于家庭教育,又不能贡献于国家社会,"此非解放,乃堕落耳",以为妇女解放运动之警示。

(四) 西北地区的教育问题

教育也是林鹏侠西北考察关注的重点。她认为国家的强弱与教育的兴衰是成正比的,"教育为立国之根基"④。林鹏侠每到一地,都要向相关人士询问当地教育状况,参观各类学校。

林鹏侠认为,发展民族教育,提高民族素质,是西北开发的重点。"欲救国家于危亡,须全国一致开发西北。而开发西北,更须注意西北之国民教育。"⑤"为开发西北者,当以西北民族教育为先决问题。苟不使各民族教育平等,智能

---

① 林鹏侠:《西北行》,第65页。
② 林鹏侠:《西北行》,第93页。
③ 林鹏侠:《西北行》,第93页。
④ 林鹏侠:《西北行》,第61页。
⑤ 马鸿亮:《国防线上之西北》,经纬书局,1936,第30页。

平等，则一切平等之基础无由建立。"① 针对西北地区民族教育落后的局面，她认为西北地区人才不足、民族复杂，以致"西北教育，殆无地不成落伍之象"②，加之学生数量少、教育设施不完备、教职员待遇极低，导致当地教育落后。林鹏侠根据西北的教育困境，认为地方政府已无能为力，唯有寄希望于中央。同时，她认为学校教育很难收到普遍急切的效果，而社会教育的广泛性却可以弥补其不足。

结 语

在当时轰轰烈烈的西北开发思潮中，林鹏侠在西北地区的考察对改变西北现状并没有起到多大的作用，且随着国内、国际形势的变化，人们的焦点逐渐由西北转向了西南，西北开发在当时并未取得很大的实际效果。但若从林鹏侠西北行这件事本身来看，其意义却是非常重大的。首先，林鹏侠历经千辛万苦，甚至冒着生命危险，独自一人远赴西北边地进行实地考察，将西北地区的真实情况传达给了社会各界，特别是南洋侨胞，成为西北开发思潮中抹不去的一笔；其次，她在《西北行》中留下的对西北诸多问题独特而深刻的前瞻性见解，为我们现今开发西北、改良社会等提供了良好的借鉴。再次，林鹏侠对当时西北地区地理、物产、资源、人文、风俗等丰富的记载，为我们了解和研究民国时期西北地区的社会状况提供了大量翔实的宝贵资料。最后，林鹏侠的西北之行，给后人留下的最宝贵财富是她的精神，这其中既有对祖国的热爱，又有对同胞疾苦的关心，更有面对困境的无畏与勇敢。林鹏侠能够被评为当时的标准女性，实在是当之无愧，也是我们后人应该尊敬和学习的巾帼英雄。

另外，在20世纪三四十年代，由于挽救民族危亡的特殊背景和历史使命，一大批有识之士远赴西北进行实地考察，意欲开发西北，其精神无疑是值得赞扬的。然不可否认的是，当时呼吁开发西北多半是迫不得已的无奈之举，是为了开发资源、巩固后方，是出于经济、政治和军事上的考虑，而真正考虑到西

---

① 马霄石：《开发西北之先决条件》，青海印书局，1936，第2页。
② 林鹏侠：《西北行》，第150页。

北人民本身的成分并不多，即使有也可能是附带的。这在当时国家危亡的关键时刻，是无可厚非的。然而，在高呼西部开发的今天，我们要从前辈的经历中吸取经验教训，坚持以人为本，真正关注西北各族人民的生活和精神状况，致力于改善生存状态，促使其在社会、经济、文化等方面取得全面发展。同时，在西部开发中，尊重各民族的传统文化，尤其是宗教信仰，以建立和谐的民族关系。这就要求我们深入西部地区，对自然地理、人文风俗、民族宗教、历史文化等各方面进行系统的实地考察和全面了解，因地制宜地进行政策的制定和落实。

文化视野下的公共卫生：
以麻风病防治的人类学研究为例

雷亮中*

摘　要： 疾病与健康问题是人类学一直关注的话题。人类学研究表明不同文化背景下，人们的健康、疾病观念与宗教信仰、民族医疗体系密切相关。同样，对传染病的防治亦是如此。本文通过对四川省凉山彝族地区的田野调查，得出传染病流行及其影响后果不仅是一个流行病学或公共卫生问题，亦是一个综合经济、权力、文化等因素的社会综合问题。当地民族文化中的宇宙观、宗教信仰等因素都深刻地影响了传染病防治政策实施和疾病治疗的效果。

关键词： 麻风病　公共卫生　身体观　宗教信仰

一　问题的提出

传染性疾病作为人类社会的一个医疗和公共卫生问题，长期影响着人们生活和生存，正如威廉姆·麦可尼尔（William H. McNeill）在《瘟疫与人》所指出的："自从人类出现，传染性疾病便随之出现，什么时候人类还存在，传染病就存在。传染病过去是，以后也一定是影响人类历史的一个最基础的决定因

---

* 雷亮中：人类学博士，中国社会科学院民族学与人类学研究所助理研究员，主要研究方向为影视人类学。

素。"① 的确，从历史的发展过程来看，大规模传染性疾病无时无刻不在冲击着人类社会，直接或间接地影响着人类社会的政治、经济、宗教、科技和文化的变迁。戴蒙德（Jared Diamond）在《枪炮、病菌和钢铁》一书中谈到，正是病菌而非枪炮帮助了欧洲人征服美洲。② 在中国，明代万历和崇祯年间的两次鼠疫大流行导致华北三省人口死亡总数至少达到1000万以上。③ 二战以后，随着细菌学、流行病学的发展以及公共卫生体系的逐渐完善，许多传染性疾病已经被人类消灭或基本得到控制。但是，原有的社会政治经济格局尚未得到根本性的改变。比如，广泛存在的贫困、不平等和暴力等问题，因此，许多发展中国家传染病仍旧是公众健康的重要威胁。1999年，世界卫生组织（WHO）报告称："全世界每小时有1500人死于传染性疾病，其中大多数是儿童和具有劳动能力的青壮年——而且他们中的许多人本来可以通过预防手段避免死亡，所需用的代价比购买几瓶阿司匹林所花的费用还要少。"④

早在19世纪中叶，分子病理学的创始人，人类学者鲁道夫·弗卓（Rudolf Virchow）就认为："医学是一门社会科学，政治无非是更大的医学。"⑤ 纽曼（Solomon Neumann）也同样指出："了解不论是阻碍人们享尽生活或是导致许多人夭折的大多数疾病并非是由于自然物质，而是由于人为的社会环境是不需要特殊证明的。……从其本质来说医学是社会科学，但在其被真正地认识和承认之前，我们是不能享受到医学的益处而只能是满足于它的空壳。"⑥ 对此，人类学也开展了对疾病问题的专门研究，并形成了三个主要研究领域：医学生态学、民族医学和医学人类学的应用研究。病患的文化意义、健康政治经济学（the political economy of health）、批判性医学人类学（critical medical anthropology）等是分析疾病和健康的文化、社会政治经济力量以及权力的重要方法。因此，从社会文化等角度对少数民族地区的传染病与社会问题进行研究有十分重要的现

---

① William H. McNeill, *Plagues and Peoples*, Anchor Books, 1998.
② Jared Diamond, *Guns, Germs and Steel: The Fates of Human Societies*, W. W. Norton & Co, 1999.
③ 曹树基：《鼠疫流行与华北社会变迁（1850—1644）》，载《历史研究》1997年第1期。
④ 美联社电讯：《世界卫生组织报告称：六大传染病威胁全人类》，载《参考消息》1999年6月19日，第7版。
⑤ 转引自翁乃群《艾滋病流行的社会文化动力》，《社会学研究》2003年第5期。
⑥ J. Trostle, "Early Work in Anthropology and Epidemiology," in C. R. Janes et al eds. *Anthropology and Epidemiology*, Dordrecht, Boston: D. Reidel Publishing Company, 1986, pp. 35-57.

实和理论意义。

麻风病作为一种慢性传染病,已有二千五百多年的历史。据世界卫生组织的统计,全世界麻风病人总数约有1200多万,其中95%的病人分布在贫穷落后的第三世界国家,其中大多分布在亚洲。由于过去人们对麻风病缺乏有效的预防和治疗措施,因此这种易导致畸形的疾病通常被视为"不治之症",同时也是一种受到全球普遍关注的公共卫生和社会问题。中国至今仍有麻风病人6000人左右。麻风患病率在万分之一以上的县(市)共有47个。2000年底,中国仍有231个县(市)麻风病防治尚未达到国家麻风病消除指标,其中,76%的县(市)在云、贵、川、藏、湘地区。近年来,中国的麻风发病率下降缓慢,部分地区疫情仍较严重,每年新发现病人仍在2000人左右。此外,中国约有麻风病治愈者23万人,其中约有12万治愈者和病人存在Ⅱ级以上的畸残,部分人生活不能自理。据估计,中国麻风病治愈者中的极度贫困者约为2万人,大多分布在国家级贫困地区[①],中国西南的凉山彝族自治州中麻风病以及治愈者就是如此。在凉山彝族在自治州,麻风病被认为是不可治愈的——"麻风就像烂了的洋芋,治好也是烂的"。民主改革以前,社会上对麻风病人的通行做法是将他(她)们驱逐出社会,甚至是活埋处死。可以说,麻风病人及其子女是被当地社会所遗弃并被文化区隔的特殊群体。随着现代医学和公共卫生发展,麻风病被证实是一种可防、可治、不可怕的慢性传染病。但是,已经康复的麻风病人(包括身体正常的麻风病子女)不仅身体上,还在社会文化上继续着被隔离、被歧视的命运。这不仅是一个公共卫生中的医疗防治问题,也是一个经济、文化、权力密切关联的问题。因此,本文以当地麻风病的防治为例,探讨文化视野下传染病防治问题,包括传染病与文化、权力、社会之间的关系。

二 麻风病的历史与防治运动:从隔离到社会防治

麻风病是一种由麻风杆菌引起的慢性接触性传染病,是世界医学史上最早记录的传染病。[②] 1873年,挪威医学家汉森(Hansen)发现麻风病的病原体,

---

① 参见中国麻风防治协会主页:www.chinaleprosy.org。
② 尤家骏:《麻风病学概论》,华东医务生活社,1953,第3页。

该病原体在1931年国际麻风会议上被命名为麻风分枝杆菌,所以麻风病也称为汉森病。1997年,世界卫生组织估计全球共有115万麻风患者,万分之二的患病率。麻风流行的16个主要国家的登记病例数占全球麻风病人数的90%,其中5个国家(印度、巴西、印尼、缅甸、尼日利亚)占世界麻风病登记病例数的80%。中国麻风病主要分布在南方,1996年新发现的患者和现症患者的60%左右分布在云南、贵州、四川和西藏,其中四川的现症患者在全国的比重高于其新发现患者的比重。①

历史上,麻风病往往与道德联系在一起。英文中leprosy也有两层含义:一是麻风病,二是极坏的影响,有道德的败坏,堕落的意思。苏珊·桑塔格(Susan Sontag)曾在《作为隐喻的疾病》② 一书中谈到,西方将麻风病与一些腐败、堕落、污染、社会的反常状态联系在一起,被社会污名化。在基督教观念里,一个人得麻风病是由于犯罪,引起了上帝的愤怒,遭到的惩罚。因此麻风病人是不洁的,不能参加任何宗教活动,而应远离人群,独居旷野。而且凡与不洁的人接触的,都会成为不洁,因此教会将麻风病人都集中在麻风病院里,将其从厌恶他们的社会中隔离出来,限制在一个与世隔绝的神圣领域。③

1943年,由于砜类药品的问世,麻风病成了"可治之症"。由此,1948年在哈瓦那召开的第5届国际麻风大会提出了"只隔离有传染性的病人、可允许部分病人在适当管理下接受门诊治疗"的建议。之后,1953年在马德里召开的第6届国际麻风大会提出麻风病院应由院外诊所来替代。1958年第7届东京国际麻风大会呼吁终止对病人的强制性隔离,认为"强制隔离是不合时代的错误,应予废除"。1963年,里约热内卢第8届国际麻风大

---

① 朱成斌、陈祥生、李文忠、江澄、叶干运:《中国麻风流行地区麻风消除目标的预测》,《中华皮肤科杂志》2000年第33卷。
② Susan Sontag, *Illness as Metaphor*, New York: Farrar, Straus and Giroux, 1978.
③ 在中世纪基督教教会传统中,麻风病与性病并未明确区分开来,麻风病与性乱联系在一起。麻风病人外部溃烂是内心亵渎神灵的标志。麻风病人对公众既构成道德威胁,又构成肉体威胁,人们通常用戏剧化的仪式和其他合法手段将他们与人群隔离开来。教会隔离麻风病人(separatio leprosorum)的仪式与处置死人的仪式并无本质不同,将他们界定为仪式上的死人。在仪式上,麻风病人在祭坛边的黑布前面"模仿死人的表情"(Clay, 1909, p.273)。根据法律,经过仪式隔离的麻风病人不能继承财产,不能进入公共场所,他们接触井水和与他人就餐时必须戴手套。参见〔英〕布莱恩·特纳《身体与社会》,马海良、赵国新译,春风文艺出版社,2000,第134~135页。

会提出，麻风病应和其他疾病一样得到同等对待。到了20世纪80年代，随着联合化疗技术的问世和推广，"化学隔离"代替"人身隔离"成为控制麻风病的最佳选择。

在中国，由于麻风病被普遍认为是有传染性的，又因其症状使人望而生畏。秦律规定对于麻风病患者罪犯处以"定杀"。"定杀"是"生定杀水中之谓也。或曰生埋，生埋之异事也"①。萧晓亭在《疯门全书》叙述道，"夫疠疾也，得之者，父子离散，夫妻睽违，戚友避之，行道叱之。非若他疾只伤一人，疠实传染常多，或伤邻友，或伤一家，至于无与为婚而绝嗣者不少"②。因此，"隔离"成为历代社会的解决之道。早在春秋时期，楚国就有专门为麻风病人集中居留的"疠乡"。而到了秦代，已经出现了专门的"疠所"作隔离之用。北齐时则出现有"疯墅"，专门收容麻风病人。例如，天宝7～10年（556～559）北印度来华僧人那连提黎耶舍（Narendrayasas），就曾在河南汲郡西山霖落泉设立"疠人坊"，兼有收容、治疗和隔离的作用，以后各代均有类似机构，多系寺院为收容麻风病及其他患者所办。这种由佛教设立病人坊的做法一直延续到宋末。但唐会昌五年（845）以后，这些病坊大部分转变为官办慈善机构。③ 这些做法在客观上起到了隔离作用，且与日后的麻风病院有着一脉相承的联系。

然而，由于受当时医疗条件的限制，这些疠所主要起的作用是将麻风病人与社会隔离，并提供食物等救济。目前所知，中国最早以西方医疗方式收容和隔离麻风病人的麻风病院是于1569年天主教所建立的第一所麻风病院——澳门麻风院。④ 此后，相继建成北海普仁（1886）、杭州广济分院（1887）及湖北孝感乐仁（1894）等麻风院。

随着西方医学的传入，中国于1927年2月在上海成立了"中华麻风救济会"，"专以救济麻风病人，推广麻风病院，提倡新法治疗及预防传染为宗旨"，

---

① 《睡虎地秦墓竹简》，文物出版社，1978，第203页。
② （清）萧晓亭：《疯门全书》，赵石麟、王怡点校，人民卫生出版社，1985，第5页。
③ 如明代的养济院、清代的麻风院。
④ 外国传教士于1568年（明隆庆二年）在澳门修建了圣母望德堂，位于疯堂斜巷。昔日位于澳门城墙之外，地处偏僻。贾尼劳辅理主教来澳后，在此创建了仁慈堂，赈灾济民发放粮食，被华人称为"支粮庙"。后教会在此设立麻疯病院，并设"辣撒拉"（即葡文的麻疯病）小教堂供麻疯病人祈祷用，葡萄牙人称为麻疯人主保圣堂，俗称麻疯庙，又称疯堂庙。

并于1927年发行了机关刊物《麻风季刊》，成为中国最早研究麻风病的刊物，其宗旨在于介绍最新麻风学理和药物、进行麻风宣传教育、讨论推动麻风救济运动、介绍国外麻风情况。

新中国成立后，中国的麻风防治运动可分两阶段①：第一阶段从1949年至1981年，主要贯彻政府"预防为主"的方针及"积极治疗、控制传染"的原则，提出"边调查、边隔离、边治疗"的步骤和做法。据1980年国务院批转卫生部《关于麻风病防治工作情况的几项建议》中的统计，中国共有麻风病院62所，防治站343处，麻风村794个，共1199处；第二阶段从1982年起至今，国家卫生部于1981年提出，力争在20世纪末实现基本消灭麻风病的奋斗目标，并于1982年制定、1988年修订了基本消灭麻风病的防治规划和标准。此外，中国还于1986年开始制定、实施了以每五年为一期的《全国麻风病防治规划》。1986年起，中国防治策略实现了四个转变，即：（1）从单一的药物治疗转变为联合化疗；（2）从隔离治疗为主转变为社会防治为主；（3）从单纯抗菌治疗转变为抗菌与康复医疗相结合；（4）从专业队伍的单独作战转变为社会力量的协同作战。1986年11月，中国麻风联合化疗座谈会决定，普遍推广世界卫生组织提倡的麻风联合化疗。同时，中国还从1985年开始逐渐打破麻风宣传禁区，于1988年第一次庆祝了麻风节，并在社会上大力开展麻风宣传教育，提出麻风可防、可治、不可怕，消除对人们麻风病的偏见和恐惧。

三 凉山彝族地区的麻风病流行与防治状况： 从地理隔离到文化区隔

随着现代医学技术的发展，人们对麻风病的诊断、治疗已经有了科学、有效的方法。凉山州由于历史、现实等诸多原因，麻风病在当地流行有历史长、流行面广、患病率高、发病人数多等特点。自1958年以来，凉山州在16个县（除西昌市外）先后建立了18个麻风村。

---

① 参见江澄《中国麻风防治50年回眸》，《中国麻风皮肤病杂志》1999年9月第15卷第3期；陈贤义、李文忠、陈家琨主编《麻风病防治手册》，科学出版社，2002，第1~7页。

表 1　凉山州部分麻风村（院）情况

村名	现留村人数（人）	工作人员（人）	其他人员（人）	房屋（m²）	田地（亩）	森林（亩）
木里县麻风村	31	2	59	1100	130	300
德昌县麻粟康复院	38	7	4	新房 1080 危房 1100	水田 10、山地 110	森林 600、荒山 300
会理县康复医院	44	24	5	8520	800	1500
会东县马龙乡关家坪子	35	7	16	1300	300	1400
普格县康复村	75	2	无	200	120	无
金阳县康复村	47	3	1	3000	300	3000
布拖县乌依麻风村	54	2	132	4500	1200	5000
昭觉县康复村	116	4	6	121	320	500
冕宁县惠安麻风村	66	6		1000	100	1800
冕宁县健美麻风村	26	4		700	80	1000
越西县大屯乡高桥康复村	85	2	120	1200	80	无
越西县大屯乡跑马坪康复村	35	1	35	250	30	无
越西县丁山乡丁山自然村	15	1	8	80	10	无
甘洛县胜利麻风村	24	1	1	320	58	无
雷波县大火地麻风村	84	5	329	480	200	无

资料来源：凉山州疾病预防控制中心。

凉山彝族地区最早的麻风病院是由传教士所创立的。18 世纪中叶，西方传教士纷纷来到康藏高原，他们在当地不仅修建了教堂，还设立了医院。其中，"叶方基谷派"传教士在康定建了一所麻风院。该麻风院收容了从西康*、四川、西藏等地来的藏族、彝族、汉族等麻风病患者 150 多人。凡入院的麻风病

---

* 编者按：西康，行政单位。1955 年第一届全国人民代表大会第二次会议通过决议撤销西康省建制，原属西康省所属区分别并入四川省和西藏自治区筹备委员会。

人都必须信奉天主教,病人平时除接受免费治疗、做礼拜之外,也需要劳动,靠种地生活。该院从建立到1951年,共收治麻风病人921人。① 由于对麻风病尚无特效治疗手段,麻风院在对病人进行收容、隔离,避免传染他人方面起到了积极的作用。

1956年,中国共产党颁布了《全国农业发展纲要》,提出积极防治麻风病,确定了"积极防治,控制传染"的原则。"由于过去一家一户的生活方式,麻风病对别人影响不是很大,在人民公社实行'四化'以后,尤其是在生活集中化……群众怕传染上麻风病不愿在公共食堂吃饭,不愿跟麻风病人一起生产,使农村集体福利事业和农业生产的发展受到很大影响。"② 于是,中国开始修建隔离麻风病人的麻风村。随着人民公社化运动的深入,隔离运动加速进行。据当时不完全统计,中国已建立麻风村700多个,麻风病院70多所。③ 根据当时对于麻风村的要求,同时为了便于管理和治疗,各地方政府提出了麻风村的规模以一县一村为宜。四川省人民委员会对麻风病人提出了"就地发现,就地隔离治疗,集中管理"的要求。20世纪50年代,四川修建了139个麻风村(院)。凉山地区在进行民主改革和农业合作化后,开始在各县建立麻风村,修建的时间不一,大都是在1959年前后。④ 麻风村的地址主要考虑到地理隔离等环境条件:(1)具有天然的隔离条件,以达到控制传染的目的;(2)具有房屋、耕地、水源等基本生产条件,便于组织生产;(3)不宜过于偏僻,以便使病人安心疗养。⑤ 因此,当时麻风村的修建贯彻治疗和生产相结合的原则⑥,麻风村成

---

① 1950年,康藏高原解放,1951年9月,康定军事管制委员会派卫生科科长刘伯颜,率4名护士、1名事务员来到磨西接管了麻风院。随后,国家在原麻风院基础上扩建了院部和病区。1955年,西康省建制撤销,"泸定磨西麻风院",成了省卫生厅直属的省属麻风病院,更名为四川省泸定县医院,其后,又更名为甘孜州皮肤病防治院。
② 中华人民共和国卫生部医疗预防司:《全国防治性病、麻风、头癣宁都现场会议资料汇编》,人民卫生出版社,1959,第41页。
③ 中华人民共和国卫生部医疗预防司:《全国防治性病、麻风、头癣宁都现场会议资料汇编》,第40页。
④ 美姑县在内的部分县是在20世纪60年代末修建麻风村。
⑤ 中华人民共和国卫生部医疗预防司:《全国防治性病、麻风、头癣宁都现场会议资料汇编》,第42页。
⑥ 修建麻风村将麻风病人进行隔离,也有避免麻风病人在外面引起社会矛盾,稳定社会秩序的目的。参见《凉山州革委民政局、卫生局关于赴西昌清理外流麻风病员的情况简报》(第一期),美姑县档案馆,全宗号25,目录号1,案卷号26,1971。

为一个治疗和生产相结合的独立行政单位。

以四川省凉山州美姑县为例，1958年美姑县曾组织人员对当时的甲谷、柳洪、巴普、哈古以达四个区进行了麻风病的调查工作，并于1966年开始筹建美姑县皮防站和麻风村，同时对全县进行麻风病的普查。建村之初，麻风病人来自美姑县各个村乡共有71人，全部实行免费治疗，大部分由其亲友、所在大队或自愿来到麻风村。根据当时民办公助的原则，入村时要牵一头牛作为生产资料，交纳一定的粮食。① 麻风村作为集中居住、生产、治病的地方，由皮防站对其直接进行管理，并负责检查、治疗事务，同时由民政局负责行政管理，包括麻风村的救济、补助、生活、生产、基本建设以及麻风村的财务等事宜。患者一边接受治疗，一边耕种村内的200余亩土地。麻风村当时修建了78间土房，到1974年底共有麻风病人271人②，平均每间有3人以上，村里也建有仓库并作为临时的禁闭场所，关押村内违反社会治安以及试图逃跑的村民，由村里民兵排负责。

麻风村成立时，配备了专职皮防医生，医务工作人员（8名）的住地与病人居住地相隔一定的距离（1.5公里）。到1974年，为了满足不断迁入的麻风病人的居住以及工作人员对于健康问题的要求，医务人员的住所迁到大桥，腾出的房间和土地给村民使用，并划出隔离区和康复区③。村内有劳动能力的麻风病人要从事农业生产，政府对于生产、生活给予一定的补助，以保证麻风病人的正常生活，同时提供免费的治疗，治愈后经过严格鉴定后出村回原籍，由当地政府安置。到1975年，该村有病人363人④，

---

① 公助即国家负担治疗，组织生产，对经济有困难的辅之其他补助，民办即个人或集体负责住所、带口粮和生产资料即耕牛和羊。
② 但在美姑县卫生志上的数据是，至1974年底入村人数是172人，见美姑县卫生局编印《美姑县卫生志》，内部资料，1992年12月，第53页，美故县县志其在民政部分和卫生部分关于1974年的数字也不同（分别是247人和172人），参见《美姑县志》，第572页、672页。
③ 当时还有160人没有入村，而"目前，在工作人员住房周围和病人住房一带的所有土地已耕种完，要扩大耕地面积，只有在工作搬走后，才能开垦，工作人员住房周围到尼尔尼河谷一带的土地，也只有工作人员搬走后，才能新建病人住房。"参见《关于将皮防站现有工作人员住所迁大桥，现有住地改为医疗室的请示报告【美民发（74）04】》，美姑县档案馆，全宗号14，目录号1，案卷号31，1974。
④ 此数据与卫生部门有出入，卫生部门在1976年的数据是村内206人。见美姑县卫生局编印《美姑县卫生志》，内部资料，1992年12月，第54页。

先后开荒240亩，耕地面积有440亩，但仍不能满足将所有病人全部收容入村的要求。县民政局计划将临近麻风村的黑马大队迁走，将其住地纳入麻风村的范围。① 1976年，政府拨款14.3万元用于扩建麻风村，新建32栋共95间房屋，村内患者增至468人。到1985年底，麻风村共有房屋面积2470平方米，耕地面积536亩。对于那些治愈后不愿出村的麻风患者，经过批准可以留村居住，对已经出村的人则定期随访，发现复发患者，再次动员入村治疗。

20世纪80年代，中国麻风病防治工作得到了世界卫生组织的援助。各防治机构积极开展并实施了麻风病的普查、治疗工作，并取得较大成果。凉山州的麻风病患病率从最高的（十万分之143.98），下降到（十万分之11.55）。尽管如此，凉山州的麻风病防治工作任务依然十分艰巨。根据有关资料统计，截至2003年底，凉山州麻风病共发病8772例，出现不同程度畸残的1707例。凉山州有现症病人437例、治疗期中病人218例。以2003年为例，凉山州新发现病人100例，发病人数占四川省总发病人数近一半。在新发病例中畸残病人24例，畸残率为24%，远远高于10%畸残率。其中Ⅱ级畸残11例，占全部畸残的50%。② 其原因在于凉山州社会经济发展缓慢、防治经费短缺、卫生事业落后、交通不便以及社会文化等原因，由此导致病情发现晚，因而出现了治疗不及时，残畸率高等特征。

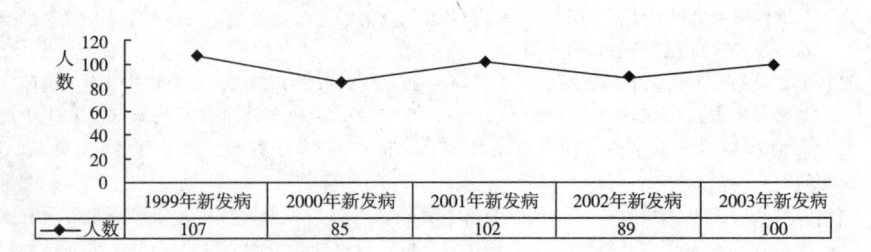

表2 凉山州各县市麻冈病发病情况统计

	1999年新发病	2000年新发病	2001年新发病	2002年新发病	2003年新发病
人数	107	85	102	89	100

① 美姑县民政局：《关于计划扩建麻风村的请示报告》。
② 相关数据来源于凉山州疾病预防控制中心。

表3　凉山州各县市麻风病人基本情况统计

单位：人

县名	累计病人	治疗病人	现症病人	存活病人	畸残病人 合计	I	II
西昌市	623	12	37	510	183	46	137
木里县	407	4	9	193	65	10	55
盐源县	826	25	79	422	174	46	128
德昌县	11	5	16	11	7	3	4
会理县	783	15	40	430	103	6	97
会东县	598	12	21	331	145	23	122
宁南县	416	4	6	259	68	0	68
普格县	372	6	10	178	47	1	46
金阳县	364	13	23	189	2	0	2
布拖县	766	15	25	285	71	25	46
昭觉县	615	23	39	313	111	69	42
冕宁县	545	19	21	379	3	0	3
喜德县	460	4	10	126	97	41	56
越西县	499	4	10	201	94	23	71
甘洛县	25	16	25	25	4	0	4
美姑县	704	6	12	410	323	188	135
雷波县	700	537	24	359	106	77	29
合　计	8714	720	407	4621	1603	558	1045

资料来源：凉山州疾病预防控制中心。

20世纪80年代，治疗麻风病的特效药相继问世，使得麻风病的防治策略实现了从单一药物治疗向联合化疗的转变，麻风病的防治也随之由隔离治疗转变为社会防治。1981年全国第二次麻风防治工作会议后，四川省于1982年召开了由省、市、州、地分管领导麻风防治工作会议，并由政府签发了川府发〔1982〕056号文件。凉山州也在会理县召开了全州麻风防治工作会议，这次会议突破了延续几十年的禁锢，参会人员开始到麻风村了解生产、生活情况，并向人们宣传麻风病可防、可治、不可怕。① 之后，美姑县于 1984 年 8 月开始在全县开展麻风病村外治疗的运动，将隔离防治变成社会防治，麻风村也不再收治社会上外来的麻风病人②，居住在村内的主要是尚未完全治愈或治愈后不能重返家园的麻风病人及家人。据统计，从 1968 年至 1984 年，美姑县麻风村共收治麻风病人 516 人。③

从 1988 年开始，美姑县根据当时全国的形势开展庆祝国际麻风节暨中国麻风节纪念活动，并于 3 月在全县全面开展联合化疗工作。麻风村于 1988 年更名为康复院，1990 年，村内有 234 人，其中正在接受治疗的病人 1 人，处于联合化疗后监测期的病人 16 人，治愈后自愿留村居住的有 127 人，家属子女 90 人。到 1997 年，对美姑县麻风村的抽查工作发现村里没有麻风病人，即没有麻风杆菌存活。因此，就医学意义而言，麻风村已经不存在了。

依照国家麻风病防治策略的制度设计初衷，治愈的麻风病人要返回原来家庭和社区。因此，随着麻风病人逐渐治愈以及麻风病的防治由隔离治疗转变为社会防治，麻风村会随着时间推移而消失。然而，由于社会文化歧视的缘故，大部分被治愈的麻风病人不愿意出村，而且许多人治愈出村后又迫于社会压力而重新搬回麻风村居住。阿古为古就是其中一例，"我是吉觉黑马村来的，几年前，病被党和政府治好了，医生同意我回家，然而我高高兴兴地迁户口回家时，亲人和邻居都不愿接受我。说一个洋芋腐烂了恢复健康是不可能的。我只好流泪回到麻风村，在这里找个同样遭遇的，凑合着过日子，没想到给后代也带来这么多的痛苦……老人说着，止不住的泪水夺眶而出"。美姑县麻风村现有 3 个村民小组，政府登记在册的有 120 户，275 人。但是，麻风村的实际人口却是 311 人，其中麻风病人 118 例，麻风畸形病人以及五保老人 62 例，麻风子女 177 人，学龄儿童 70 人。由此可见，尽管对于麻风村的地理隔离政策早已被取消，但是对麻风病人的文化区隔使得麻风村里众多被治愈的麻风病人基本上无法返回原来的社区，并由此开始在内部缔结婚姻，生儿育女，最终慢慢形成了麻风村这一独特的村落社区，处于社会的边缘。

---

① 余灼尧：《西昌开创院外治疗麻风病纪实》，《凉山文史资料选辑》第 13 辑（教科文卫专辑），政协凉山州文史委，1995，第 345 页。
② 还是有新入村的，但数量少。
③ 美姑县卫生局编印《美姑县卫生志》，内部资料，1992 年 12 月，第 53 页。

四 疾病的文化意义：从"腐烂"的身体到"腐化"的生命

（一）"腐烂"的身体

在彝语里，麻风病人被称为"粗诺"。"诺"，是腐烂的意思。"粗诺"，意为人体腐烂。彝族经书里经常出现一些鬼的图像，其中，麻风鬼家族里的每一份子，都很明显地缺少一个器官。例如，无发女鬼"的斯所莫"、秃头女鬼"的俄里所莫"、断脚趾女鬼"的色所莫"、独臂鬼"初惹洛迭"、独眼鬼"初莫略点"、独脚鬼"初惹西迭"、独耳鬼子"初惹纳底"。① 而对于异者社会而言，身体及其完整性有着十分重要的社会价值和文化意义。可以说，身体及其符号嵌入于彝族社会生活和文化价值的各个层面。如彝族的传统就认为身体之魂与身体之肉存在着密切的联系，认为人之主位于额头中央，或在太阳穴或是耳内。南昭国时，彝人如若无法向其战死沙场的族人做仪式，便会取下战死的族人的耳朵来做仪式。有的还会从死者身上取下一块肉，吊在梁上，以免被老鼠咬。在今天的超度仪式中，彝人会找一只猫，防止老鼠靠近。这是因为，在彝人看来，灵魂就好似一块肉，防止肉被吃目的就在于防备灵魂被鬼吃掉。② 魏明德（Vermander）关于彝族治病仪式的研究也发现，彝人认为人之所以会生病是因为贪吃鬼偷吃的缘故。因此，在举行治病仪式时，主人全家和邻人都会被邀请，通过共同吃饭，分享食物，把病人从被鬼所干扰的生病的世界唤回正常的生活。③ 在这种整体性身体观中，身体与灵魂密切结合、相互影响，并使得"身体"成为一个社会的基础核心。

彝族的传统宇宙观亦是通过身体来构想宇宙的。首先，天地被构想成为一个巨大的身体，由此出发，身体的各部分结构推衍出自然界以及动物的种属类别。彝族民间史诗《阿卜多莫石》（题意是彝族始祖死的故事）说：

---

① 巴莫曲布嫫：《彝族鬼灵信仰田野调查手记之三——走近鬼魅：鬼板》，中国民族宗教网，参见 http://www.m2b.com.cn/html/report/109459-1.htm。
② 〔法〕魏明德：《凉山彝族的宗教蜕变——今日凉山彝族宗教信仰与体验调查探析》，载巴莫阿依、黄建明编《国外学者彝学研究文集》，云南教育出版社，2000，第83页。
③ 笔者在美姑县做田野时，也被盛情邀请去吃坨坨肉，该仪式是为了给男主人治病，我当时很不了解，但有人解释说，通过大家分享食物，分担不好的东西。

"在这块天下面,在这块地上面,是阿卜多莫死的地方。……他死的时候,头睡朝东方;身睡朝西方;手伸朝南方;脚伸朝北方。头皮变云雾,眼睛变星星,喘出的气变风云,耳朵变神仙,头发变森林,胡须变粮食,汗毛变茅草,骨头变石岩,肉体变成泥土,奶头变成大山,灵魂到阴间,尸体留给人间。"此外,彝族老人死后,其家人请毕摩念诵的《指路经》[①] 以及彝族民间口传史诗《梅葛》,彝文经典《宇宙人文论》等书都有"人体同天体"的叙述[②]。在彝族看来,天、神、人是一个相互联系,相互依存,相互促进的有机整体。在三者之间,不存在不可逾越的鸿沟。[③] 因此,身体的完整有着超越自身的社会文化意义和价值。彝谚有:"蓝天上大雁的翅膀若被老鼠咬,就不能与同伴们成群飞翔;大山深处的猴子身上有伤,它就无法跟随伙伴们去攀岩;人世间人的耳朵缺了块,死后就跟随不了祖先上阴间。"正因为如此,凡五官受损者,皆难与祖先同行,所以也被禁止参与或主持重大仪式活动。

身体对凉山彝族的重要性还体现在当地对于身体严格的社会控制方面。在彝族社会中,最忌讳就是一个人的面部五官(眼、耳、鼻、口以及扩展到身体其他部位)后天受到残损。因为,五官受损就是一个完整的人遭到破坏,会被视为"受到神灵的惩罚""有缺陷",不仅会遭受歧视,死后也因身体的残伤而无法与祖先一道生活在祖界。所以,当一个人的五官受到损害后,一方面需要采取积极措施进行修补,尽量恢复到原先的状态;另一方面会用习惯法对于造成别人伤害的人给予严厉的惩罚。在长期的社会实践中,人们对于身体各个部分与金钱形成了清楚的对应关系。比如,致使他人双目失明者,要赔偿受害者3两黄金(折成白银21锭)、罚赔3锭白银(这是陪伴黄金的白银)、3匹丝绸布(折成白银5锭)、罚赔1.5锭白银(俗称包绸布的白银);赔给受害者一个引路人(折成白银5~10锭)、寂寞金6锭白银、放牧农耕金5锭白银;赔偿受害人之妻1匹骏马(折成白银3锭)、1匹丝绸布(折成白银1.5锭);最后,还要打酒、杀牲向受害者本人及家族赔礼。从赔款的细目中,我们可以看到彝人强

---

① 李世康:《彝巫列传》,云南人民出版社,1995,第148~149页。
② 《宇宙人文论》,罗国义、陈英译,民族出版社,1984,第61~85页。
③ 苏克明等著《凉山彝族哲学与社会思想》,四川人民出版社,1999,第98页。

调赔偿的社会文化性。赔偿不仅考虑到本人行动不便、丧失劳动和生活自理能力，还包括引路人、放牧耕金和孤独寂寞金。同时，还要向受害者的家族谢罪。因此，一个人受到伤害，会影响到家族的整体形象和势力。通常到了纠纷最后解决阶段，个人之间的侵害就会演变为两个家族之间的利害冲突。① 彝人对于五官，如耳朵②以及身体其他部分，乃至人命金有着详细而且明确的赔偿规定，充分反映了身体及其完整性在彝人日常生活中的地位和意义。

此外，更为重要的是，传统彝族社会中，人们是用"身体"（符号）作为家支③标记和社会边界的。黑彝和白彝家支通常对应黑骨头和白骨头。当地往往用"硬"骨头和"软"骨头来区分和强调血统的优越性和纯洁性，而这种"血统优劣论是整个等级观念的核心组成部分或逻辑演绎起点"。④ "等级的高低是以所谓'骨头'的好或坏，硬或软，血统是否纯粹，而被神秘化了并加以固定下来的。……而被统治阶级中的最有财势者，也不得上升为黑彝。"⑤ 彝族有谚语说："蛤蟆生存靠水塘，猴子生存靠树林，人类生存靠亲友，彝族生存靠家支。"在凉山彝族社会中，家支是个人身份的标识。家支背景在很大程度上决定了他们的交往方式。由于社会地位、身份、财产以及婚姻等的权利与义务都是以家支为单位，因此，家支在社会生活中的重要地位，以及家支的标识性符号性"身体"，使得身体这一意象的重要意义被进一步强化。

（二）"腐化"的生命

麻风杆菌逐渐侵蚀的神经系统会导致麻风病人感觉功能的丧失，严重的会导致面部神经瘫痪，嘴歪鼻塌，并逐渐影响全身。《疠疡机要》对此有形

---

① 蔡富莲：《凉山彝族习惯法对伤害五官的处罚及其特点》，收入《凉山民族研究》凉山彝族自治州民族研究所出版，1998，第60~61页。
② 耳朵赔偿分为上耳轮、中耳轮和耳垂三个部分不同，参见蔡富莲《凉山彝族习惯法对伤害五官的处罚及其特点》，收入《凉山民族研究》1998年第60~61页。
③ 家支，彝语称"此威"，意为"同祖先的兄弟"是"家"和"支"的总称，它是由共同祖先和共同姓氏，以父子连名制谱系作纽带联结每一个男性成员的父系血统集团，内部严禁通婚。家支是历史上彝族社会的基本组织结构，在长期历史发展中，凉山彝族社会从未形成过较稳定的统一的政权组织，家支在社会中发挥着主导作用。
④ 韦安多编《凉山彝族文化艺术研究》，四川民族出版社会，2004，第163页。
⑤ 云南省编辑委员会编《云南小凉山彝族社会历史调查》，云南人民出版社，1984，第70页。

象的描述:"一曰皮死,麻木不仁。二曰肉死,针刺不痛。三曰血死,溃烂。四曰筋死,指脱。五曰骨死,鼻柱坏。此五藏受伤之不可治也。若声哑、目盲,尤为难治。"而且,即便治愈后,麻风病人的神经感觉障碍表现出"爪手"(尺神经受累)、"猿手"(正中神经受累)、"垂腕"(桡神经受累)、"溃疡"、"兔眼"(面神经受累)、"指(趾)骨吸收"等多种畸形也无法恢复。正因为如此,彝族社会文化对于麻风病有独特的认识,并形成了"不可治愈"、"极强传染性""遗传性"等看法。在某种程度上,疾病康复的符号往往也是权力的符号。对于麻风病认知的差异恰恰体现了现代医学与彝族社会文化对于疾病以及康复的表述权的张力。

人类学近来的研究表明,身体是可以被文化概念化和象征化的。身体并非只是物质的载体——"肉体",除了物质性以外还有社会性、政治性等意义。① 从涂尔干(Durkheim)将人分为"普同的物质性的身体"和"较高层次的道德化社会化的身体"到莫斯(M. Mauss)关于身体创造社会秩序的论断再到范·盖内普(Arnold van Gennep)所认为的无论在仪式上还是日常生活中,身体都与社会文化概念密切相关,② 延续着这一学术传统,道格拉斯(Douglas)进一步指出任何"自然的"的表达都是由文化决定的。身体是社会结构与社会秩序的再现,也是个人经验外在世界与内在世界沟通的渠道。③ 杜蒙(Dumont)对印度种姓制度的研究证明了阶层(hierarchy)的基本原则——纯净与非纯净(the pure and the impure),从而强调了人的终极价值(ultimate value)或世界观对于了解人的观念的重要性。④ 因此,麻风病带来的"身体腐烂"的意义不仅在于疾病本身,而且衍生到生命的各个层面。

道格拉斯认为,许多社会中的仪式常被用来建立并强化个人之间以及人

---

① 社会学家约翰·奥尼尔区分出五种身体,分别是世界身体、社会身体、政治身体、消费身体和医学身体。参见〔美〕约翰·奥尼尔《身体形态——现代社会的五种身体》,张旭春译,春风文艺出版社,1999年。
② A. van Gennep, *The Rites of Passage*, London: Routledge&Kegan Paul, 1960. M. Mauss, *Sociology and Psychology*: Essay, London: Routledge&Kegan Paul, 1979. Reprinted from 1950 *Sociologieet Anthropologie*, Parts 3 - 6. Univ. France Press.
③ M. Douglas, *Natural Symbols*, NewYork: Vintage, 1970.
④ Dumont, *Homo Hierachicus*, Chicago: The University of Chicago Press, 1970.

与神之间的关系。在仪式中，人的身体常被当作表达人际关系与人神关系的象征来使用，成为"自然的象征"（natural symbols）。彝人关于麻风病人的不洁观念也表现在彝族在处理人神关系的宗教禁忌等方面。在彝人的观念中，后代与祖先之间存在着十分复杂的关系，需要位于中间的毕摩来沟通处理后代与祖先之间的关系。在彝族社会里，死后灵魂归属决定了死者灵魂是顺利返回祖地与祖灵生活在一起还是变成孤魂野鬼，在外面游荡，危害世人。除此之外，还关系到子孙后代的祸福。在美姑县调查时，一位彝族老人谈道："为已故的近祖之灵举行祭祖送灵仪式是彝族人子孙后代义不容辞的义务"。这一系列的活动都是由毕摩来主持。由于祭祖的毕摩担负着调解祖灵与后代的矛盾以及教导祖灵怎样在祖界生活等任务，还从事送灵归祖地，为神灵祛病除祟，为后代招魂纳福，祈求人丁等复杂多样的工作，因此，担任祭祀的毕摩必须具备祖灵信仰基本的前提条件和素质。其中，身体条件的完美无缺是最基本的要求。在彝人看来，仪式的成功、祖灵的安适、后代的健康、祖先与后代的关系圆满与执祭者的身体条件有着密切的联系。因此，身有狐臭，或家有麻风、癫病史或本人患有此类疾病的人均不能做祭祖毕摩，这类毕摩执祭会玷污祖灵，使其灵魂不安其位或不能回归祖地。而且，身有伤残的人也不能做祭祖毕摩。据毕摩解释，残废以及身有伤痕的毕摩一是法力不大，二是祖灵不喜欢。若请之祭祖，后代将会伤残。[①] 而且，在彝人看来，宗教仪式中法具的洁秽不仅关系到法力的有无以及法力的大小，以及仪式的成败。为了保证宗教仪式法具的洁净，也会禁止妇女、鸡狗以及有狐臭、麻风病的人接触。

麻风病人死后也不能按彝族传统火葬习俗处理后事，必须土葬，称为"滴"。埋葬时挖一深坑，放入尸体后，用一铁锅将尸体罩住，然后用土掩埋，或者是将尸体放入木桶中，用荞面糊住缝隙。这些措施都是防止传染和不让死者的鬼魂到祖界。独特的死亡处理方式以及死后不能回归祖灵地使得麻风病人失去了人生的终极意义，丧失了死后成为彝人的资格。参加这种葬礼的人，也必须进行隔离，只有用水洗、酒洗或烟熏，再请"毕摩"念经驱邪后才能回家。

---

① 巴莫阿依：《毕摩文化研究三题》，《凉山民族研究》，1993。

对于麻风病，在彝族社会里并没有有效的治疗方法。如果一个家支有人患麻风病，就要举行"斯叶挡"等防卫仪式。但这些宗教仪式只能起到防御和防卫的作用，而且对于仪式的主持者及规模都有着一定的要求，并非可以经常举行。此外，凉山彝族为生前患有麻风病、痨病的祖先举行送灵仪式时，通常用野生动物来移邪祟。① 一般而言都是用蛇来引走麻风病鬼，具体做法是，在送灵仪式结束时，把仪式中为祖灵治病的药物及各种鬼像缚在野物身上，并在施法念咒后，挖掉野物的眼睛，送往荒芜之地，以防其寻路返回。如此以使祖灵摆脱病魔纠缠，能顺利归祖，也使后代子孙不为这类病鬼所害。人们通过这些仪式与神鬼进行沟通，从而在人、神、鬼之间建立稳定的关系，寻求与大自然的和谐与统一，以求渡过危机。但是，仪式对于麻风病人本身却是没有意义的，它的作用更多地只是为了保护正常人不被传染。

麻风病人由于其"腐烂"的身体，而导致了作为人的主体性的意义不断丧失，成为可以被社会任意处置的对象。民国三十一年（1942）《康导月刊》第3卷第一、二合刊中有过这样的记述："夷人极忌癞疥。因此种病之传染性极大，每一处染病，必杀鸡犬弃道上，见者生畏则四围各地皆禁人往来。家有癞疥者，其家人必打猪羊或牛以饮之，迫其自死，否则以绳缚之掷之岩下或洞中，虽父母兄弟亦之不顾。"民主改革前（20世纪50年代前），麻风病人轻则被赶到山林岩洞栖身，重则被烧死、水淹、活埋。例如布拖县则洛乡的两名患者出现手足畸形后，其中一名被装入牛皮袋内活埋，而另一名则被捆绑后丢入则洛河里淹死。乌衣乡一名22岁的女性患者被其兄装入木箱内活埋。② 此外，许多麻风病人在获知得了麻风病以后，往往导致婚姻破裂，家庭关系解体。麻风病人以及治愈的麻风病人，甚至是正常的麻风病人子女，都很难和普通人建立新的家庭。所以，治愈的麻风病人只能在其群体内缔结婚姻关系，即便是正常的麻风子女也只能与其他的麻风病人子女通婚。不仅如此，还有很多麻风病人经历过强制性的地理隔离。

由于身体腐化以及意义的丧失，历史上麻风病人也自视为"不洁"之人，

---

① 《祭献药供牲经》（彝文）中记载"树端猿净邪，水中蛙净邪，荒原蛇净邪，祓除人祖行，祷除人妣行"。
② 《布拖县卫生志》，第39页。

远离人群，自我放逐于深山老林之中。比如，在凉山州越西县麻风病人居住区的所丁山乡形成了"癞子湾"，他们自己在内部婚配，繁衍后代。① 此外，尽管当地从 1984 年开始不再进行地理上的隔离治疗，转为社会治疗，但麻风病人以及治愈的病人仍然继续面临着社会文化区隔，无法回归社会。麻风村的吉俄××就曾这样说："我今年 75 岁，到麻风村已经 20 多年了。我老家在美姑县牛牛坝典补乡。自从我得这病，乡上的黑彝就把我送到这里来。此后，我就一直待在麻风村，没有出去过。我也从没有结过婚，村外的亲戚早就没有来往了。在村里我也没有亲戚，现在孤身一人，无依无靠的。"

五　超越文化：传染病的认知与防治

"医学体系是社会文化的适应策略，是整个文化体系的必要组成部分，与文化的其他组成部分紧密关联。"② 因而，社会关于疾病的观念，并不只是医学知识的问题，更牵涉着复杂的社会文化因素。以麻风病为例，人们关于麻风病的看法并非完全是基于生物医学的事实，还有其深刻的社会文化背景。在彝人看来，麻风是不可治愈的，"麻风就像烂了的洋芋，治好也是烂的"。而且，麻风具有遗传性，麻风子女是鬼的子女，也是不洁的。因此，正常的麻风子女被排除在社会婚姻关系之外，只能内部通婚。也即是说，传染性和遗传性是彝族社会关于麻风病意象的通常表述。然而，近来身体作为社会和政治意义的载体而受到关注③，其中包括身体的象征体系，或对于身体的态度，以及关于身体的话语。彝人对于麻风病的严重歧视行为与其关于身体的认知、身体在宗教生活中的地位以及世界观等文化事项密不可分。麻风病人因其残损的躯体和恐怖的外形而导致其在社会文化体系中的位置是"模糊的"和"非法的"，他们被视为是不洁的和危险的，因而不能参与许多家庭和社会仪式活动，就连死后的灵魂都不能回归祖界。这种社会成员无法承担其社会角色的状态，在帕森斯（Parsons）看来就是疾病。功能主义大师帕森斯曾从社会功能和社会系统的平衡

---

① 《越西县卫生志》，第 123 页。
② 庄孔韶主编《人类学通论》，山西教育出版社，2002，第 494 页。
③ 〔美〕保罗·康纳顿：《社会如何记忆》，纳日碧力戈译，上海人民出版社，2000，第 127 页。

出发,将健康解释为"个人扮演其社会化角色的最适能力状况"。即在帕森斯看来,如果一个人能恰如其分地扮演其社会角色,而且扮演得游刃有余,那么这个人就是健康的。本文的研究也证实了这一点。麻风病人在彝族社会中地位低下很大程度上是因为麻风病人不能恢复由于身体损残而带来的社会关系(包括人与祖先)的破坏。本文正是从彝族世界观、身体观、宗教观等角度解释了为什么麻风病在彝族社会有着如此独特的地位。

本文的上述研究还表明,疾病的社会文化意义也决定了社会成员对于疾病本身的判断。基恩-保罗·萨特尔将病情的意义划分为四个不同的层面:即"感性的感觉经验""生病""疾病"和"疾病状态"。前三个层次代表患者理解病情的方式,"疾病状态"则代表医生对病情的概念化。[①] 萨特尔划分方法缺乏社会层面即疾病文化意义这一层次,因此难以区分病情的所有意义。因为,对于彝人而言,即使是最轻的麻风病(不会有任何后遗症)也比任何其他严重的疾病(甚至是致命的)的病情都要严重得多。正如恩格尔哈德所指出,"生病并不仅是作为痛苦,而是'作为具有特点的预兆和意义的痛苦,作为一种特定种类的痛苦'而被体验的"。鉴于此,文化意义在理解病情的方式中成为重要的决定性因素。[②] 因此,传染病文化意义的发掘对于传染病防治工作有着十分重要意义,这也是今后麻风病防治工作中应当重视并解决的问题。

纵观历史,世界各地的麻风病人都受到社会不同程度的抵制和歧视,只是在不同的社会,其社会表达的强度略有不同。而且,麻风病的意象往往与麻风病人的道德相关联。《民数记》有记载:当米利暗和亚伦不赞成摩西娶古实女子为妻,就诽谤他,违反了"十诫",于是耶和华发怒而去,"云彩从会幕上挪开了,不料,米利暗长了大麻疯,有雪那样白"。苏珊·桑塔格认为艾滋病与被归于"轻柔的死"的结核病相比,给人的意象是"痛苦的死"。而麻风病给人的观感则是另一种截然不同的意象。以西方为例,麻风可能是所有疾病中最被污名化的疾病,尽管真实的麻风病少有致命性,且不易传染。麻风病在流行期曾引起西方社会的极大恐惧。在中世纪时,麻风病患者是社会腐败的象征,以及

---

① 〔美〕图姆斯:《病患的意义:医生和病人不同观点的现象学探讨》,邱鸿钟等译,青岛出版社,2000,第39页。
② 〔美〕图姆斯:《病患的意义:医生和病人不同观点的现象学探讨》,第44、45页。

教诲的启示，没有比赋予该病道德意义更具有惩罚性的事了。无论任何疾病只要起因不明、治疗无效，就容易为某种隐喻所覆盖。例如一些腐败、堕落、污染、社会的反常状态就经常会与麻风病一词相连结。① 在明清以前的中国，受佛教的业罚和天刑病的思想影响，麻风病多被视为一种"天刑"病（或是天谴病）。病人之所以患上此疾，是因为患者犯了宿命罪的缘故。例如，宋代的《太平广记》中就有许多关于毁蔑或毁坏佛像后会得癞病的资料。② 明清之后，人们对麻风病的看法有了较大转化，天刑的观念变淡，取而代之的是麻风与性关系和性乱的想象。蒋竹山在《性、虫与过癞——明清中国有关麻风病的社会想象》一文中探讨了明清社会关于麻风病的"社会想象"，着重分析了麻风病与性以及性乱等内在联系。③ 20世纪60年代，美国麻风病专家金斯尼斯（O. K. Skiness）在香港进行田野调查的实证研究也表明，人们持有对于麻风病与性道德关系的想象。他发现中国人对麻风病的几点共同看法：（1）麻风病被认为是道德上的罪行所引起。（2）麻风病被视为与性病同样的病。（3）患者身上的分泌物、体热、皮肤碎片是有毒物质。（4）麻风病会遗传三代。（5）麻风病可经由性行为而传染。④

与上述研究不同的是，彝族关于麻风病的认知很少与道德尤其是性行为联系在一起。彝族人其对麻风病的恐惧以及对麻风病人的排斥更多是与身体（完整性）在彝族社会文化中的独特地位相联系。这也就解释了为什么尽管麻风病人在被治愈后（患者体内虽没有麻风杆菌，但多数已经残畸），仍然为当地社会所不容。并且，由于"腐烂"的身体引发了其在社会文化中作为主体的地位不断丧失，其作为社会文化身体的意义不断被抽离，而成为一具"腐化的"身体。

---

① Susan Sontag, *Illness as Metaphor*, New York: Farrar, Straus and Giroux, 1978; *AIDS as Metaphor*, Harmondsworth: Allen Lane, 1989. 参见蒋竹山《性、虫与过癞——明清中国有关麻风病的社会想象》，2002年10月20日。

② （宋）李昉：《太平广记》，上海古籍出版社，1990年。

③ 类似的观点参见李尚仁《种族、性别与疾病——十九世纪英国医学论麻风病与中国》，中研院史语所办"疾病的历史"研讨会，2000；《过癞：十九世纪英国医学癞病研究中的危险的中国女'性'》，"Sell off Her Leprosy: Dangerous Chinese Female Sexuality in Nineteenth Century British Medical Research On Leprosy," 71st Annual Meeting, *The American Association for the History of Medicine*, May 9, 1998, Toronto, Canada. 蒋竹山：《明清华南地区有关麻疯病的民间疗法》，《大陆杂志》1995年4月号。

④ 参见蒋竹山《性、虫与过癞——明清中国有关麻风病的社会想象》，2002年10月20日。

从某种意义上看来,"腐化"的生命是一个集身体、文化以及权力的综合体,也是相互关联并有着行动力的主体。阿甘本(Giorgio Agamben)在对犹太人大屠杀的研究中提出了牺牲人(homo sacer)的概念,认为由于犹太人在被剥夺了作为主体的生命意义后,而成为赤裸的生命(bare life),其身体与权力断裂,使得犹太人成为可以被任意处置"牺牲人"。[①] 凉山彝族的麻风病人由于麻风病患者的面部神经瘫痪,嘴歪鼻塌,全身溃烂,而破坏了自身、人与外界、人神(包括与祖灵)等自然关系,是对社会关系以及组织结构的潜在威胁,因而成为在躯体上可以被随意处置的客体,同时也丧失了在社会与文化上的合法性,成为不洁的、"腐化"的生命。因此,麻风病人自视为"不洁"之人,丧失了协商、博弈、抗争的意识、能力和行动,只有默默地承受。

从"腐烂"的身体到"腐化"的生命这一分析框架,对于理解彝族地区的麻风病防治有着重要的启示。彝族地区的麻风病防治往往涉及两个主体,一个是国家权力化身的现代传染病防治的体系,其依据的主要标准是现代医学的诊断(病情、治疗以及康复等的诊断);另一个则是地方社会文化为代表的文化权力,其对麻风病有一套独特的认知方式;这种认知判断对患者有着更为密切的影响,决定了麻风病人的角色和社会定位(包括什么是麻风病人,如何对待麻风病人,以及康复的确认)。因此,只有在现代医学(国家)与地方社会文化之间形成一致性的判断,才能真正达到麻风病防治的最终目标,麻风病人才能真正摆脱"病人"的身份回归正常人的生活之中。

这种一致性的达成有赖于两个主体之间的压制或妥协。简而言之,麻风病防治存在着两个可能的面向:一是文化的颠覆,这属于对麻风病人"意义"身体的积极干预,即打破地方文化关于疾病的社会控制。安德森(Warwick Anderson)关于菲律宾麻风病的研究表明:过去西方社会对麻风病的处理,是将病人监禁起来,隔绝在社会与空间的边缘。而美国殖民者在菲律宾对麻风病的处理则开启了麻风病史的新篇章。殖民者借由对身体与社会关系的控制,将麻风病病患的庇护所(同时也是监禁所)打造成一个现代公民权的实验室,使其成为外在世界必须仿效的模范城。由此,麻风病人庇护所也吊诡地从社会空间

---

① 参见 Giorgio Agamben, *Homo Sacer: Sovereign Power and Bare Life*, trans. Daniel Heller-Roazen, Stanford: Stanford University Press, 1998。

的边缘变成了中心。① 但是，很显然这种方式并不适合中国场景下彝族地区的麻风病防治运动。因此，另一种协商主义的面向才是可行之道，即在国家医学卫生防治运动下，尊重地方性知识与认知，并将之纳入综合防治运动之中。医学领域在专业化的同时，也需要建立合作机制，共同治愈"病人"（从强调权威，排斥外来干涉到合作或协商主义）。防治政策不只是一个单向的实施问题，还需要寻求建立一种合作关系。具体到凉山彝族麻风病防治活动来看，除了通常的防治工作以外，"早发现，早治疗，减少畸形率"尤为重要；另外，还需要将以前防治所缺乏的工作，例如矫正手术等纳入进来。这样可以尽量满足当地社会文化对于身体（完整性）的诉求。同时，防治运动中充分尊重当地人的主体性，适当地开展社会性的防治运动（比如吸收当地家支头人，毕摩），改变社会文化关于麻风病人原先的社会意象，以便重建麻风病人之"意义的"生命。

---

① Warwick Anderson, *Colonial Pathologies: American Medicine in the Philippines* (1898 – 1921), Ph. D. University of Pennsylvania, 1992.

21世纪中国萨满教研究学位论文的
文献计量学分析[*]

乌云格日勒[**]

摘　要：从远古至今，萨满教一直在我国北方少数民族中广为流传。中国萨满教研究肇始于20世纪初，与中国民族学起步相随。中国最早的关于萨满教研究的期刊论文发表于《地学杂志》1914年第6号，善之的《萨满教》一文是最早的一篇萨满教研究的文章。经过百年的学术历程，中国的萨满教研究已由零星研究发展到全面系统的深入研究阶段。进入21世纪后，有关萨满教研究的学位论文逐年增多。据统计，有关萨满教研究的学位论文在2000年至2013年之间逐年上升，共有49所高校和科研机构的136名研究生完成136篇有关萨满教研究的学位论文。学位论文作者专业涉及教育学、文物考古、地理历史、民俗、民族学、人类学、社会学、文献、语言文学、新闻学、艺术、政治、宗教等众多领域；学位论文内容涉列广泛。其中萨满艺术、萨满祭祀、综合类研究、萨满文学、萨满习俗、萨满仪式、萨满信仰等主题成为热点，成为研究生学位论文的选题方向；研究内容涉及满族、蒙古族、赫哲族、鄂温克族、朝鲜族、哈萨克族、塔塔尔族、柯尔克孜族、侗族、达斡尔族、彝族、锡伯族、维吾尔族、塔吉克族、

---

* 本文系中国社会科学学院民族学与人类学研究所重点课题"中国萨满教研究论著提要及目录索引"成果之一，项目编号为mzs20111102。

** 乌云格日勒：中国社会科学院民族学与人类学研究所图书馆副研究员，主要研究领域为图书馆学。

纳西族、汉族等 16 个现存少数民族和古代的女真、契丹等北方少数民族的萨满文化等诸多方面；有关萨满教研究的学位论文所涉及的地域较广，据统计 96% 以上都是有关中国各地各民族萨满教研究方面的论文，其中有关北方民族地区的论文有 127 篇，占总数的 88.9%。本文采用文献计量学方法，对 21 世纪以来中国萨满教研究学位论文的总体情况进行分析归纳，为今后的中国萨满教研究打下学术史的文献基础。

关键词： 萨满教　学位论文　文献计量学　统计分析

从古至今，萨满教一直在我国北方少数民族中广为流传。在西北的戈壁沙漠，在蒙古的茫茫草原，在东北的原始森林，萨满的鼓声、歌声、舞姿绵延千古。随着时代的变迁，许多民族虽然放弃了古老的萨满教信仰，但萨满教在这些民族中的遗存和影响还在，并且仍然影响着他们的思想与行为，成为一个难以割舍的萨满教情结[①]。

我国学者对萨满教若干问题的研究由来已久。中国萨满教研究肇始于 20 世纪初，与中国民族学起步相伴随。中国最早关于萨满教研究的期刊论文发表于《地学杂志》1914 年第 6 号，善之的《萨满教》一文是最早的一篇萨满教研究的文章。经过百年的学术历程，中国的萨满教研究已由零星研究发展到全面系统的深入研究阶段。目前，萨满教研究已涉及民族学、人类学、宗教学、历史学、民俗学、文学、艺术学、生理学、心理学、哲学、考古学等诸多学科的专业研究领域。[②] 改革开放以来，随着萨满教研究领域的不断拓展，我国学界的相关讨论日渐深化，并逐渐与国际接轨。讨论及争鸣所取得的成果，体现出了中国萨满教研究的成就，也标志着中国萨满教研究逐渐走向成熟。[③] 据统计，1914 年至 2013 年公开发表的有关萨满教研究论著共有 2464 项。

20 世纪中国萨满教研究的第一篇博士学位论文是色音的《萨满教考略》（1992）一文，进入 21 世纪后有关萨满教研究的学位论文逐年增多。从 2000 年

---

① 赵志忠：《北方民族与萨满教》，《黑龙江民族丛刊》2005 年第 3 期。
② 郭淑云：《中国萨满教 80 年研究历程》，《西南边疆民族研究》2011 年第 2 期西南边疆民族研究（9），第 84 页。
③ 郭淑云：《中国萨满教 80 年研究历程》，《西南边疆民族研究》2011 年第 2 期西南边疆民族研究（9），第 84 页。

至 2013 年，公开发表的有关萨满教研究学位论文有 136 篇。虽然在全国学位论文中萨满教研究方面的学位论文不算太多，但是已占一定的比例。有关萨满教研究的学位论文是一种重要且颇具特色的文献源①，具有重要的学术史文献价值。

文献计量学是图书馆学情报学领域中的一门重要的分支学科，是用数学和统计学方法来研究文献交流规律的一门学科，它在学术评价中起到重要的作用②。

采用文献计量学方法对我国萨满教研究学位论文的高校分布、高校类型分布、作者专业分布、年代分布、主题分布、民族分布、专业分布、区域分布等方面进行计量统计分析，可揭示我国萨满教研究的过去、现状、存在的问题和研究热点，从而为进一步研究和发展提供学术史文献参考。

一　萨满教研究学位论文高校统计分析

据不完全统计，136 篇学位论文的产生大学院校共有中央民族大学、东北师范大学、内蒙古师范大学等 49 所高校。学位论文产生的大学院校统计情况见表 1。

表 1　萨满教研究学位论文产生的高校统计

高校名称	论文统计数（136 篇）	百分比例（%）
中央民族大学	24	17.64%
东北师范大学	19	13.97%
内蒙古师范大学	10	7.35%
内蒙古大学	9	6.61%
吉林大学	6	4.41%

---

① 耿小兵：《国内学位论文需求的调查研究——360 篇博士论文引证国内学位论文的计量分析》，《图书馆学研究》2004 年第 8 期。
② 蒋颖：《人文社会科学领域文献计量学研究》，社会科学文献出版社，2013，第 1 页。

续表

高校名称	论文统计数（136篇）	百分比例（%）
哈尔滨师范大学	5	3.67%
新疆师范大学	4	2.94%
西北民族大学	4	2.94%
广西师范大学	4	2.94%
新疆大学	3	2.20%
吉林艺术学院	3	2.20%
中国社会科学院研究生院	2	1.47%
延边大学	2	1.47%
天津师范大学	2	1.47%
沈阳音乐学院	2	1.47%
辽宁大学	2	1.47%
江南大学	2	1.47%
黑龙江大学	2	1.47%
长春师范学院	2	1.47%
中央音乐学院	1	0.74%
中国艺术研究院	1	0.74%
中国海洋大学	1	0.74%
浙江大学	1	0.74%
云南大学	1	0.74%
厦门大学	1	0.74%
武汉大学	1	0.74%
温州大学	1	0.74%
天津大学	1	0.74%
苏州大学	1	0.74%
四川外国语大学	1	0.74%
四川大学	1	0.74%

续表

高校名称	论文统计数（136篇）	百分比例（%）
首都师范大学	1	0.74%
沈阳航空工业学院	1	0.74%
陕西师范大学	1	0.74%
山东大学	1	0.74%
青海师范大学	1	0.74%
齐齐哈尔大学	1	0.74%
南京大学民族学	1	0.74%
内蒙古农业大学	1	0.74%
内蒙古民族大学	1	0.74%
辽宁师范大学	1	0.74%
兰州大学	1	0.74%
华中师范大学	1	0.74%
湖南师范大学	1	0.74%
哈尔滨工程大学	1	0.74%
复旦大学	1	0.74%
渤海大学	1	0.74%
北京师范大学	1	0.74%

从学位论文产生的大学院校统计表1来看，中央民族大学、东北师范大学、内蒙古师范大学、内蒙古大学、吉林大学、哈尔滨师范大学、新疆师范大学、西北民族大学、广西师范大学、新疆大学、吉林艺术学院等11所大学院校有关萨满教研究学位论文较多，共有91篇，占总数的66.91%，其余的有关萨满教研究学位论文较少，共有45篇，占总数的33.09%。

从学位论文产生大学院校分布来看，各大学院校的相关师资和相关专业分布很不均匀。其中，中央民族大学、东北师范大学、内蒙古师范大学、内蒙古大学、吉林大学、哈尔滨师范大学等6所大学院校占一半还多，占总数的53.67%，这证明上述6所北方地区大学院校相关师资和相关专业及研究方向比其他大学院校更为集中；其中新疆师范大学、广西民族大学、西北民族大学、吉林艺术学院、新疆大学、长春师范学院、黑龙江大学、江南大学、辽宁大学、沈阳音乐学院、天津师范大学、延边大学、中国社会科学院研究生院等高等9所院校的有关师资和相关专业及研究方向差距不大，占总数的25%，在南方地区大学中广西民族大学和江南大学在培养有关萨满教研究的研究生方面成就较突出。此外，渤海大学、华中师范大学、北京师范大学、复旦大学、哈尔滨工程大学、哈尔滨理工大学、湖南师范大学、兰州大学、辽宁师范大学、内蒙古民族大学、内蒙古农业大学、南京大学、齐齐哈尔大学、青海师范大学、山东大学、陕西师范大学、沈阳航空工业学院、首都师范大学、四川大学、四川外国语大学、苏州大学、天津大学、温州大学、武汉大学、厦门大学、云南大学、浙江大学、中国海洋大学、中国艺术研究院、中央音乐学院等大学院校各有一份有关萨满教研究方面的研究生学位论文，各占总数的0.74%。

二 萨满教研究学位论文高校类型统计分析

对高等院校和科研单位的学位论文类型进行分析，一方面可以了解到各高等院校和科研单位的相关研究方向，另一方面还可以为考生报考研究生提供专业信息和学术参考。

我们将学位论文产生的高等院校类型可分为综合类、师范类、民族类、艺术类、理工类、农业类、人文社会科学类、语言类等8个类型，学位论文产生的高校类型情况见统计表2。

表2 萨满教研究学位论文产生的高校类型统计

高校性质	论文数量（136篇）	百分比例（%）
师范	51	37.50%
综合	41	30.15%
民族	30	22.06%
艺术	7	5.15%
理工	3	2.20%
人文社会科学	2	1.47%
语言	1	0.74%
农业	1	0.74%

从学位论文产生的高等院校类型统计表 2 来看，首先是师范类高校产生的有关萨满教研究论文最多，占总数的 37.50%，其次是综合类大学，占总数的 30.15%，再次是民族类高等院校，占总数的 22.06%，复次是艺术类高等院校，占总数的 5.15%；最后是理工类高等院校，占总数的 2.20%。其他的全部加起来只占总数的 2.20%。这说明师范类大学、综合类大学、民族类高校、艺术学院具备培养有关萨满教研究人才的学术条件和学科知识。

其中，民族类高等院校的比例较高，但是排名第三，如果民族类高等院校不重视研究作为少数民族文化重要组成部分的萨满教，中国萨满教研究的未来不会很乐观。除了高等院校的研究生关注和研究萨满文化外，中国社会科学院等科研机构的研究生也关注和研究萨满教。如，中国社会科学院研究生院宗教学系 2000 届毕业生孟慧英的博士论文《中国北方民族萨满教》和中国少数民族语言文学专业硕士生高荷红的《石姓萨满神歌研究——〈满族萨满神歌译注〉中程式与仪式的分析》（2003）等。有关萨满教研究专著成果和期刊论文成果中，从音乐艺术的角度研究萨满教的比例较高，然而高等院校音乐艺术专业领域的研究生关注和研究萨满教的比例却很低。值得高兴的是近几年理工类和农业类高校的研究生和年轻学者开始关注萨满文化，产生了一些有关萨满教研究的学位论文，比如内蒙古农业大学设计艺术学专业刘楠的《科尔沁博（萨满）器物造型艺术研究》（2010）、江南大学工业设计工程专业孙雅致的《萨满文化对满族服饰影响研究》（2009）、沈阳航空工业学院设计艺术学专业李慧的《萨满图腾与东北地区服装关因》（2010）、哈尔滨理工大学设计艺术学专业宋国秋的《北方民族萨满教造型艺术研究》（2012）等，其共同的特点为作者都是设计专业的研究生。萨满文化是世界性的文化现象，萨满文化的艺术魅力正在吸引着各高校和各专业领域的年轻学子，萨满教研究领域也在不断拓展。

三 萨满教研究学位论文作者专业背景统计分析

对高等院校研究生专业背景进行分析，一方面可以了解相关高校有关萨满教研究领域的学科背景和专业范畴，另一方面还可以为考生报考研究生提供学科动态和专业信息。据统计，136位学位论文作者的专业背景涉及民族学、中国少数民族语言文学、音乐学、艺术学、民俗学、宗教学、舞蹈学、设计艺术学、专门史、中国现当代文学、人类学、中国少数民族艺术、文艺学、美术学、中国古代史、中国少数民族音乐研究、中国少数民族史、社会学、考古学及博物馆学、比较文学与世界文学、历史地理学、中国哲学、中国少数民族文学、中国民间文学、中国近现代史、中国古典文献学、中国古代文学、油画、亚非语言文学、新闻学、舞蹈编导、文物鉴定、少数民族艺术、马克思主义哲学、教育学、建筑环境艺术、工业设计工程、服装设计与工程、翻译等39个专业，学位论文作者专业背景情况见统计表3。

表3 萨满教研究学位论文作者专业背景统计

专业名称	论文数量（136篇）	百分比例（%）
民族学	14	10.29%
中国少数民族语言文学	11	8.08%
音乐学	9	6.61%
艺术学	9	6.61%
民俗学	9	6.61%
宗教学	7	5.15%
舞蹈学	7	5.15%
设计艺术学	7	5.15%
专门史	6	4.41%
中国现当代文学	6	4.41%
人类学	6	4.41%
中国少数民族艺术	4	2.94%
文艺学	4	2.94%
美术学	4	2.94%
中国古代史	3	2.20%
中国少数民族音乐研究	2	1.47%
中国少数民族史	2	1.47%

续表

专业名称	论文数量（136篇）	百分比例（%）
社会学	2	1.47%
考古学及博物馆学	2	1.47%
比较文学与世界文学	2	1.47%
历史地理学	2	1.47%
中国哲学	1	0.74%
中国少数民族文学	1	0.74%
中国民间文学	1	0.74%
中国近现代史	1	0.74%
中国古典文献学	1	0.74%
中国古代文学	1	0.74%
油画	1	0.74%
亚非语言文学	1	0.74%
新闻学	1	0.74%
舞蹈编导	1	0.74%
文物鉴定	1	0.74%
少数民族艺术	1	0.74%
马克思主义哲学	1	0.74%
教育	1	0.74%
建筑环境艺术	1	0.74%
工业设计工程	1	0.74%
服装设计与工程	1	0.74%
翻译	1	0.74%

从学位论文作者专业背景统计表3来看，研究萨满教的研究生专业背景较广，涉及的学科领域较多，其中民族学、中国少数民族语言文学、音乐学、艺术学、民俗学、宗教学、舞蹈学、设计艺术学、专门史、中国现当代文学、人类学等11个专业的学位论文居多，共有91篇论文，占总数的66.91%。专业背景有关中国少数民族艺术、文艺学、美术学、中国古代史、中国少数民族音乐

研究、中国少数民族史、社会学、考古学及博物馆学、比较文学与世界文学、历史地理学等10个专业的论文共27篇，占总数的19.85%。专业背景有关中国哲学、中国少数民族文学、中国民间文学、中国近现代史、中国古典文献学、中国古代文学、油画、亚非语言文学、新闻学、舞蹈编导、文物鉴定、少数民族艺术、马克思主义哲学、教育学、建筑环境艺术、工业设计工程、服装设计与工程、翻译等18个专业领域共有18篇学位论文，每类专业各有一篇有关萨满教研究的学位论文，占总数的13.24%。这些不同专业方向的学位论文涉及艺术学、文学、历史学、哲学、文物考古学、设计工程学、民族学、宗教学、新闻学、文艺学、文献学、社会学、人类学、民族语言学、民俗学、历史地理学、教育学、翻译学等诸多学科领域。

其中从艺术（包括音乐学、艺术学、设计艺术学、中国少数民族艺术、美术学、中国少数民族音乐研究、油画、舞蹈编导、少数民族艺术、建筑环境艺术、舞蹈学）学科角度研究萨满教的学位论文最多，共46篇，占总数的33.82%，这说明从艺术学的角度研究萨满文化已成为一种热门研究方向。从语言文学学科（包括中国少数民族语言文学、亚非语言文学、中国现当代文学、比较文学与世界文学、中国少数民族文学、中国民间文学、中国古代文学）角度研究萨满文化的学位论文也较多，共23篇，占总数的16.91%。从民族学学科角度研究萨满文化的学位论文共有14篇，占总数的10.29%。从历史（包括专门史、中国古代史、中国少数民族史、中国近现代史）学科的角度研究萨满教文化的学位论文共有12篇，占总数的8.82%。从民俗学学科的角度研究萨满教文化的学位论文共有9篇，占总数的6.62%。从宗教学学科角度研究萨满教文化的学位论文共有7篇，占总数的5.15%。从人类学学科角度研究萨满文化的学位论文共有6篇，占总数的4.41%。从文艺学学科角度研究萨满文化的学位论文共有4篇，占总数的2.94%。从文物考古学学科（包括考古学及博物馆学、文物鉴定）角度研究萨满文化的学位论文有3篇，占总数的2.21%。其余哲学、社会学、设计工程、历史地理学、新闻学、文献学、教育学、翻译学等学科角度研究萨满教的学位论文较少。

以上18个学科中有39个专业方向的研究生对萨满文化感兴趣，在攻读学位期间研究萨满文化并完成了学位论文，这表明萨满教研究领域的新生力量正在茁壮成长。

四 萨满教研究学位论文年代统计分析

通过统计萨满教研究学位论文年代，可以了解到萨满教研究在不同年度的进展情况和逐年的发展趋势。

据不完全统计，从 2000 年至 2013 年之间有关萨满教研究的学位论文呈现出逐年明显上升的态势，有关学位论文年度情况见统计表 4。

表 4 萨满教研究学位论文年度统计

论文年度（年）	论文数量（136 篇）	百分比例（%）
2000	1	0.74%
2003	3	2.20%
2004	1	0.74%
2005	4	2.94%
2006	7	5.15%
2007	10	7.35%
2008	4	2.94%
2009	9	6.62%
2010	21	15.44%
2011	31	22.79%
2012	24	17.65%
2013	21	15.44%

从表 4 来看，2000 年至 2013 年的 13 年是萨满教研究空前活跃的崭新阶段，有 933 篇期刊论文在全国各地的学术杂志上发表，有 92 部专著在全国各地出版社出版。有关萨满教研究的学位论文就在这个空前活跃的崭新阶段和学术背景下逐年增多，从无到有，由少变多，自慢变快，在短短 13 年之间已完成的萨满教研究学位论文共有 136 篇。

21 世纪中国萨满教研究的学位论文的统计分析从 2000 年中国社会科学院研究生院博士生孟慧英的博士学位论文《中国北方民族萨满教》开始算起。

2001年和2002年没有相关学位论文，但是到2003年增加3倍，产生了3篇有关萨满教研究的学位论文，2004年又回到2000年的水平。从2005年开始有关研究萨满教的学位论文总体呈增长趋势，到了2010年增长速度明显加快，突破20篇，共产生21篇有关萨满教研究的学位论文，占总数的15.44%。到2011年发展到鼎盛时期，共产生了31篇学位论文，占总数的22.79%。2012年和2013年保持较平稳的发展水平，分别产生了24篇和21篇有关萨满教研究的学位论文。

五 萨满教研究学位论文主题统计分析

通过萨满教研究学位论文主题的统计和分析，在一定程度上可以了解中国青年学子们在萨满教研究方面关注的主要问题和学术热点。通过分析136篇学位论文得知，有关萨满教研究的学位论文的主题包括萨满艺术、萨满舞蹈、萨满习俗、萨满文学、萨满祭祀、萨满音乐、萨满神歌、萨满教综合研究、萨满、萨满服饰、萨满崇拜、萨满仪式、萨满信仰、萨满神话、萨满教历史、萨满文化语言、萨满文化考古、萨满传说、萨满哲学、萨满医疗、萨满文化旅游等21种主题内容，具体情况见表5。

表5 萨满教研究学位论文主题统计

主题名称	发文量（136篇）	百分比例（%）
萨满造型艺术	17	12.50%
萨满舞蹈	16	11.76%
萨满习俗	14	10.29%
萨满文学	14	10.29%
萨满祭祀	11	8.09%
萨满音乐	10	7.35%
萨满神歌	7	5.15%
萨满教综合研究	6	4.41%
萨满巫师	6	4.41%
萨满服饰	6	4.41%

续表

主题名称	发文量（136 篇）	百分比例（%）
萨满崇拜	6	4.41%
萨满仪式	4	2.94%
萨满信仰	4	2.94%
萨满神话	3	2.21%
萨满教历史	3	2.21%
萨满文化语言	2	1.47%
萨满文化考古	2	1.47%
萨满传说	2	1.47%
萨满哲学	1	0.74%
萨满医疗	1	0.74%
萨满文化旅游	1	0.74%

从有关萨满教研究学位论文主题统计表 5 来看，研究萨满教研究的视角呈多样化趋势，其中萨满造型艺术（包括油画艺术、设计艺术、面具艺术等）、萨满舞蹈（包括安代、跳神）、萨满习俗、萨满文学、萨满祭祀、萨满音乐（包括仪式音乐）、萨满神歌、萨满教综合研究、萨满巫师、萨满服饰、萨满崇拜（包括祖先、自然、图腾）等主题内容较多，称为萨满教研究学位论文的核心主题，尤其是萨满造型艺术、萨满舞蹈、萨满习俗、萨满文学、萨满祭祀、萨满音乐等主题成为近年学位论文的研究热点。

六 萨满教研究学位论文族别分布统计分析

通过统计和分析萨满教研究学位论文的族别分布，在一定程度上可以了解到不同民族萨满教研究的学术分野。据不完全统计，中国萨满教研究学位论文涉及满族、蒙古族、赫哲族、鄂温克族、朝鲜族、哈萨克族、塔塔尔族、柯尔克孜族、侗族、达斡尔族、彝族、锡伯族、维吾尔族、塔吉克族、纳西族、汉族等 16 个现存少数民族和古代的女真、契丹等北方民族。有关萨满教研究学位论文的族别分布情况见统计表 6。

表 6　萨满教研究学位论文族别分布统计

民族名称	学位论文数量（100 篇）	百分比例（分）
满族	35	35%
蒙古族	34	34%
赫哲族	5	5%
鄂温克族	4	4%
朝鲜族	4	4%
哈萨克族	3	3%
塔塔尔族	2	2%
柯尔克孜族	2	2%
侗族	2	2%
达斡尔族	2	2%
彝族	1	1%
锡伯族	1	1%
维吾尔族	1	1%
纳西族	1	1%
客家	1	1%
契丹族	1	1%
女真族	1	1%

从有关萨满教研究学位论文族别分布统计表 6 来看，关于满族和蒙古族萨满文化研究的学位论文偏多，赫哲族、鄂温克族、朝鲜族、哈萨克族等其他少数民族关于萨满文化研究的学位论文偏少。这说明在有关萨满教研究的学位论文中满族和蒙古族萨满教的研究成为学术热点。我们统计的与萨满教研究族别相关的 100 篇学位论文中，有关满族和蒙古族萨满教研究的学位论文共有 69 篇，占总数的 69%，称为学术热点中的关注焦点。

七　萨满教研究学位论文国别和地域分布统计分析

萨满教既有民族特色，又有地域特色。对有关萨满教研究学位论文涉及的国别分布和地域分布进行分析，一方面可以了解到萨满教研究地域分布状况，另一方面还可以推断萨满教发祥地和主要传承、传播地理范围。据不完全统计，中国有关萨满教研究学位论文内容主要涉及中国、俄罗斯、加拿大等3个国家的不同地域，其中有关中国萨满教研究的学位论文共有131篇，有关俄罗斯、韩国、加拿大的萨满教研究学位论文共有5篇。

表7 萨满教研究学位论文国别和地域分布统计

地域名称	论文数量（篇）	地区名称	论文数量（篇）
中国	131	北方	127
		南方	4
国外	5	俄罗斯	2
		韩国	2
		加拿大	1

从表7来看，有关萨满教研究学位论文中，涉及国外萨满教的论文很少，96%以上的学位论文都是有关中国萨满教方面的研究，只有5篇是有关俄罗斯、韩国和加拿大萨满教研究的论文，而且与中国境内少数民族萨满文化进行比较研究为主。

在有关中国萨满教研究学位论文中，涉及北方地区的有127篇，占总数的88.9%，有关南方地区萨满教研究的学位论文只有4篇。从中国萨满教研究学位论文地区分析结果可以推断中国北方地区是萨满文化形成、发展、传承的核心区域。

结 论

据不完全统计，136篇学位论文的产生高校共有中央民族大学、东北师范大学、内蒙古师范大学等49所高校。其中中央民族大学、东北师范大学、内蒙古师范大学、内蒙古大学、吉林大学、哈尔滨师范大学、新疆师范大学、西北民族大学、广西师范大学、新疆大学、吉林艺术学院等11所高校的萨满教研究和教学师资队伍和专业基础较好，高校类型分为综合类、师范类、民族类、艺术类、理工类、农业类、人文社会科学类、语言类等8个类型。其中综合类大学、师范类大学、民族类大学、艺术学院产生有关萨满教研究学位论文居多。

136位萨满教研究学位论文作者的专业分别涉及民族学、中国少数民族语言文学、音乐学等39个专业，涉及艺术、文学、历史、哲学、文物考古、设计工程、民族学、宗教、新闻学、文艺学、文献学、社会学、人类学、民族语言、民俗学、历史地理学、教育、翻译等学科领域，其中从艺术学科角度研究萨满教的学位论文最多。

从有关中国萨满教研究学位论文年度统计看，从2000年至2013年明显具有逐年上升的态势。

有关萨满教研究学位论文涉及萨满造型艺术、萨满舞蹈、萨满习俗、萨满文学、萨满祭祀、萨满音乐、萨满神歌、萨满教综合研究、萨满巫师、萨满服饰、萨满崇拜、萨满仪式、萨满信仰、萨满神话、萨满教历史、萨满文化语言、萨满文化考古、萨满传说、萨满哲学、萨满医疗、萨满文化旅游等21种主题内容，其中萨满艺术、萨满舞蹈、萨满习俗、萨满文学、萨满祭祀、萨满音乐、萨满神歌、萨满教综合研究、萨满、萨满服饰、萨满崇拜主题内容较多，已成为萨满教研究学位论文的核心主题。

学位论文涉及满族、蒙古族、赫哲族、鄂温克族、朝鲜族、哈萨克族、塔塔尔族、柯尔克孜族、侗族、达斡尔族、彝族、锡伯族、维吾尔族、塔吉克族、纳西族、汉族等16个中国现存民族和古代的女真、契丹等2个民族，少量论文还涉及俄罗斯那乃人和埃文基人以及韩国、加拿大的萨满教。据中国知网统计，有关萨满教研究学位论文的被引用率总共为194次，引用率最多的单篇论文引用次数为15次，63篇论文曾被引用，还有73篇期刊论文未被引用，平均被引用率为1.43次左右。下载率总共为43220次，一篇论文的最多下载率有2040次，最少的3次，平均为317.8次左右。

萨满文化研究具有多学科性，这是由萨满文化的特点决定的，和它诞生的背景密不可分。萨满文化是民间文化的综合体，是一个综合类的研究对象，涉及诸多学科。近些年来，萨满文化吸引着越来越多的来自不同学科学者的倾心投入，有学者还将萨满文化研究拓展到人类文明史的广阔领域，将萨满文化资料与文献学、考古学、神话学资料相结合，探索人类文明起源的轨迹及其模式。萨满文化的实证资料和研究成果还广为其他学科所用,成为其他学科探索相关问题的重要证据。萨满教的研究一向是在国际人文学科理论发展的大背景下开展的,由于这个学科资源丰厚,现象形态复杂,来自不同方面的研究始终不断,笔者期待着各高校和科研机构继续加强培养萨满教研究的人才,不断壮大科研队伍,进一步将中国的萨满教研究推向一个新高度。

社会转型期流动穆斯林群体的信仰实践

——以义乌中外穆斯林群体为例

马　艳[*]

摘　要： 有学者指出：身处社会转型大潮中，人们的宗教信仰走向及其社会后果理应成为我们倍加关注的具有深远意义的前瞻性研究课题。穆斯林作为具有商业传统的族群，在商业化、现代化、全球化的浪潮下，已经形成了一支不可忽视的有着鲜明宗教信仰的流动群体。基于此，本文将对积聚于义乌这样一个中国社会转型浪潮前沿阵地的中外穆斯林群体的信仰实践做一较为全面深入的考察。

关键词： 流动穆斯林　清真寺　小礼拜点　宗教组织

近 30 年，伴随着社会重大转型与变革，中国出现了人类历史上最大规模的人口迁移现象。据不完全统计，国内流动人口数从 30 年前的 100 多万人，至 2011 年已经增长到 2 亿多人，其中有宗教信仰的流动人口约占总流动人口数的 1.5%，而穆斯林占有宗教信仰流动人口数的十分之一，粗略估计全国现有 300 多万穆斯林流动人口。此外，近 20 年，外国穆斯林流动人口迅速集结于中国东南沿海一些省市，并逐渐开始长期驻留，如广州、义乌，形成了一种新兴的流动穆斯林商人现象。

浙江义乌作为一个县级市，现有的穆斯林流动（常住人口）人口与广州旗

---

[*] 马艳：民族学博士，中国社会科学院民族学与人类学研究所副研究员，主要研究方向为伊斯兰教文化与跨境穆斯林。

鼓相当,远远超出深圳和石狮。据不完全统计:义乌现有中外穆斯林商人2万多人,其中国外穆斯林占65%,中国穆斯林占35%。集中于东南沿海的流动穆斯林,主要从事与"中阿贸易"相关的行业,而义乌是世界上最大的小商品集散地和国际贸易城,中阿贸易占到义乌年贸易总量的40%以上,具有行业的典型性。此外,义乌历史上没有中阿贸易的传承,其伊斯兰教的传入在改革开放之前也只是以个人为载体,没有形成规模性的传播。因此,义乌中外穆斯林群体的宗教实践是中国社会转型期流动穆斯林群体信仰实践的一个典型性的缩影。

本文以义乌穆斯林群体宗教实践的基本内容为中心,综合义乌穆斯林外贸经济的发展变化,讨论义乌伊斯兰教传播与社会经济变化之间的关系。

一 信众的发展与伊斯兰教的传入

一直以来,义乌伊斯兰教传播的进程都与当地信众的发展状况息息相关。历史上,伊斯兰教传入义乌最早可以追溯到元代。然而正如史料所载,由于当时伊斯兰教的传入是以个人为载体,其载体又以政治活动为主要目的,因此无论从信众人数规模抑或是宗教文化遗存来看,都没有达到宗教传播的目的。这一状况一直延续到中华人民共和国成立至改革开放前后。

据康熙本《金华府志》①记载:元代义乌有17位回回官员。其中府志对16位义乌回回官员的族属身份都有过较为详细的记载,具体见下表。

表1 义乌元代回回官员统计

姓名	族属	官职	姓名	族属	官职
阿都哈剌蛮	回回人	县尉	纳速剌丁	回回人	达鲁花赤
阿合马	回回人	达鲁花赤	启卢	回回人	县丞
倒剌沙	回回人	主簿	速来蛮	回回人	主簿
黑汉	回回人	达鲁花赤	赡思丁		县尉
哈散	回回人	达鲁花赤	塔海	回回人	达鲁花赤
罗里	回回人	主簿	铁间	回回人	达鲁花赤
剌马丹	回回人	县尉	亦思哈	回回人	主簿
麦术丁	回回人	达鲁花赤	咬住	回回人	县尉
木薛飞	回回人	达鲁花赤			

---

① 《金华府志》康熙年刊本。

如表1所示：元代，除了回回人在义乌做官之外，义乌县达鲁花赤、主簿、县尉中还有同系穆斯林的畏吾儿人忽都海牙、亦怜真、小云失帖木儿、不花、察罕不花、爱顾不花、干罗思、乜都铁木儿8人；唐兀人塔出、梁铁木儿2人。明、清、民国时期，义乌穆斯林人口无从查考，文献中也缺乏该时期建造清真寺和穆斯林活动的记载。中华人民共和国成立后，有记载的回族人口统计为：1953年2人，1964年11人，1982年至1989年间19人。其主要因工作、婚娶、经商等原因迁入义乌①。

改革开放以来至20世纪末，随着义乌小商品批发市场的兴起和快速发展，善于经商的中外穆斯林渐渐在义乌形成小规模的群体。随着市场的逐渐成熟及贸易的长足发展，穆斯林行商群体也开始逐渐分化：一部分仍以季节性的流动采购为主，而另一部分更为熟悉市场和适应中国国情的商人逐渐开始在义乌坐贾，专门从事中间贸易。正是渐渐固定下来的这部分小规模群体，他们的长期驻留使得他们的宗教活动和生活习俗逐渐公开化，并开始引起当地居民以及当地政府的注意，而这才意味着伊斯兰教开始对当地文化产生影响。与此同时，正是这部分常驻穆斯林的文化生活和宗教实践对当地文化激起了层层涟漪，也才标志着伊斯兰教开始在当地传播。因此，这一时期标志着伊斯兰教正式传入义乌。

义乌伊斯兰教的发展在2000年后迅速形成规模，之后在短短的4年间参加主麻日聚礼的人数就增长了十倍，清真寺也由100多平方米的临时建筑迁入占地面积约20亩，活动场所大殿面积约3000平方米的相对固定的宗教活动场所。显而易见，义乌的伊斯兰教在这一时期得到了重大发展，但观其主要原因：一是义乌外贸经济的井喷使大量中外穆斯林商人进驻，穆斯林人数的剧增使伊斯兰教的影响迅速扩大；二是由于穆斯林商人群体构成了当地经济外向型发展的一支生力军，因此当地政府为吸引和鼓励更多的穆斯林商人来义乌，不仅在经济上予以大力扶持，且在文化生活上给予便利和尊重。总的来看，经济因素奠定了伊斯兰教在义乌最初的重大发展。这一时期的主体环境基本上可以概括为：政府的宽容与扶持所构建的友好宽松的政策环境，外贸经济快速增长所带来的欣

---

① 郭成美：《当代"蕃坊"的崛起——义乌穆斯林社区发展历程的初步调查》，《回族研究》2007年第2期。

欣向荣的气息,外来建设者与当地居民恰当的距离感和新鲜感,共同搭建起了这座城市最初温婉、祥和以及民族大家庭的幸福时光。也正是在如此平和的氛围下,义乌的伊斯兰教得以迅速发展,并形成其特有的气质:对地域的、民族的、阶层的,甚至是神学上的最大的包容度。此外,由于在这一重要时期,伊斯兰教本身并没有大规模的向外传播,因此伊斯兰宗教的气息仍旧是比较淡的,伊斯兰教对其他外来族群文化尤其是当地主体文化的冲击也还没有显现,其主要原因是外来群体与当地居民的经济竞争和资源争夺都还处于潜伏期。

在2004年之后,穆斯林人口的移入再次达到了高潮,不过这次移民高潮已不同以往,外来建设者移入的步伐明显减慢,迅猛移入的人群以女性、儿童和老人等家眷为主,她们的到来不仅给城市容量带来了巨大压力,同时也意味着外贸经济从井喷阶段进入了平稳期。随着再次移民高潮带来的群体构成的重大变化,随之而来的是对有限的社会资源的激烈竞争,以及开始凸显的社会问题。与此同时,外贸经济的减速,也使得人们的一部分注意力开始从经济发展转入社会生活本身,宗教问题也才开始真正进入人们的视野,而伊斯兰教作为信众人数最大的外来宗教[①]自然成为各种注意力的焦点。因此,作为一个转折,2004年之后,穆斯林人口的进一步激增一方面使伊斯兰教的影响力不断向纵深发展,另一方面又导致了深埋于社会生活内层的经济和资源矛盾越来越凸显。

二 清真寺的变迁与伊斯兰教的传播

伊斯兰教在义乌传播的整个过程,始终伴随着清真寺的发展与变迁,而义乌清真寺的发展状况也恰好印证了不同时期义乌伊斯兰教传播的深度及广度,这不仅包括了从"临时礼拜场所"到"清真寺"指称上的变化、清真寺的多次迁移及扩大,还包括了清真寺从危房改造到重建,从设施简陋、缺乏显著宗教标识到对内外肃穆庄重的宗教氛围及舒适度开展全面追求的变化过程。

义乌穆斯林宗教活动场所在马春贞阿訇到来之前,已经被政府所承认,并始终处于政府的扶持之下。虽然从2001年初到2005年4月底,义乌的清真寺基

[①] 据义乌官方统计:截至2011年,义乌有各种信教人数总计3万多人,其中外来人口占一多半,穆斯林2万多,基督教徒1.5万人,天主教徒400余人。

本上处于不断流动的状态,但其流动的直接原因是穆斯林群体数量的迅猛增长。在经历了4年的流动和不断变迁之后,义乌清真寺最终固定下来——义乌市江滨西路90号原义乌丝绸厂。2004年8月政府完成了主体修缮,开始了由义乌穆斯林群体自筹资金的外部装修,同年9月1日在外部装修仍尚未施工时,义乌穆斯林就已入驻使用。自此至2005年4月底装修结束期间,清真寺一直没有间断过使用,参加聚礼的人数也由2000多人快速增加,至2009年前后,每次参加聚礼的人数基本上保持在7000人左右,而最多时可达1万多人。届时大殿内及清真寺院内的空地都会被占满,有时聚礼的队伍甚至延伸到清真寺院门外街道的主路上。

然而,让人感到遗憾的是,新修缮的清真寺从最初使用开始,安全隐患和配套设施不完善等问题就一直伴随其间。因为清真寺是在原义乌丝绸厂厂房基础上经简单装修改建而成,致使净身的水房和大殿连在一起,既占用了大殿安全出口的位置,又使其结构不合规范,尤其是每次聚礼结束后出口处都会出现拥挤和混乱的状况。此外,清真寺后院被永安民爆器材公司所租用,每天都有运送爆破器材的车辆进出,在人群如此集中的活动场所,这无疑造成了外在的安全隐患。然而,就在以上安全问题正在商讨解决时候,却出现了更为棘手的状况。2009年9月18日,清真寺的一处墙体被发现有些走形,尽管市政府在短时间内对其进行了加固和修缮,但仍然检测出该处为一面危墙,对于一个在同一时间有几千人甚至上万人同时跪拜的场所来说,这是十分危险的。因此,从那天开始,义乌穆斯林不得不将聚礼改在了大殿之外的空地上举行。笔者2010年4月第一次抵达义乌时,义乌的清真寺已经在修缮中,笔者只能在清真寺的庭院中一睹义乌主麻日聚礼的盛况。

自2009年冬至今,清真寺处于再次修缮中。此次修缮仍以政府出资加固主体,穆斯林自筹资金进行内外装修相结合的方式进行。于笔者2012年2月第四次调查结束时,清真寺重修的资金筹集情况:从重修工作启动,加之2003~2005年为修缮清真寺已经募捐到的三百多万元资金,中外穆斯林捐款累计超过一千万元。2011年春节期间,清真寺大殿内部装修基本完工,并已重新开放使用,外部框架建设也已于同年夏天基本完工,但由于资金缺口等多种原因,其外部装修到2012年2月为止仍未完工。

在义乌清真寺不断变迁和重修的过程中,义乌穆斯林的总体状况也在发生着改变。其一是义乌的穆斯林群体从构成上发生了显著变化,其一便是中国穆斯林的比例开始增多,由之前的30%上升到了近40%,与此同时,外国穆斯林留居义乌的时间越来越长。其二是以男性青壮年穆斯林为主,逐渐发展为核心家庭的数量在稳步递增。不仅如此,随着义乌穆斯林第二代的出生和成长,很多核心家庭需要有专人照顾孩子,因此,穆斯林扩展家庭的数量也开始增加,在清真寺主麻的聚礼中,我们开始看到少量的女性和老年穆斯林前来参与。随着时间的推移,穆斯林群体构成上的变化开始牵动群体心理层面和意识领域的变化,其主要体现为穆斯林群体的去留意识开始模糊。笔者在田野调查中也了解到,有不少中国穆斯林家庭为了解决子女上学问题,已经或正在考虑将户口迁入义乌。一小部分有能力在义乌购房的中外穆斯林商人也表示,如果义乌的清真寺能固定下来,他们会考虑买房,并希望尽量能够"围寺而居"。而那些长期居留于义乌的外国穆斯林,更是因国内战乱或是经济衰退等原因,难以抉择未来的去留。与此同时,随着去留意识的模糊,尤其是随着中国穆斯林数量的增长,群体的主人翁意识也随即增强,这些情况反映在清真寺的重修上,即人们开始希望能有一个真正属于自己的,一个能够反映群众整体精神面貌的礼拜场所,而非一个临时的、简陋的处所。

因此,义乌清真寺重修中表现出的高投入、高规格等方面的重大变化,在很大程度上,并不完全出于穆斯林群体宗教生活方面的物质需求,更多的则是源自群体对自身生存诉求的改变。它体现了义乌穆斯林随着生存诉求的不断提高,其社会生活正在全方位逐步地深入,而同时这也大大推进了义乌的伊斯兰宗教实践不断地向纵深发展。

三 小礼拜点的发展

义乌的礼拜场所除了清真寺,还有很多分散在穆斯林聚居区的小礼拜点,这些礼拜点在很大程度上可以说是义乌清真寺宗教组织活动的延伸。清真寺在历史传承悠久的阿拉伯地区被看作最神圣最庄严的礼拜场所。而对于中国的穆斯林而言,清真寺不仅是最神圣最庄严的礼拜场所,而且还是与"哲麻提"密切相关的处所,"哲麻提"意指"社区"或"教坊",其内涵是将清真寺的功能和意义都更扩大化和具体化。相比阿拉伯的清真寺,中国的清真寺除了具有宗教文化功能之外，还具有多重的社会功能，其中最重要的就是以清真寺为中心形成的穆斯林的聚居区，是一种独具特色的宗教组织形式，也可以说是一种社区组织，在很多地方，它是传统的穆斯林的社会基层组织，与从唐代开始逐渐形成的古代蕃坊具有某种历史的继承性。这种独有的社区组织的功能使中国的伊斯兰清真寺不同于其他宗教的宗教场所，一般的宗教场所往往远离世俗生活，更具有"离世""出家"的意味，而中国的清真寺不仅在地理位置上是"入世的"，其寺院的宗教生活往往也会深入教坊中的每家每户每个人。

在义乌，清真大寺因为其形成过程中的特殊原因，就其地理位置而言，并没有深入义乌穆斯林聚居区的内部，这也使得清真寺服务的范围和其功能性的延伸都受到了某种程度的限制，而这些在清真寺管理和许可之下组建的小礼拜点正好弥补了义乌清真寺的这一缺陷。

但从严格意义上而言，义乌的这些"小礼拜点"又不完全等同于中国内地诸多寺坊中清真寺的功能与作用，由于每个小礼拜点所在社区的穆斯林具有较强的流动性，使得它难以形成中国内地传统意义上的教坊，以及相应的教坊制度。小礼拜点在组织形式上相对更为松散、制度建设上也较为空泛，但它在极大程度上便利了穆斯林的日常宗教生活，是虚拟的宗教组织和变相的社会组织功能相交错的宗教空间，是更具便利性、实用性功能和意义的宗教场所。

随着义乌穆斯林聚居点向聚居区的扩散，以及聚居区的不断向外围的扩展，这些"入世"的小礼拜点也不断地发展变化。截至2012年2月初的统计，义乌小礼拜点的具体情况如下表所示。

表2 义乌市伊斯兰临时小礼拜点基本情况

场所名称	地址	负责人（来源地）	日常礼拜人
红楼礼拜点	稠州中路70号	新疆	印度、巴基斯坦、少量新疆人
五爱礼拜点	五爱小区8幢1单元1-2楼	宁夏	中国宁夏、也门、毛里塔尼亚人
五爱礼拜点	五爱小区88幢	宁夏	
端头礼拜点	端头3区67号2楼	新疆	中国、毛里塔尼亚人
永胜礼拜点	永胜7幢1单元202室	宁夏	中国、毛里塔尼亚人
樊村礼拜点	樊村75幢2单元2楼	宁夏	中国、毛里塔尼亚人
金福源礼拜点	金福源A区5楼	新疆	阿富汗人

续表

场所名称	地址	负责人（来源地）	日常礼拜人
宗塘礼拜点	宗塘1区3幢301室	宁夏	中国宁夏人
商贸区礼拜点	稠州北路279号2楼	青海	非洲各国人
青口礼拜点	青口C区33幢2单元2楼		毛里塔尼亚人
外贸大厦礼拜点	工人北路689号外贸大楼626房间	广河	巴基斯坦人
江河源礼拜点	商贸区江河源餐厅3楼	青海	本店职工
福田礼拜点	福田大厦B座2楼	各公司老板	巴基斯坦人
库尔干餐厅礼拜点	库尔干餐厅7楼	餐厅老板	本店职工及房客

资料来源：笔者根据田野调查编制。

如表2所示，目前义乌有14个礼拜点，主要分布在三个穆斯林主要的日常活动区域，其一是以生活为主的社区，如：五爱礼拜点、端头礼拜点、永胜礼拜点、樊村礼拜点、宗塘礼拜点和青口礼拜点；其二是主要的办公区域，如：红楼礼拜点、金福源礼拜点、商贸区礼拜点、外贸大厦礼拜点、福田礼拜点；其三是规模型餐厅，如：江河源礼拜点和库尔干餐厅礼拜点。各礼拜点的负责人都是中国人，日常礼拜的人基本上也是根据自身的方便程度和需要展开，因而相对固定。但总的来看，这些小礼拜点的设置以便利为主要出发点。多年来，由于义乌清真寺一直处于不断地流动、修缮和改建的过程中，使得它难以承担诸如交流聚会、学习宗教文化等的社会职能。因此，义乌诸多的小礼拜点通过自己的便利条件在很大程度上满足了群体最基本，也最为急迫的宗教文化需求。

四 宗教组织的构建

中国的伊斯兰教组织具有悠久的历史传承，现今最为普遍和重要的宗教组织——"清真寺管理委员会"源自清朝的乡约制度。乾隆四十六年（1781）苏四十三起义后，清政府在西北回族地区推行乡约制度，以加强对回族社会的控制。自此清真寺普遍实行了内称"学董"，对外名为"乡约"的组织形式。"学董"下有数名"乡老"，负责管理清真寺财务、聘请阿訇，并有一定的权力，可处理民事纠纷和宗教事务。民国以来特别是新中国成立后，寺坊宗教生活的民主管理制度——清真寺管理委员会正式诞生，成为当前普遍存在的回族寺坊管理组织。寺坊宗教生活的民主管理主要体现在两方面：寺管会的民主选举制度和阿訇聘任制度。现在的寺管会由全坊教民民主选举产生，其成员数目依照寺坊规模大小不等，一般为三人，即寺管会主任、会计、出纳；当选条件是信仰虔诚，常守哲玛提（集体礼拜），为人诚实，有威信，有组织和管理能力。寺管会成员任期一般三年至五年，可以连选连任，其职责包括：管理清真寺的宗教生活和聘任阿訇，管理经济收入和基本建设，协调寺坊成员内部关系等。[①]

寺管会是中国穆斯林为适应自身"大散居、小聚居"而形成的独特的生活社区——寺坊次生出来的宗教组织形式。寺坊是中国穆斯林以清真寺为中心形成的聚居区，其阿拉伯语称"哲玛提"，意为"聚集、集体、团结、共同体"，意译即为"寺坊"，它既是中国穆斯林围绕清真寺聚居的地理社区，同时也是一种特殊的社会组织形式。

由此可见，寺管会与寺坊是互为依存的。通常情况下，大多数寺管会所依附的寺坊都具有一定的历史年代，且寺管会的存在也通常都是较为稳定的寺坊，穆斯林社区的存在为前提才具有现实的意义和价值。相比之下，义乌的穆斯林现象具有显著的后起性，非历史性和动态性，主要指群体的数量和构成都具有显著的不稳定性。鉴于义乌特殊的穆斯林群体以及独特的地域文化生态环境，义乌寺管会的组建在很大程度上难以自发形成，而是需要某种外力的推动和组织。也因此，义乌伊斯兰宗教组织的构建必定会表现出更为复杂的文化内涵和社会意义。

当20世纪90年代末，义乌的穆斯林主要群体还以外国人为主的时候，大多数的外国穆斯林是自发组织起来租用特定的场所集体进行礼拜的。尽管集会的秩序十分井然，但对于义乌市政府来说，面对如此陌生的宗教集会场面，还是有一种局面失控的担忧不知从何着手。因此如何控制集会，了解集会的具体内容是政府最先考虑的工作。2001年，经省民族宗教事务委员会批准，设立了义乌穆斯林的宗教活动场所。之后，义乌市政府很快通过中国伊斯兰教协会找到了适合的阿訇，也就是在同年，马春贞阿訇受政府的聘请来到义乌正式开始主持宗教活动场所的宗教事务。2003年，依照《中华人民共和国境内外国人宗

---

① 周传斌：《西海固伊斯兰教的宗教群体和宗教组织》，《宁夏社会科学》2002年第5期。

教活动管理规定》的规范要求,在民宗局的推动下,组建了义乌市清真寺管理委员会。当时共有5名成员,选举办法主要是群众推荐和自愿加入,对成员的要求主要有：信仰好,关心集体,对公益事业热心,而且要能抽出一定的时间,力所能及地为中外穆斯林提供多方面的周到服务。管理委员会成员中没有外国穆斯林,主要原因是中国法律规定外国人不能参与中国宗教事务的管理。

2006年,寺管会成员从5名增至11名,扩充成员的主要原因是现实需求,由于义乌穆斯林群体数量的剧增,基本服务性工作的工作量也大幅度增加,为了能提供较为优质的服务,该组织在组织成员人数上做了相应的调整。2008年,寺管会又在民宗部门的指引下重新制定了相关的工作章程,其中包括：《义乌清真寺民主管理办法》(2008年6月)、《义乌清真寺财务管理办法》(2008年6月)、《义乌清真寺工作人员守则》(2008年6月)、《义乌清真寺消防安全制度》(2008年4月)、《义乌伊斯兰教活动场所突发事件应急预案》(2008年8月)等。此外,政府还提出寺管会坚持教育、管理、服务三方结合的原则,动员并引导中外穆斯林群体共同维护场所秩序,确保聚会活动有序进行等要求。

然而,除去政府的指导性工作,相形之下,义乌寺管会相对传统意义上的寺管会职能却较为单一,除了自身成员的选举、处理寺内日常服务性质的事务,最重要的职能就是财务管理,尤其是在清真寺筹资重修期间,这项职能显得尤为突出。除此之外,从寺管会和阿訇的关系角度来看,义乌寺管会也不像传统意义上的寺管会那样对阿訇的选举和任职有很大的决定权,寺管会对阿訇几乎没有实质性的约束力,这一情况由两方面因素造成：一是大寺阿訇由政府任命,并且由政府发放工资和补贴；二是义乌占比较大的外国穆斯林习惯以阿訇为中心,由于国情不同,也由于他们没有参与寺管会当中去,寺管会的概念较为薄弱,所以与阿訇的联系更为紧密。因此,义乌的寺管会从一开始就不同于通常意义上的寺管会,不仅在职能上有重大的缺失,而且还打下了深深的政府参与管理的烙印。

由于寺管会职能的局限,义乌的阿訇相比内地通常意义上的阿訇也具有不同的权利和地位。在2011年之前,马春贞阿訇一直都兼任寺管会主任的职位。虽然2011年的寺管会重新选举,初步确立了阿訇宗教事务和清真寺管理事务的分离,马阿訇最终辞去寺管会内的职务,但在很大程度上,囿于前述的原因,阿訇在个体和权利上仍旧超然于寺管会之外,应该可以算作宗教组织中一个单独的组织要素。由此,从权利角度,义乌清真寺的阿訇与历史上记载的"蕃长"

有着某种相似性。据阿拉伯商人苏莱曼的《游记》和朱彧的《萍洲可谈》及一些唐宋史籍的零星记载,历代来华的穆斯林"蕃客"中就已经出现"都蕃长"和"蕃长"的名目,其主要由"筛海"(教长)和"嘎锥"(宗教法官)担任,且一般是从穆斯林商人中选举出来,经过中国政府的批准和正式任命。他们的职责除了调解纠纷、裁决争端及主持宗教活动外,还负责招揽海外商船来华贸易。"蕃长"对蕃坊内部而言,不仅仅是政治领袖,宗教法官,还是宗教的教长。每逢伊斯兰教节日来临之际,总是由他带领全体穆斯林做礼拜,讲教义,为穆斯林的苏丹祈祷。[1]

通过蕃长,古代的中国政府也实践了某种意义上的"双重主体管理"的思想。相形之下,义乌的阿訇是政府作为一个宗教人才引进的。在很大程度上,他也是义乌政府"双重主体管理思路"[2]为实现义乌穆斯林自我管理的一个相应举措。

义乌中外穆斯林的宗教实践是在义乌轰轰烈烈的经济发展的大时代背景中循序渐进的,义乌的穆斯林现象无疑是其经济发展过程中的附属产物,它的出现及迅猛发展的态势都并非出于宗教扩展的现实结果。因此,义乌的伊斯兰教宗教组织的构建与发展也势必要遵循自身特定的轨迹,担负起更多的历史责任,承载着更为复杂多样的文化内涵。

---

[1] 冯金源:《中国的伊斯兰教》,宁夏人民出版社,1996,第11页。
[2] 资料来源:义乌市民宗局内部资料。义乌政府双重主体的管理思路指在国家有关政策、法规的框架下,主动应对、审慎有度,逐步确立并完善政府依法管理的主体和义乌穆斯林自我管理的主体这一双重管理思路。其民族工作的重点是"再认识、不歧视、共发展、重管理",建立一个和而不同、相得益彰的社会管理和公共服务体系。

论"文化自觉"与"他者"的建构

——以九寨沟藏族歌舞的嬗变过程为例

杜 娟[*]

摘 要：费孝通先生提出的"文化自觉"是一个宏观性概念，文化自觉的实现是一个艰巨的过程，它首先是各民族对自己的文化传统有明确的自我认识，其次是对异族文化有所了解，最后是在各民族文化自觉的基础上，实现人类文化的新发展。这也就是费先生所说的"各美其美，美人之美，美美与共，天下大同"的文化发展原则和未来理想。

关键词：文化自觉 "他者"的建构 九寨沟藏族歌舞 嬗变

"文化自觉"是我国著名社会学、人类学家费孝通先生创建的人类学重要文化理论之一。文化自觉要求人们自觉地认识和把握自身的文化对象，自觉地付诸实践，在思维方式上，主要表现为一种理性的思维。当代社会发展的文化价值观是建立在科学的理性基础之上，变革时期文化的任务是价值的选择与建构。建构思想的核心主旨是，文化是在主客体相互作用的活动之中建构起来的。"他者"的建构强调，文化主体清楚地认识自己的文化和别人的文化，从自己的实际情况出发，不断地适应新的文化环境和完善自己的文化。

"文化自觉"是一种现实情态，也是一个历史过程。这个概念的提出，在社会

---

[*] 杜娟：民族学博士，中国社会科学院民族学与人类学研究所助理研究员，主要研究方向为文化变迁。

转型期,是思想界对转型社会的反映,也是学界积极引导社会变革的表现,对文化自觉的认识可谓见仁见智。本文尝试从九寨沟当地居民的歌舞嬗变入手,分析九寨沟当地居民如何从自己的视角、自己的经验以及自己所处环境出发,不断了解别人怎么想、怎么来调整自己的想法、做法,建构能与外来者交流的文化。

一 九寨沟的藏族歌舞

(一) 九寨沟的藏族

九寨沟因沟内有9个藏族村寨而得名,九寨沟藏族的先民最早生活在甘肃省的玛曲县,是阿尼玛卿山脚下的一个强悍的部落,在唐朝初年,随松赞干布东征松州的时候留在了此地。《唐书·吐蕃传》中记载了唐初吐蕃东征时,松赞干布以勇悍善战的河曲部为先锋,一举占领松州,然后部分人马被留在了弓杠岭下,留在此地的河曲部,在争夺通婚权的过程中,白马部在九寨沟南部的扎依扎嘎部的支持下,与河曲部结成了联盟部落,现在生活在九寨沟的这9个藏族村寨的居民就是他们的后代。[①] 这里藏民的语言、服饰和习俗,与四邻的藏胞有着明显的差异。他们信仰藏族原始宗教——苯教,苯教认为"万物有灵",即山有山神、水有水神、树有树神……九寨沟地区平均海拔2000米左右,农耕是他们的主要生产方式,九寨沟地区是一个经济相对落后、生产方式单一、文化闭塞、交通不便的少数民族地区。随着经济的全球化和人们对藏族文化的热衷,九寨沟凭借自身优美的自然环境及其浓郁的藏族文化气息发展成为我国乃至世界重要的旅游目的地。

现九寨沟内有居民一千人左右,他们以旅游业为主要谋生手段,每年当地政府予每人一万元左右的经济补贴作为居民的福利(福利数额主要以全年旅游总额的相应比例作为标准)。

(二) 九寨沟藏族歌舞的嬗变

歌舞是一种文化现象,它用人类自身的形体动作和抑扬顿挫的声音表现思想感情,它体现了民族的历史、表现了人们的社会生活。歌舞艺术与社会文化变迁紧密相连,早在史前时期,我们的祖先就用"手之舞之、足之蹈之"来表

---

① 阳·泽仁布秋:《九寨沟藏族文化散论》,四川民族出版社,2003。

达他们最激动的感情,歌舞活动几乎渗透劳动、狩猎、战争、祭祀和性爱等一切生活领域。人类进入阶级社会后,原始舞蹈也随之发生分化,一部分成为为统治者表演的舞蹈,以后发展为宫廷舞蹈;另一部分是平民等被统治者的舞蹈,由祭祀性或其他功能的舞蹈逐渐发展为民间舞蹈。由于各民族历史发展不均衡,许多少数民族的歌舞艺术没有在史书上留下文字记载。然而极为宝贵的是根植于人民生活沃土中的民间歌舞,经过数百上千年的传承演变,至今流传在各民族群众生活中。他们的表演形式、风格特色及其内容所折射出的文化内涵,涉及民族历史、宗教信仰、生产方式、风土民情、道德伦理、审美情趣等诸多方面,民间歌舞可以说是社会文化交织融合的总汇演。

九寨沟的歌舞发展也同当地社会文化变迁紧密相连。九寨沟居民最早以农业为主要的谋生手段,所以歌舞的内容、表现形式都与农业生产相一致。在播种前,村民会聚集起来载歌载舞,歌词内容多为祈求神灵保佑丰收,舞蹈为本地特色"夏莫"①,具体日期随各地农事季节的变化而变化,一般在播种前的两三天举行,历时3天。九寨沟内有3个核心劳动单位,则查洼寨、荷叶寨、树正寨,其余的村寨以距离的远近来决定自己的归属,进行合作劳动。文化是与一定的物质生产方式相联系的,这里的"夏莫"主要是为了在合作劳动前,让人们互相培养感情、收心聚力等。

随着旅游业的介入,以及国家出于生态保护的需要,限制了当地居民原有的农牧生产方式,取而代之的是与旅游业相关联的福利化社会保障和服务业,因而导致与原有生产方式相联系文化的消失。据笔者调查,现在九寨沟会跳"夏莫"的只有3位老人。

在九寨沟开发的前期,游客是住在景区内的家庭旅馆,家庭旅馆向客人收取少量费用,然后组织本村的年轻人歌舞表演。内容除了以九寨沟自然风光为主的藏族歌曲和舞蹈外,与其他地区藏族歌舞表演并没有本质区别。但因为地点在九寨沟内,以及演员本身民族气息浓厚,所以受到游客的欢迎。但是,随着政府的"沟内游、沟外住"政策的贯彻实施,这些表演也随着家庭旅馆的取缔而消失了。当前,九寨沟的歌舞表演主要由漳扎镇上的9个依附于宾馆的艺术团承担,五百多名演员大多从四川、甘肃、青海的歌舞团招聘而来,编导大

---

① 夏莫是笔者依当地方言音译。

多数来自甘南藏族自治州合作市歌舞团的骨干。表演主要包括藏族歌舞表演、藏族服饰表演、藏族婚俗表演，并穿插以青稞酒、牦牛肉品尝、献哈达等游客参与的表演形式。总体来说，节目具有浓厚的舞台表演性质，大多数是普通藏族文化符号的展示。例如，节目中的宗教内容是格鲁派的符号化反映；舞蹈主要是甘南藏区的锅庄以及典型藏族传统动作的现代演绎；歌曲是带有藏族音乐旋律的通俗歌曲；婚俗节目也只是注重表演性和观众参与性的娱乐活动。节目内容与九寨沟当地居民的实际生活差距较远，所以说，这个在九寨沟旅游中占有一席之位的项目，并不全是九寨沟原本的文化传统。

（三）当地居民对演艺厅歌舞表演的认同

在旅游业发展的过程中，当地居民原有的传统文化逐步变化，但在对外的旅游宣传中他们始终是被当作"他者"。在这里，"藏族"成为他们无法摆脱的文化身份，这个文化身份是旅游宣传中的"藏族"还是九寨沟的"藏族"呢？如果说旅游开发前他们是自觉的形成了自己的"民族身份"认同的话，现在，旅游无疑强化了这种身份的认同，与身份认同相联系的是文化认同，在九寨沟无论是生产还是生活都对旅游存在巨大的依赖性。原有的传统文化结构已被破坏，于是，当地居民自然而然会选取藏族文化内容来重新建构自己的文化认同。基于这一背景，九寨沟居民认为漳扎镇的歌舞表演就是自己传统文化的一部分。

以下是笔者对当地居民对目前九寨沟居民对当前歌舞表演看法的调查。

序号	问题	选项	
1	你看过九寨沟演艺厅的歌舞吗	A. 看过 B. 没看过	100% 0%
2	你觉得现在的歌舞是你们本地的文化吗	A. 是 B. 不是 C. 不知道	75% 15% 10%
3	你希望游客去看歌舞表演吗	A. 希望 B. 不希望 C. 无所谓	95% 0% 5%
4	你愿意接受演艺厅里的舞蹈动作吗	A. 愿意 B. 不愿意 C. 无所谓	85% 10% 5%

二 "他者"的建构

一段导游词:"游客朋友们大家好,我们马上就会到童话世界九寨沟,九寨沟有"五绝"——翠海、叠瀑、雪山、彩林、藏羌风情,藏羌风情是此次行程中画龙点睛之笔,如果不去欣赏九寨沟的藏族歌舞,就等于没来过九寨沟。"

这是所有导游对来九寨沟的游客做的讲解,"如果不去欣赏九寨沟的藏族歌舞,就等于没来过九寨沟",真有如此严重吗?以下是笔者对此问题的分析,在分析过程中,可以看到在九寨沟旅游开发中,导游、旅行社、九寨沟居民、政府是如何通过对九寨沟藏族歌舞的建构来获取经济利益的最大化。同时,当地居民在面对这些外来人和外来文化时,如何从"文化自觉"到"文化选择"最后让九寨沟的藏族歌舞不断地被发展和创造。

九寨沟的旅游项目分为四个方面:景区内观光游览、观看藏羌文艺晚会、烤羊互动晚会、定点购物。

(1)景区内观光游览费用:220元门票、90元环保车费。

(2)藏族文艺表演费用:180元(自愿)。

(3)烤羊互动晚会费用:180元(自愿)。

(4)定点购物:"九环线旅游公路"松潘—九寨沟段,所有购物点(牦牛肉店、水晶店、工艺品店)(自愿)。

景区内观光游览费用310元包括在报团费用中,景区管理部门没有直接给旅行社回扣,只是在第二年返给旅行社门票;藏羌文艺晚会门票实际90元,但票面值为180元,导游和旅游大巴车司机从中提取90元报酬,政府以收取票面价值7%的税收;烤羊互动晚会,一个团队收取300元费用(这里的团队不限制人数),向客人收取多少费用,视导游和司机凭经验预测本次团队的消费能力而定。

九寨沟旅游目的地的这种特殊旅游运营模式,歌舞表演显然在九寨沟社区有非常重要的地位。由于旅行社间的恶性竞争,致使旅行社在极低的利润下运营,旅行社无法承担导游的工资,只能默认导游的回扣。九寨沟导游的劳动报酬主要依赖引导客人对藏族歌舞表演的"消费"所得的回扣,所以导游对当地文化的介绍,主要围绕演艺厅中的藏族歌舞表演展开。另外,地方政府无力去控制旅行社的经济操作模式，只能默认它的"合法性"。游客对藏族符号的认识仅限于"主流藏族文化"，他们对九寨沟的认识也是通过对"主流藏族文化"的了解而想象的九寨沟藏族文化。

三 "文化自觉"与"他者"的建构

费孝通先生在1997年北京大学举办的第二届社会学人类学高级研讨班上，首次提出"文化自觉"这个概念，"文化自觉"也是这次研讨会的核心主题。费先生说他最初考虑"文化自觉"这个问题，是他在少数民族地区的实地研究中看到"小民族"鄂伦春族和赫哲族在自然环境和社会环境的急剧变化下，他们的生存出现了严重的危机，文化转型出现了不适问题。他认为只有从文化转型上求生路，善于发挥原有文化的特长，才能求得民族的生存与发展。他认为，文化转型是当前人类共同的问题，"文化自觉"这个概念可以从小见大，从人口较少的民族看到中华民族以至于全人类的共同问题。在费先生那里，文化自觉包含有三个层次：个人的文化自觉、群体（特别是民族）的文化自觉和人类的文化自觉。① 概念提出后，得到了思想界的普遍认可，此后，他不断将"文化自觉"理论予以充实、完善。"文化自觉是指生活在一定文化中的人对其文化有'自知之明'，明白它的来历，形成过程，所具的特色和它发展的趋向，不带任何'文化回归'的意思，不是要'复归'，同时也不主张'全盘西化'或'全盘他化'。自知之明是为了加强对文化转型的自主能力，取得决定适应新环境、新时代对文化选择的自主地位。文化自觉是一个艰巨的过程，首先要认识自己的文化，理解所接触到的多种文化，才有条件在这个正在形成中的多元文化的世界里确立自己的位置；其次，经过自主的适应，和其他文化一起，取长补短，共同建立一个有共识的基本秩序和一套与各种文化能和平共处，各抒所长，联手发展的基础。"② 费孝通先生指出，"人类学应当探讨怎样才能实现文化的自我认识、相互理解、相互宽容和并存及'天下大同'的途径"，而这一点也正是他提出"文化自觉"的背景和追求。

---

① 费孝通：《重建社会学与人类学的回顾和体会》，《中国社会科学》，2000年第1期。
② 费孝通：《论文化与文化自觉》，群言出版社，2007。

文化自觉具体表现为文化价值选择和建构过程中人们的一种价值取向，文化自觉要求将人的价值观建立在理性的基础上。建构主义强调认知主体的主体地位和主动性，强调对话和协商。早期建构主义者皮亚杰认为，认识是一种适应性活动，他把"生存力"这一生物学的概念引入了认知领域，主张"如果概念、模式、理论等能证明它们对于自身被创造出来的情景脉络是适宜的，那么它们也具有生存力"[1]。民族文化其实也就是由民族诸个体通过世代共同生活而集体层累地建构起来的公共知识，生存力概念同样也应该适用于民族传统文化。在民族传统文化问题上曾有人讨论要民族文化还是要民族生存。这其实是个伪命题。费孝通先生指出，文化既是人为的，也是为人的，"人要生活才创造了一个人文世界"[2]。可见生存力是判断民族文化价值的核心标准。文化是一个民族的灵魂，离开了民族文化的继承，民族的发展就失去了基础；但是如果只有继承而没有创新，民族的发展也没有可能。"文化认同不是文化乡愁，它不是对过去的缅怀，而是对现在的定位和对未来的想象。"[3] 在民族传统文化的当代社会化建构过程中，生存力是我们的出发点和最终目标。以人为本的政治理念，从根本上否定了以静态的民族文化为本，而要求把生存力作为民族传统文化社会化建构的唯一标准。

结　论

九寨沟歌舞文化的建构实际上是不同文化不断的交融与实践的结果，现在的九寨沟之所以不同于以前的九寨沟，就在于新的文化因素已经在原文化的基础上慢慢渗透整个生活共同体的各个领域。这种新的建构结果是政治、文化、经济等各个因素共同作用的产物，他最终以文化的形式展示出来。政治、经济等作为变迁的重要因素对于文化有不同层面的介入，这种介入调整并建构着九寨沟地区民族的生活方式、心态、思想风格和权力的再分配。从九寨沟歌舞文化的变迁可以看出，生活在某一区域的人在被外来力量影响的时候，他们不是被

---

[1]〔美〕莱斯利等著《教育中的建构主义》，高文等译，华东师范大学出版社，2002，第65页。
[2] 费孝通：《从反思到文化自觉和交流》，《读书》1998年11月号。
[3] 张汝伦：《经济全球化和文化认同》，《哲学研究》2001年第2期。

动、消极的，而是主动的适应和调整。人与社会生活的终极根源在于对意义和尊严的渴望，人的个体性与社会性是同一的，人只有进入社会才能在竞争中寻找认同的契机。

如果说一个民族因为有了文化自觉而具有了自知之明，那么全世界各民族将会因为有了对整个人类文化发展的自觉，而使文化霸权主义、文化割据主义退出人类历史舞台，各民族文化"各美其美、美美与共、天下大同"的美好理想将不再遥远。

牧区城镇化与游牧文化可持续发展问题探索

刘晓春[*]

摘　要： 本文以游牧文化的发展为主线，以我国牧区城镇化为议题，论述了牧区城镇化的目的、意义和成就，对牧区城镇化普遍存在的问题进行了深入的阐述和剖析，针对问题提出了理性思考和建议。游牧民族创造的草原游牧文化，是适应草原生态环境的唯一选择。本文对牧区城镇化与游牧文化可持续发展问题进行了有益探索。

关键词： 牧区城镇化　现状问题　对策建议　游牧文化　可持续发展

一　牧区城镇化的目的和意义

牧区城镇化的目的、意义和成就有目共睹，其出发点之一就是发展经济、缩小城乡差距。发展小城镇，是实现我国农业现代化的必经之路，既是经济发展的结果也是经济发展的要求。城镇化有利于解决现阶段农村、牧区一系列深层次矛盾，优化农业和农村经济结构，增加农牧民收入。有利于缓解当前国内需求不足和农产品阶段性过剩状况，为整个工业和服务业的长远发展拓展新的市场空间，实现城镇化与工业化协调发展。近年来，随着推进优势资源转换战略的实施，新型工业化发展的浪潮正席卷草原。我国是一个草原大国，全国草原面积占国土面积的41%。我国268个牧区

---

[*] 刘晓春：中国社会科学院民族学与人类学研究所研究员，主要研究方向为鄂伦春族社会文化与经济研究。

半牧区县分布有十几个少数民族，人口1427万，占全国少数民族人口的13.4%，牧区是少数民族人口的集中分布区，牧区的稳定事关全国稳定的大局。因此，牧区城镇化问题不可小视。与快速发展的城镇化和工业经济相比，农牧区发展却相对滞后：现代化程度还不高，农牧民收入增长也接近高限，大幅度提高的难度较大。特别是由于多年来草原过牧和干旱导致退化，草原承载率在逐年下降。

尽管国家和地方财政不断加大对农牧区基础设施建设的投入，但由于牧区受水利、道路等基础设施仍较薄弱的制约，多数牧民还处于低水平定居或半定居状态，仍然没有摆脱逐水草而居的季节性游牧生活。导致贫困的主要原因是自然条件差、气候恶劣、冬季严寒、土地贫瘠、沙化严重、自然灾害频发、草畜矛盾日益凸显。

与此同时，为了子孙后代能够获得更好的现代教育和充分就业的机会，牧民群众对于定居的愿望也比较迫切。一方面，随着农牧业集约化经营的发展，农牧区剩余劳动力转移就业加速推进，不少人已经从季节性劳务创收到常年固定转移就业；另一方面，为了给孩子创造良好的学习环境，也有很多牧民在城镇租房住，或是由老人陪伴孙辈，或是父母中的一个照顾自己、包括兄弟姐妹的子女上幼儿园以及读小学、中学。[1]

因此，让符合条件的牧民直接进入城镇，成为社区居民、企业工人和商业经营者，共享改革发展成果，尽快消除城乡二元分割的格局就显得格外重要。农牧民进入城镇居住后，既能有效地提高城镇公共服务设施利用率，也能避免分散重复建设，同时，有利于农牧业集约化增效和农牧民增收。

牧民进城定居后，身份转换是其面临的第一项课题。农牧民进城或到工业企业，通过技能培训，从事第二三产业。这样，到城镇居住后的农牧民有两份收入，一份来自草场或土地流转后的收益，一份来自从事三产或成为产业工人后的工资收入，提高生活水平和质量。牧区城镇化的着力点就是抓培训促就业，农牧民进城后要想留得住，还得让他们有就业致富的本领。与此相契合的是，快速发展的工业经济也需要大批的熟练工人。

---

[1] 郭复兴、卓日克太、高振华、康晋、宋霞：《破解二元格局的和布克赛尔探索》，《新疆日报》2012年2月13日。

总体来看,牧区城镇化取得了骄人的成就,但是,牧区城镇化的过程并不完全是歌舞升平,牧区的特殊性和文化的可持续发展等问题比较突出。

二 牧区城镇化的问题与思考

(一)关于定居与城镇化的速度问题

搬到城里以后,牧民生活在两个世界,一个是现代化的生活,衣食住都发生了变化,另一个是过去的放牧生活记忆。让他们在短时间内改变几千年的生产方式和游牧生活,甚为困难。农牧民进城或定居确实好,但这可能是暂时的好,不是长久之计。牧区与农区的生态有别,生产方式有别,价值体系完全不同,游牧文化的时间概念是一年四季;农耕文化的时间概念是二十四节气;工业文化的时间概念是小时分秒。游牧文化的空间概念是圆的、流动的、无边的;农耕文化是方的、固定的、有界限的。城镇化使游牧文化的价值体系、农耕文化的价值体系、工业文化的价值体系发生激烈碰撞。农耕模式和城镇化并不适合草原生态和草原文化,这是牧区城镇化的难点。城镇化不是不可以,但要循序渐进,不能一刀切,更不能操之过急,方式方法更要谨慎。

(二)城镇化与游牧文化的可持续发展问题

农牧民定居,带来的冲击是什么?牧民进城,生活只是得到暂时的改变。发展不能把文化丢掉,牧民与他们的物质文化割裂,这是对传统游牧文化最大的冲击。就此下去,草原文明、草原畜牧业经济终将瓦解。牧区城镇化对坚持稳定、持续发展的理念是一个质疑。经济可持续发展毋庸置疑,文化可持续发展则面临挑战。文化赖以生存的物质基础正在流失,文化如何持续?牧区牧民几乎都信仰佛教,祭祀活动较多。城镇化以后,祭祀场所减少或路途遥远,令牧民精神焦虑。牧民的精神需求和文化传承被表面的繁荣所掩盖,新一代年轻人信仰层面的缺失不可避免。①

---

① 刘晓春:《牧区城镇化,如何从实际出发》,《中国民族报》2014年2月28日。

(三) 牧民工的就业问题

一方面是工业园区劳动力不足，另一方面是进城的牧民没有事做。原因一是一些牧民不适应新的环境，不喜欢按部就班的生活，即使参加了培训，也不容易找到自己认为满意的工作。二是一些企业本身也不愿意聘用牧民工，这里有语言障碍，还有文化差异等因素。而牧民工本身自主创业的意识就十分薄弱，这是牧区城镇化的软肋。进城以后，很多牧民无事可做。

(四) 草场所有权、使用权与民族身份认同问题

学者阿拉腾·嘎日嘎在其《新疆游牧环境现状研究》报告中写道："哈萨诺夫和吉田顺一先生很早就指出，中亚内陆北方草原游牧历史证明，草场所有权和使用权的统一是游牧的精髓，也就是说共同所有并共同使用草原，且移动轮牧才能可持续利用草原。如果违背了这个原则，草原生态必定会遭到破坏。"[①] 游牧文化是游牧民族的精神家园，是保护蒙古族身份认同的重要组成部分，中国需要游牧文明的传承与发展。草场私有化或草场围栏不仅违背生态文明，也忽略了蒙古族的身份认同和民族自豪感，如果继续围栏，可能会引发新的纠纷和矛盾。"草场为国家所有，人民所有"不是中国的问题，也不是蒙古国的问题，而是一个国际性的问题，是欧亚草原游牧文明的存在和发展问题。

(五) 现代教育与传统教育的矛盾问题

在城镇化建设的大背景下，牧区的小学、中学被撤销，民族学校合并为双语学校或寄宿制学校。如此改革迫使牧区的学龄儿童和青少年只能离开母语环境，离开父母上学。牧区的儿童和青少年是游牧环境的重要组成部分，在牧区用母语受教育的孩子们了解草原文化，懂得如何爱护草原，如果他们过早离开牧区环境，草原生态将会失去重要的一个元素。[②]

(六) 牧民的幸福指数与发言权问题

牧民进城以后，收入增加了，旅游发展了，牧民的幸福感因传统文化的流

---

① 阿拉腾·嘎日嘎：《新疆游牧环境现状研究》（内部报告），2013 年 12 月。
② 阿拉腾·嘎日嘎：《新疆游牧环境现状研究》（内部报告），2013 年 12 月。

失反而有所降低。在城镇社区，牧民的主体身份、发言权及参政权被弱化。从牧民个人生活角度讲，定居是比较好的选择，但从游牧文化的延续角度讲，城镇化绝不是一个最佳选择。21世纪，游牧文化的价值是什么？毫无疑问，就是它的真实存在。

（七）牧区城镇民族工作中存在的问题

一是城镇少数民族人口信息不够清晰，人口数量、民族成分、来源、特性、从业情况、空间分布等基本情况只有一个大概。二是民族工作机构建设滞后于城镇民族工作的实际需要，绝大多数城镇社区少数民族服务管理体系尚未建立或尚未健全，存在较大隐患。

三　牧区城镇化的对策与建议

（一）培育新型畜牧产业，合作化是牧区可持续发展的关键

现代游牧生产是牧区发展出路，草原畜牧业产业化发展是牧民财富的源泉。草原用铁丝网围起来，一两千亩一小块，个体化的粗放型放牧，无法实行现代化的科学放牧。所以，建议在政府的统一部署下，把牧民集合起来，大家自愿入股，设立畜牧业股份公司，选出优秀的管理人员进行经营管理。建设一批有特色、有优势、科技含量高、市场前景好、辐射带动能力强的畜产品生产基地和现代畜牧业示范区（户）。在流转方式上，主要采取转包、转让、互换、置换、租赁、股份合作制等方式。草场流转后必须按照"抓大放小、增经、扩草"的产业结构调整要求，既要想尽办法让草原更生，又要发展经济，全面提升草场的投入产出效益，加快促进牧民增收。

（二）探索新型城镇化发展之路，产业先行应成为城乡统筹的主旋律

城乡统筹发展建设应立足于尊重农牧民意愿，给农牧民多种选择，而不是"被进城""被上楼"的城镇化。农牧民的新生活怎么设计，不能是政府一厢情愿地说了算，最终要得到农牧民的认可，一定得让农牧民成为城镇化建设的主人。城乡一体化的首要任务就是实施"集中发展"战略，形成集聚效应。资源、

生产要素、人口、产业重新规划、集中整合。新型城镇化道路，最根本的原则就是要符合牧区的实际，注重自然发展的规律，不是政府想怎么做就怎么做，更不能一刀切。通过主抓产业支撑和配套建设，转移农牧民，使人口向城镇集中，通过整合土地草牧场，使生产资料向业主集中，提高农牧业的规模经营水平，促进农牧业增效、农民增收。让农牧民住得起、住得舒心，根本上需要有稳定的就业，最终还是要产业项目支撑。

（三）协同中亚五国，探索现代化大牧场的可持续发展模式

哈萨克斯坦、乌兹别克斯坦、土库曼斯坦、吉尔吉斯斯坦、塔吉克斯坦五国和我国都面临较为严峻的草原生态问题，因此，恢复草原生态，实施草原可持续发展战略，对丝绸之路经济带上各国的发展都是历史必然选择。建议我国政府机构牵头，协议成立丝绸之路经济带草原生态保护组织，协调各国共建草原生态保护机构，协调草原经济及生态发展具体事宜。高标准、现代化大牧场的发展是以"整体、协调、循环、再生"的原则为核心，我国应联合中亚五国，结合现代科学技术，以多种生态模式、生态工程和丰富多彩的技术类型装备牧业生产。在全面规划产业结构、保护和改善生态环境、防止污染、维护生态平衡的基础上，最大限度地满足人们对畜牧产品日益增长的需求，提高生态系统的稳定性和持续性，促进草原可持续发展。高标准现代化大牧场以制度创新为主导，一方面，通过制度创新推动畜牧业规模经营，实现畜牧业的持续发展；另一方面，依靠制度创新促进牧民建立合作制经营和持续增收。

（四）在牧区城镇化的进程中，文化人类学的研究不可或缺

从文化人类学的视角，通常会发出城镇化发展使民族文化面临危机的呼声。认为尤其在没有做好准备的民族地区，由于缺乏规划、侧重于经济发展等原因，给少数民族传统文化造成了极大的破坏。文化作为一种资源，人们利用它创造和延续了对自然的特定的适应方式，解决着生活中出现的各种问题。我国56个民族有着不同的文化承受力，每个民族都有着不同的生活环境，各自的文化特点、生存特点很不相同。如果"城镇化"是一项成熟的政府决策，更需要参考各民族的文化理念、文化模式和文化提示，这样，"城镇化"才能成为我国步入现代化强国的重要一环。

（五）将现代教育与民族传统教育有机结合起来——以蒙古族寄宿制学校为例

牧区城镇化之后即撤点并校，蒙古族寄宿制学校不断增加。在现代教育体系下，如何传承民族传统文化，将是一项长期且艰巨的工作。寄宿制学校的封闭管理，让学生离开传承本民族文化的土壤，接受现代化的教育，那么，寄宿制学校便承担着让蒙古族传统文化代代相传的作用。具体建议：一是，学校在封闭的学习生活中多组织一些民族文化特色鲜明的校园活动，如定期举办那达慕、蒙古族传统体育比赛、蒙古族传统知识竞赛等活动，为民族文化传播提供平台；二是，加强蒙古族传统礼仪教育，培养宽容诚实、勇敢坚毅的民族性格；三是，增加校园的民族文化氛围，激发学生的民族情感，如建设具有蒙古族特色的教学楼，设立蒙古族英雄的雕像等；四是，在校服设置上增加一些民族符号的元素，培养学生的民族自豪感，在饮食上尽量以蒙餐为主，照顾学生特殊的饮食需要和身体需要；五是，时刻教育学生要坚持四个认同：祖国认同、中华民族认同、中华文化认同、中国特色社会主义道路认同，增强学生的国家认同与民族自豪感。

（六）打造特色牧区城镇，再现"古丝绸之路"的辉煌

我国幅员辽阔，广袤的草原是欧亚大草原的重要组成部分，是世界上最早进行东西方文化交流的重要区域，特色牧区城镇的塑造具有深厚的民族文化背景。草原生态景观、各民族丰富的人文景观以及各类名胜古迹等都是特色牧区城镇建设的物质基础。文化产业是与旅游产业密切相关的产业，应把旅游产业作为重要的产业来发展，使草原牧区成为"新丝绸之路经济带"上最重要的旅游胜地。地方政府应采取措施，制定一整套兴办旅游产业的优惠政策，建立多元化的产业投资机制，培养扶持具有创新能力和竞争力的旅游企业；引入先进的经营思路和商业模式，建设良好安全的旅游基础设施，形成一批名牌景区景点，发展具有当地特色的、高档次的旅游精品，大力倡导生态旅游，开拓国外旅游市场，进一步发展国内的旅游市场。例如，为了保持蒙古族转移农牧民的文化习俗，建议在城镇社区建设文化主题公园和大型敖包，以满足牧民的宗教需要。

（七）积极落实组建牧区城镇职业技术学校

加强与政府组织部门的联系和沟通，按照机构设置和编制做好前期准备工作，使城镇社区发挥工作职责。加快牧区职业技术学校的基础设施建设和师资力量的培训工作，尽快解决企业技术人才短缺、培训成本高的现实困难。目前，部分职业技术学校正在筹建中。

（八）关于失地农牧民保障问题的对策

要进一步完善征地（草牧场）补偿办法。各级人民政府要采取有效措施，保证被征地农牧民、矿区农牧民生活水平随企业效益的增长而相应的增长。建立对农牧民环境污染补偿机制。各盟市环境保护部门要对矿区周边产生的环境影响进行检测评价，根据影响程度确定封闭区和缓冲区范围。建立农牧民可持续增收的长效机制。土地开发企业要优先安排占地、受影响的矿区农牧民及子女在本企业就业，企业设立之初要提前向当地人力资源和社会保障部门报送用工计划和岗位要求。建立企业与农牧民利益协商仲裁机制，要加强对房地产及相关开发企业的教育管理，增强其履行社会责任、保护生态、尊重农牧民利益的观念。

（九）牧区城镇社区民族工作的对策

对于牧区城镇民族人口的数量、结构等情况进行分门别类，细化城镇民族服务管理体系。全面推进民族团结进步创新，切实加强民族工作机构建设。大力推进城镇民族工作社会化，健全社会化管理机制、服务机制和监督机制。推进城镇民族工作社区化，健全社区民族工作管理机制、服务机制、考核机制。推进城镇民族工作信息化，建立完善信息化平台，破解体制难题，建立牧区少数民族人口数据库，健全调查研究机制，及时预判新情况、新问题。

（十）复兴草原文明需要补"游牧文明"之课

草原陷入困境的根本原因在于近代人类社会主体对游牧文明的无知或认识偏见。因而在行动上，对待草原、草原文明几乎是毫无顾忌地加以改造和修正。当现代化建设陷入多重矛盾，草原荒漠化泛滥成灾，草原沙尘暴屡屡发生之时，人类应当重新认识草原的生态功能，需要补"游牧文明"之课。牧民是最杰出的生态学家之一，游牧文化是脆弱生态的"忠诚卫士"。游牧民族创造的草原游牧文化，是适应草原生态环境的唯一选择。它包含了草原民族崇高的信仰、丰富的生存智慧、纯正的道德伦理和对宇宙、自然秩序的深刻认识。今天，只有保护传承草原生态文化，才能保护草原生态环境，才能有经济的可持续发展。①因此，继承草原文明精华，融合现代科学思想，复兴草原文明，或将成为我国全面建设新草原文明的第一步。就全球系统而言，没有草原，就没有游牧文明与耕地文明，人类回归草原文明，必须从认识游牧文明开始。这就需要有识之士长时间持续关注，世界范围草原建设的互动，依靠科学探索现代草原建设。具体建议首先，把游牧文化的自然观和可持续发展观上升到国家文化战略层面，全方位、多渠道宣传游牧文化的思想精髓；其次，在大专院校、中小学以及地方政府，全面普及游牧文化科普常识；最后，对牧区的发展规划，牧民应有一定的参与权利和决策权利。

---

① 南文渊主编《北方森林——草原生态环境与民族文化变迁》，民族出版社，2011，第162页。

图书在版编目(CIP)数据

宗教信仰与民族文化. 第 9 辑/何星亮主编. —北京: 社会科学文献出版社, 2016.4
(中国社会科学院重点学科. 民族学人类学系列)
ISBN 978 - 7 - 5097 - 8602 - 4

Ⅰ.①宗… Ⅱ.①何… Ⅲ.①宗教信仰 - 关系 - 民族文化 - 研究 Ⅳ.①B92 ②G03

中国版本图书馆 CIP 数据核字(2015)第 312811 号

中国社会科学院重点学科·民族学人类学系列
宗教信仰与民族文化（第九辑）

主　　编 / 何星亮

出 版 人 / 谢寿光
项目统筹 / 宋月华　周志静
责任编辑 / 孙美子　袁卫华

出　　版 / 社会科学文献出版社·人文分社(010)59367215
　　　　　　地址：北京市北三环中路甲 29 号院华龙大厦　邮编：100029
　　　　　　网址：www.ssap.com.cn
发　　行 / 市场营销中心（010）59367081　59367018
印　　装 / 三河市东方印刷有限公司

规　　格 / 开 本：787mm × 1092mm　1/16
　　　　　　印 张：18.5　字 数：310 千字
版　　次 / 2016 年 4 月第 1 版　2016 年 4 月第 1 次印刷
书　　号 / ISBN 978 - 7 - 5097 - 8602 - 4
定　　价 / 89.00 元

本书如有印装质量问题，请与读者服务中心（010 - 59367028）联系

▲ 版权所有 翻印必究